U0944505

图 38　作者在巴勒贝克巨石牌坊最南端的石块下。他身后的墙是后来的阿拉伯防御工事

图 39　U 形巨石墙西侧由 3 块巨大的石块组成的巨石牌坊与朱庇特神庙一侧相接，但并未触及

图 40　作者的右脚放在一截罗马鼓形柱座的残骸上，它原本用作巨石牌坊下方的基石

图 41　这截罗马鼓形柱座是由德国考古研究所挖掘和测量的，该研究所认为这截罗马鼓形柱座不可能是后来的阿拉伯人维修的结果，而一定是罗马人的作品

图 42　阿拉伯人用可循环利用的罗马物料在巴勒贝克建造的防御工事墙。请注意拱门右侧水平放置的鼓形柱座

图 43　此处是阿拉伯防御工事墙上可循环利用的鼓形柱座的一个特写镜头。请注意鼓形柱座的顶部和底部是完全平贴的，与巨石牌坊下面的鼓形柱座完全一样。因此，阿拉伯人缺乏非常精确的切割和融合石块的技能这种说法是讲不通的

图 44　U 形巨石墙的北部环绕着朱庇特神庙。请注意墙体本身（图的右侧）是用较小的石块构建的

图 45　作者站在 U 形巨石墙的南部，身后的平台上是朱庇特神庙剩余的六根石柱

图 46 作者站在重达 970 吨的“孕妇石”上，该石头目前仍在巴勒贝克采石场内原地不动。其左侧可见的石块是 2014 年新近挖掘的，重达 1650 吨

图 47 采石场里的第三块巨石重达 1250 吨

图 48　被掩埋的巨石柱的顶端出现在卡拉汉之丘的山坡上。卡拉汉之丘是哥贝克力石阵的姊妹遗址

图 49　位于土耳其古镇哈兰的“天文塔”。该塔目前的形式可追溯到伊斯兰时代，但它占据了寺庙内一座更古老的塔的位置，此塔被拜星教徒专用于崇拜月神而设

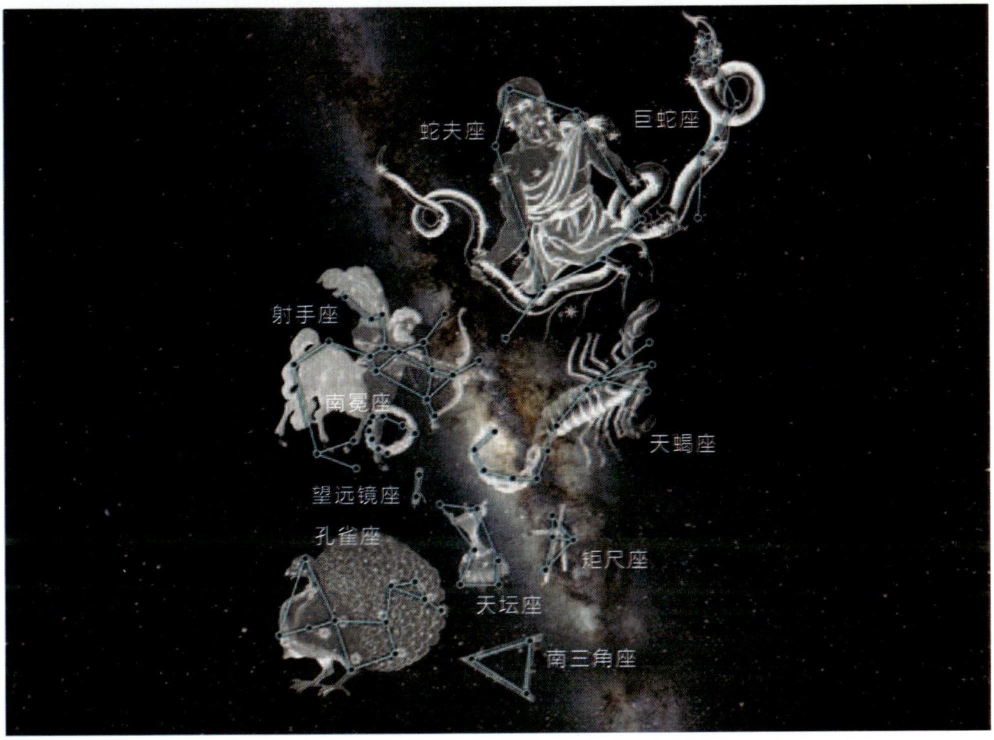

图 50　天空中的这些星座被描绘在哥贝克力石阵的 43 号巨石柱上

图 51　相同的星座被刻画在哥贝克力石阵的巨石柱上。请参见第 15 章里的讨论

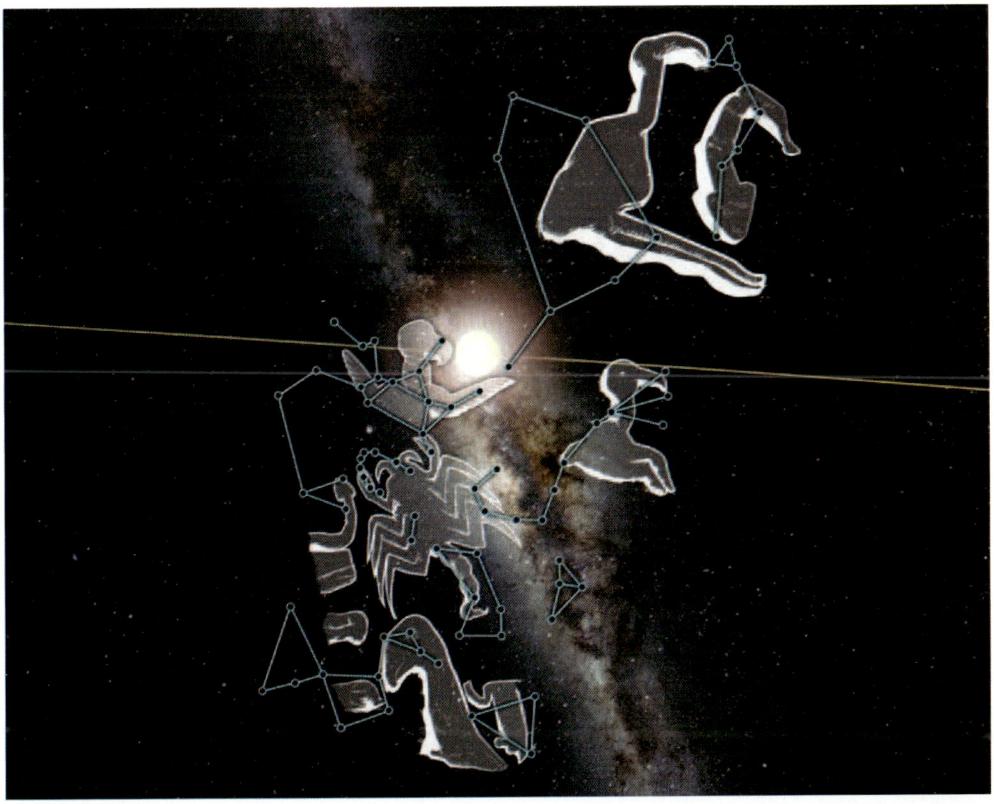

图 53　“男人雕像”，世界上幸存下来的人类最古老的三维雕塑。它可以追溯到与哥贝克力石阵同一时期的某个时间点，并且就在哥贝克力石阵附近被发现。请注意，该雕像手的位置与哥贝克力石阵 T 形柱上刻画的手的位置相匹配

图 52　哥贝克力石阵中怪异的石灰石“图腾柱”—— 由不同动物的雕刻组成，是印第安最经典的文化艺术

图 54　萨克塞华曼巨大的“拼图墙”，据当地专家杰西·加马拉记载，该墙建于比印加文还要古老的数千年前

图 55　秘鲁库斯科的洛雷托街，不同的建筑风格暗示不同文化的作品

图 56　处女神殿的劣质建筑，据说是由印加人建造的

图 57　库斯科附近

图 58　土耳其的大型定居点阿拉卡 · 郝予克。难道同样的史前巨石文化在两个地方同样盛行？

图 59 作者和杰西 · 加马拉在皮沙克留影

图 60 龛窟。皮沙克和此处明显不同的建筑风格体现了不同文化的作品。在加马拉看来，认为这一切出自印加人之手是荒谬的

图 61　拍自秘鲁库廷博遗址

图 62　拍自哥贝克力石阵，土耳其

图 63　拍自秘鲁库廷博遗址

图 64　拍自哥贝克力石阵

图 65　拍自秘鲁库廷博遗址

图 66　拍自哥贝克力石阵

图 67　拍自哥贝克力石阵

图 68　拍自秘鲁库廷博遗址

图 69　作者在研究库斯科附近的“月亮神庙”的高浮雕上长着巨大脑袋的蛇。请与图 70 相对比

图 70　刻在哥贝克力石阵高浮雕上的长着巨大脑袋的蛇

图 71　拍自秘鲁库廷博遗址。请与图 72 相对比

图 72　拍自哥贝克力石阵

图 73　拍自复活节岛

图 74　“男人雕像”，土耳其

图 75　“H”形石门，蒂亚瓦纳科

图 76　哥贝克力石阵的石柱上的人物图案。请注意图 73、74、76 中相同的手部姿势。另请注意图 75、76 中的“H”图案

图 77　复活节岛上的石像下方的基石要比石像本身年轻很多

图 78　创世神维拉科查满是胡须的脸，蒂亚瓦纳科

图 79　带有胡须的复活节岛石像，拍摄自雷诺阿瓦谷采石场

图 80　印度尼西亚苏拉威西岛的“八达古贤哲”

图 81　苏门答腊帕加拉兰附近的彩绘巨石建筑

上帝的魔法师

MAGICIANS OF THE GODS

[英] 葛瑞姆·汉卡克 著
舒丽萍 译

北京联合出版公司
Beijing United Publishing Co.,Ltd.

图书在版编目（CIP）数据

上帝的魔法师 / (英) 葛瑞姆·汉卡克
(Graham Hancock) 著 ; 舒丽萍译. -- 北京 : 北京联合
出版公司, 2016.12
ISBN 978-7-5502-8927-7

Ⅰ. ①上… Ⅱ. ①葛… ②舒… Ⅲ. ①世界史－文化
史－通俗读物 Ⅳ. ①K103-49

中国版本图书馆CIP数据核字(2016)第249402号

MAGICIANS OF THE GODS: THE FORGOTTEN WISDOM OF EARTH'S LOST CIVILISATION By GRAHAM HANCOCK

著作权合同登记号：图字01-2016-6858

上帝的魔法师

作　　者：(英) 葛瑞姆·汉卡克
译　　者：舒丽萍
出版统筹：精典博维
选题策划：曹伟涛
责任编辑：张　萌
装帧设计：博雅工坊·肖杰/程海林

北京联合出版公司出版
（北京市西城区德外大街83号楼9层 100088）
北京雁林吉兆印刷有限公司印刷·新华书店经销
字数576千字　710毫米×1000毫米　1/16　37印张
2016年12月第1版　2016年12月第1次印刷
ISBN 978-7-5502-8927-7
定价：88.00元

第六部 星星

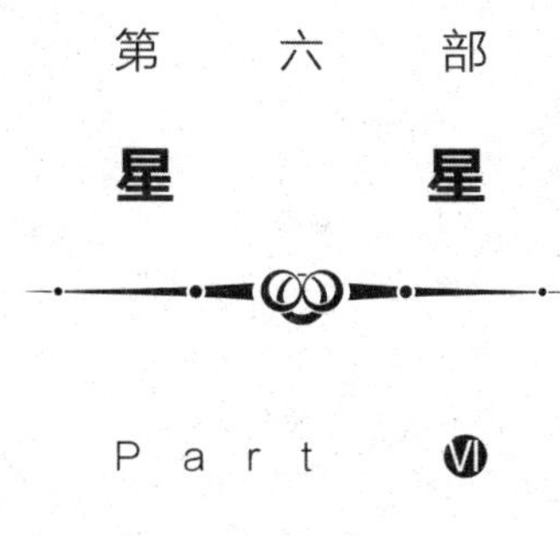

Part Ⅵ Stars

第十四章
太阳之门

第二天，我们开着车，沿着壮丽的海岸线，绕过朱尼耶湾，向北朝着 38 公里之外的比布鲁斯城行驶。一路上，巴贝克仍然在我的脑海里挥之不去。比布鲁斯城是古腓尼基人的港口，出于某种理由，被断言为世界上最古老的持续有人居住的城市。考古学家已经证实，早在公元前 8800 年，这里就已有人居住[1]，而哥贝克力石阵仍然发挥着作用[2]。到公元前 5000 年，比布鲁斯成了一个蓬勃发展的稳定定居点，自此之后，这里从来没有缺少过人口[3]。到公元前 3000 年，这里被称为古布拉（Gubla）或格贝尔（Gebel），已经发展成为古迦南海岸的主要港口和城市[4]。比布鲁斯是后来希腊人对这里的称呼，当时是与埃及之间的纸莎草纸贸易中心（bublos 是希腊语，意为纸莎草纸），利润丰厚[5]。同样，读者在第十三章已经知道，“Phoenician”（腓尼基人）是迦南人的希腊名字，而且“Phoenicians”（腓尼基人）认为自己源于迦南人。为了简单起见，在这里我将继续交替延用“腓尼基人”和“迦南人”这些术语，继续称古布拉 / 格贝尔为比布鲁斯。

比布鲁斯迎接我们的是街头的咖啡馆和棕榈树，及其月牙状的美丽港湾里地中海明亮照人的奢华，而我心头萦绕的则是一个关于巴贝克的问题。为什么罗马人不愿意把整个帝国最伟大、最壮丽的神庙建在罗马本土？或者退而求其次，如果由于某种原因，他们觉得有必要在黎巴嫩建立朱庇特神庙，那他们为什么不建在像朱拜勒这样声名显赫的重要港口呢？如果不是在朱拜勒，那又为什么不选同一海岸的提尔（Tyre）或西顿（Sidon）等腓尼基著名港口呢？

为什么朱庇特神庙建在巴贝克？这就是问题。而答案却不容易找到，因为考古学家和历史学家都承认，没有一丝一毫的证据可以“告诉我们在谁的命令下、是谁为这种复合体付出了代价，或由谁设计了这个复合体的任何部分”[6]。因此，我们只能推测他们的动机。想到一项规模如此巨大的事业，却没有哪位皇帝、哪位将军甚至哪位建筑师曾声称对其负责，着实令人相当惊讶。事实是，这座神庙建成后几个世纪，都未曾纳入罗马人或任何其他民族的史册，这实在是相当罕见[7]。

在马克罗比乌斯（Macrobius）公元五世纪（此时，巴贝克早已被基督教化）著书立说之前，我们甚至连那里崇拜的神是谁都无从参考[8]。之前，这里几乎就像一个被魔术师施放过沉默咒语的地方，连罗马人也中了这种魔法，即使在他们为自己的神庙竖起巨大石柱和山墙之时，也任由自己受其约束。其结果是，正如建筑历史学家戴尔·厄普顿所指出的那样：“古巴贝克是我们想象出来的虚构。”[9]即使是遗址本身，正如我们现在已看到的，在某种意义上也是幻想的产物，因为其中很大一部分——

是在20世纪早期由一个德国考古使团，以及在20世纪30年代、50年代和60年代由法国和黎巴嫩的考古学家重建的。其余部分，我们是从神秘完工的复合体的重建图里了解到的。[10]

我相信，正是这个考古“制造神话”的延续，导致丹尼尔·罗曼做出了荒谬的猜测，他认为罗马巴贝克城的建设者是“自大狂”，虽然他们其实极其自卑，从来没有试图把自己的名字与他们“阔步迈向纪念性”的任何一大步联系在一起过[11]。当然，如果罗曼是对的，在这些“自大狂”迈出的所有步子之中，最大的一步是那个未曾完成的尝试，即给朱庇特神庙加上纯粹的装饰、非承重墩座墙——如果朱庇特神庙得以完成——其高度将大约在 50 英尺以上（令任何其他罗马神庙的墩座墙相形见绌），构成墙体的材料将重达数百吨。如果采用三石塔结构，重量将接近一千吨。在罗曼以及上世纪每位考古学家的参照系里，只有自大狂才会考虑这样的任务。

不过，既然我们都是猜测，那我提出另一种猜测：罗马人选择巴贝克——这样一个特殊的地方——来建造朱庇特神庙，正是因为罗曼看做“自大狂”墩座墙基础的 U 形墙已经存在了。这些 U 形墙是从诸神时代流传下来的，值得后世尊敬，纯粹是为了表彰那些古老的神灵，而不是为了赞扬那些向他们表示敬意的利己者的名字，不是为了打击利己主义者。

拜星者

俯瞰腓尼基神庙和罗马神庙废墟，在比布鲁斯，十字军时期（公元 12 世纪）建造的一座城堡是当今占主导地位的标志性建筑。有趣的是，这座多次重建和修复过的十字军城堡，至少有十几个罗马柱鼓得到重新利用，做了墙壁中的砌筑块——提醒人们，在这个区域，你永远无法根据表面价值估量任何一座建筑物。

但这座城堡是一个神奇的地方，可以体味古比布鲁斯城的感觉。

事实上，这里是真正的古城。腓尼基航海家曾一度从比布鲁斯城起航，到达了世界有名的各个角落。据说还不仅如此，在哥伦布到达美洲数千年之前，腓尼基人就已到达过美洲，支持这一点的证据虽然零碎，却耐人寻味[12]。比布鲁斯与古埃及之间也存在神秘联系，这两个古老民族之间的关系，远远不只是纸莎草纸贸易。

这种联系与奥西里斯神有关，古埃及人在猎户座看到了奥西里斯神的天体图像。根据传统，奥西里斯是（太阳神）荷露斯的父亲，魔法女神伊西斯的丈夫，他是原始时代一位伟大的国王。他给那些愿意接受文明馈赠的人奉上了文明的礼物[13]。在埃及土著人——

> 摆脱悲惨野蛮的举止之后，他教导他们如何耕种土地，如何播种、收割庄稼，他为他们制定了法律准则，让他们祭祀神灵，让他们为神灵服务。然后，他离开埃及，遍历世界各地，教导不同国家的人民学习自己臣民的行为举止。他没有强迫任何人遵从自己的指令，而是通过温和的劝导，呼吁他们这样做。他成功诱导他们实践了他所宣扬的教义。[14]

当然，根据古埃及史册的记载，这位伟大的文明教化之师的事迹，让人联想到神、巫师和圣人相伴出行的传教团。《埃德夫建筑文本》告诉我们，这位伟大的文明教化之师，在洪水摧毁了家园之后，乘着大船“游历世界”，试图再现大洪水之前的上古世界。而对手，埃德夫传说中最终被荷露斯击败、制服的赛特，也在奥西里斯的整套神话中发挥了关键作用。在外出履行文明教化使命期间，他暗算了神王；返回途中，他设法谋杀了他。耐人寻味的是，谋杀借助了 72 个同谋的力量[15]。前文已经为这里埋下了伏笔，读者应当还记着，数字 72 是进动周期的推动力——每进动一级，需要 72 年。

听说奥西里斯的尸体被赛特和其他同谋者安放在一口石棺内，扔进了尼罗河里，水流从那里推着石棺向北飘移，进入地中海。海浪又把箱子送上了黎巴嫩海岸——

> 并将它抛在了比布鲁斯城。棺材一着陆，就被一棵大树托了起来，大树围绕着棺材生长，在四周把它包围了起来。比布鲁斯国王惊叹于这棵树之大，让人把它砍了下来，用包着棺材的躯干，做成自己宫殿的一根支柱。[16]

查明丈夫遗体的下落后，伊西斯乘船前往比布鲁斯，设法进入皇宫，做了国王孩子们的保姆。因为没有找到尸体，她化成一只燕子，不停地绕着那根柱子悲鸣。最终，她发现了自己的真实身份，并说服君主把那根柱子赐给了她。她从柱子里移出了装有奥西里斯尸体的石棺，带着它返回了埃及[17]。

接下来发生的故事太长，不便在这里赘述，但结果是，已死的奥西里斯在猎户座复活了。作为一位星座之神，他统治着来世的国度，他的配偶伊西斯作为明亮的天狼星（古埃及语称为 Sopdu 或 Sept，希腊语常渲染为 Sothis）陪伴在侧[18]。有一个文本把这些星体的特点描写得特别清楚，伊西斯谈及奥西里斯时，这样说道：

> 您的神圣形象——天上的猎户座，每天升起降落；我是跟在他之后的天狼星，我决不会背弃他。[19]

而在很多类似的金字塔铭文中，我们读到："奥西里斯化作了猎户座。"[20]其他多个文献也同样指出，埃及法老的亡故与奥西里斯、猎户座和天狼星有关，例如：

王的肉体啊，不腐朽……您将到达天上的猎户座，您的灵魂将和天狼星同样有力量……[21]

还有：

王啊，天空用猎户座孕育了您，曙光用猎户座托着您降临人间。他活着，依神之命活着，您就活着。您将定期与猎户座一起，从东方的天际升起，又与猎户座一起，在西方的天际降落。[22]

在这样的文字中，埃及古物学者赛利姆·哈桑写道：

我认为，不可否认的是，在其某一特定历史时期，埃及人相信，他们国王的灵魂是与星星合二为一的，或者已经变成了星星……而且，这种传统从来没有完全消失过。此外，吉萨金字塔与恒星的联系得到了传统的维护，而且直到阿拉伯时期，胡夫金字塔和哈夫拉金字塔都还保留着与拜星有关的名声。[23]

哈桑接着在同一段落评论了与我的研究最相关的内容："在雅库特·爱尔－哈玛威主编的《地名辞典》第 8 卷第 457 页（开罗版），'*Mo'gam-el-Buldan*' 是这样解释的"：

上面说，在给出两个最大的吉萨金字塔的轮廓尺寸后："拜星教徒向着这两座金字塔做了朝圣之旅。"此刻，这些拜星教徒当然都是恒星崇拜者。如果我猜得对，拜星教徒的称呼是从埃及单词"sba"派生而来的，即"恒星"。拜星教徒是某个古老宗教的信徒……他们是日月星辰，即天体的崇拜者……不管他们的名称有何来历，事实仍然是，他们仍然完全相信：胡夫金字塔和哈夫拉金字塔是与恒星联系在一起的纪念碑，把它们尊为朝圣之地。[24]

哈桑在这里指出的这种联系很不平常，因为拜星教徒的家乡自古以来就在土耳其东南部的哈兰[25]，距离哥贝克力石阵不过几英里。而且作为"恒星崇拜者"，这些哈兰拜星教徒又是"图特之书"的信徒——见第十一章，古埃及的智慧之神在这本书里记录了"先贤的话"。根据神所透露的经文，"图特之书的臣民"，就像基督徒和犹太人一样高贵、优秀[26]。当被要求展示自己的"书"时，他们复制了一套赫姆提卡文集的副本——希腊文和拉丁文著作，据说上面记录的是图特（希腊为众神传信并掌管商业、道路、科学、发明、口才、幸运等的赫耳墨斯神，《罗马书》中的墨丘利神）和不同学生之间的对话[27]。值得注意的是，图特既是智慧之神，也是"月亮之主"[28]，而且哈兰的主要寺庙是专门供奉万神殿的月神"辛"的神殿[29]。最后这点也很重要，比布鲁斯城的斐洛告诉我们，他所著的《腓尼基历史》一书的发起者桑楚尼亚松——

曾仔细搜索过塔奥托斯（Taautos）的作品。他这样做，是因为他发现，塔奥托斯（Taautos）是世界上第一位考虑写作构思的人，第一个开始撰写记录，可以说，从而为学习奠定了基础。埃及人叫他“Thouth”，亚历山大人叫他“Thoth”，而希腊人则把他的名字翻译成“Hermes”（赫耳墨斯神）。[30]

我们又在比布鲁斯停留了几个小时。古城发掘点遍布十字军城堡周围。有一个罗马柱廊，那是一座小剧场，有着腓尼基城墙、遗迹以及大小与巴拉特－格贝尔神庙相当的地基，巴拉特－格贝尔神庙建成于大约公元前 2800 年，专门用来供奉比布鲁斯城腓尼基人的守护神，而所谓的 L 形寺庙，大约在公元前 2600 年建成——是片一度将两个大型建筑物完全隔开的神湖。在一垛墩座墙的顶端，大量粗糙的方尖碑仍然矗立其上——“方尖碑神庙”，这座“方尖碑神庙”大约存在于公元前 1900 年至公元前 1600 年。这片遗迹从公元前 18 世纪前后起，直到公元前 10 世纪，曾是比布鲁斯国王们的皇家墓地，而与其混杂在一起又与之非常接近的，是新石器时代的区域，其历史可以追溯到公元前 5000 年及以后。在那里，大约公元前 4500 年，比布鲁斯的居民第一次开始制造石灰石地板[31]。

所有这些废墟和遗迹全部混杂在一起，一个压在另一个上面，一个围绕在另一个周围，一个世纪挨着一个世纪，一段盛世堆积在另一段盛世之上，可一直追溯到史前时代，如此复杂，却被考古学家们清清爽爽、干干净净地清理了出来，供游客参观，充当旅游景点。但这个旅游景点没有触动我，除了那些幸存下来的碎片外，没有桑楚尼亚松的原文，连斐洛（Philo）的《历史》都没有。我觉着自己在这里已经无事可做了。

是该离开的时候了。

石柱山

从贝鲁特飞到伊斯坦布尔时间很短，从伊斯坦布尔飞到桑尼乌法只不过是又一段短途旅行，我和桑沙会常驻桑尼乌法，方便我们随时前往哈兰，那座神秘的拜星教徒居住的“恒星崇拜”城市，也便于我们回访哥贝克力石阵。但是我们的第一个目标并不是这两个地方中的任何一个。相反，我们挑选的是尚未挖掘的遗址，每个指标都表明，它和哥贝克力石阵同样古老，而且似乎一直致力于同样的神秘目的。我从背景调查中得知，这个遗址名叫“喀喇汗土墩”，但知道它的名字是一回事，找到它则完全是另一回事。

七月的土耳其东南部，天气炙热。我们的司机会讲英语，所以与他沟通没有问题。他又可以代表我们和其他人沟通，但我们驶过风景优美的水田和荒山，遇到的人却似乎没有人清楚喀喇汗土墩的位置。不过他们为什么要知道呢？归根结底，那只是一座小山丘。人人都说，那个遗址在一个相当荒芜的地方。不过，我们最后还是找到了它，在 E90 主干公路以南大约 15 公里，桑尼乌法以东 65 公里处。在那里，一条崎岖不平的土路尽头，我们发现了一座小农庄，周围环绕着低矮的墙壁和贫瘠的农田。农场主指着我们北面的一座几百米高的山丘说，山丘在他家的农田里，不过欢迎我们看一看。他让自己十几岁的儿子给我们的司机指路，带着我们尽可能接近遗址的位置，然后我们从车上下来，徒步走完了剩下的一段路。

那座“山丘”是一条非常陡峭的石灰岩山脊，接近南北走向，地表覆盖着疏松的土壤，东西两翼长满了黄草。山脊顶部海拔约 705 米，从我们停车的地方爬上去只有 50 米，几乎转眼就到，所以转眼之间，我们就发现了早在哥贝克力石阵就已非常熟悉的 T 形支柱的特色。这种石柱有几十根，在山脊四周随处可见，有些呈圆形分布，其他的则平行排列，但所有柱子都埋得相当深，只有那与众不同的“T”形的顶部凸出了地面。

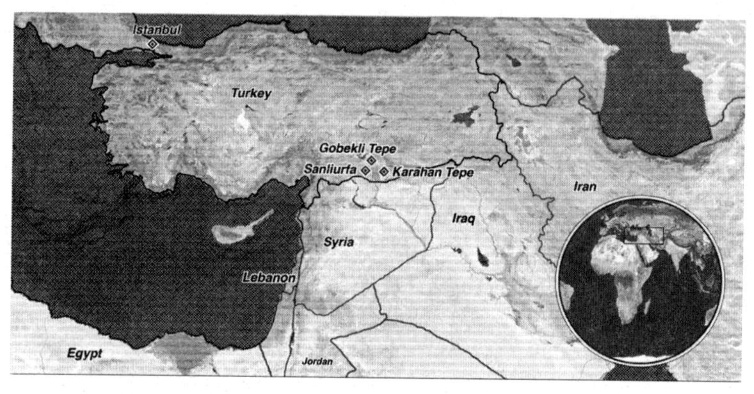

图 45

令人惊异的是，经确认，喀喇汗土墩与哥贝克力石阵年代相同，即在距今 11000 年至 12000 年之间，而且它被遗弃的时间大约也在同一时期，即大约 10200 年前，此后再没有人在这个地方定居过。除此之外[32]，这片废墟几乎再没有开展过任何考古学研究。另一方面，当地人一直忙着在这里寻找宝藏，他们的努力已导致诸多石柱暴露于风雨之下，而且已经断裂。其中两根上面带有蛇雕，与哥贝克力石阵石柱上所雕的毒蛇毫无二致。

顺着山脊的顶部，我们发现了许多半球形凹陷，形状像切入岩石中的小陨石坑。有些凹陷上有非常整齐、尖利的边缘，直径一般为 30 厘米（约 1 英尺）左右，深达 15 厘米（约 6 英寸）——虽然现在也有大大小小的杯状凹。大多数情况下，它们十几根分成一组，有时排成几行，有时呈圆形或螺旋形图案——但并无规律，难以发现背后的逻辑性。

和哥贝克力石阵的情况相同，很显然，现场曾挖掘过石柱，而且我们在那里还发现了许多平行凹槽，这些平行凹槽显然是柱子挖出后留下的痕迹，已经切入了山脊的基石。采石场里还有一个几乎完整的 T 形柱仍然留在原地。据测量，这根柱子高 4.5 米（14 英尺 10 英寸），宽 1.5 米（5 英尺），厚 80 厘米（2 尺 7 寸）[33]。看到采石场内林立的石柱只有头部伸出在山丘的侧翼，我忍不住想知道，如果挖掘适当，这里有可能找到什么。哥贝克力石阵早已改写了人类历史，这里是另一个哥贝克力石阵，质朴，却毫发无损，似乎没有人对这里有丝毫兴趣。事实上，这里甚至存在一片破碎的 L 形片段，片段由经过精心切割的方块组成，一度曾是完整的方形“窗口”或“舷窗”——在哥贝克力石阵发现过完整无缺的类似碎片——如今在这里一直被牧羊人用来支撑炉灶，这会儿熏得黑黑的，被丢在山顶附近一个避风的角落。

令我不解的是，像喀喇汗土墩这样重要的地方，一个可以让我们受教颇多的地方，却无人理会，受到如此漠视。我常说，正如我在上一章结尾所说的那样，我们是有健忘症的物种。我把这种遗忘自己过去——我们记忆中的空白页，归结于冰河时代末期地球经历的可怕灾难，但在这里，在喀喇汗土墩，我想起：我们的集体麻木常常也是自己故意造成的——仿佛我们已不再想知道自己的起源，或者我们自己的本来面目。

过去的影响

第二天，我和桑沙返回了哥贝克力石阵。此时是 2014 年 7 月，克劳斯·施密特还活着，但他远在德国避暑，没过几天他就因心肌梗塞过世了。

我想趁他不在看看现场。更确切地说，我希望他们能安排我在夜晚进入，这样我就可以在开阔的天空下体验它，感受它与天上的星星以及脚下大地之间的关系。可我感受到的是另外一种强烈情感，那就是，我们人类多么任性地亵渎了祖先留给我们的珍贵礼物。

即使在2013年，考古时对该遗址的破坏和损伤仍有发生，在原来的位置上冒出了一条可怕的人行道，自上次我们来过之后发生的情况，几乎无法用语言来形容。现在，一个庞大丑陋的木屋顶隐约笼罩在巨石砌成的外墙上，把外墙盖得严严实实的，装载有几吨石头的笨重平台已悬浮在木屋顶的下方，以防屋顶被大风吹走。这些平台和支撑屋顶的柱子以及写有“严禁进入”的牌子，使我们几乎不可能看到那些巨石支柱，或欣赏其深奥、原始美和精神力量。

考古学家所做的——他们当然声称，这样做是为了“保护”该遗址——是一种嘲弄，令人憎恶，是丑陋的杰作，而给我们——全球公众——哥贝克力石阵遗产的主人留下的，是欺骗和失去。我根本无法理解为什么有人会想出这种方式，把哥贝克力石阵装在盒子里，装在笼子里，囚禁起来。我无法想象他们在想什么。即使——按现在的说法，直到建起更大的顶篷之前——这只是个临时顶篷，也没有任何借口。最好的方式是没有屋顶（从第一次发掘开始，将近十九年都没有顶篷，这个遗址一直管理得非常好），这种卑鄙的“临时”建筑，哪怕只存在五分钟，都令人厌恶。

此外，我对其“临时性”深表怀疑。“德国考古研究所”竖起这个顶篷，花了差不多一年的时间（上次我们在2013年9月到访时，他们就已经在做这项工作了），这项工程花费了大笔钱财，我担心未来很长一段时间，我们都不会看到它被拆除，换上在美学上与哥贝克力石阵的威严和神秘相称的东西。

之所以晚上来访，我本来是想在巨石环绕的情况下观看星星……这真是个天大的笑话！顶篷已经完全把哥贝克力石阵与宇宙分割了开来。给人的感觉就是一种计算精确的蓄意剥夺——仿佛跻身权力机构的某个人突然醒来，意识到这个古老的场所对事物的既定秩序有多么危险，意识到它对心理控制体系存在多么大的颠覆性危险，很大程度上包括对过去的控制，目的是为了维护现代社会秩序。

古代天文学家

那天晚上回到酒店，我打开笔记本电脑，仔细阅读我随身携带的我在网上下载的那一堆有关哥贝克力石阵的研究论文。这些论文大多数是学术刊物上的论文，其中一篇是从我自己的网站上下载的。这篇论文的撰稿人是注册工程师及环境地质学家保罗·伯利，我在2013年3月安排出版之后，到现在还没有阅读过。我记得当时感觉它很重要，但没能马上想起原因。当时，与今时今日不同，哥贝克力石阵并不是我关注的焦点。而现在，在经历了2013年3月至今的一切后，再仔细阅读伯利的论文，这篇论文所传达的重要消息以及它究竟为什么如此重要，犹如给我打了一针强心剂。

克劳斯·施密特反对以任何形式把哥贝克力石阵与天体联系在一起。我曾在第一章简单阐述过，他之所以反对，最主要的原因是，他自己对天文学一无所知，对这个主题极其厌恶。面对来自主导考古学家的这种敌意，许多科学家仍在研究哥贝克力石阵，力图查明其中任何一垛围墙或任何一组石柱，可以揭示任何明显的天文建筑准线。所有这些研究一致证明，哥贝克力石阵是“一个意味深长的天文学遗址”，它的建造者仔细观察过星星，而且能够在地面结构的建筑准线非常成功地体现这些观察结果。

我在这里举几个例子。

米兰理工大学数学物理教授朱利奥·马格利博士是意大利著名的天体物理学家，曾经对世界各地的许多古遗址和古迹进行过考古天文学研究。2013 年，他利用计算机以岁差为单位对天空的时间变化情况做了精确模拟，模拟时间跨度很长，在此基础上，出版了关于哥贝克力石阵的研究论文[34]——岁差是一种我们已经探讨过的现象。马格利认为，小天狼星，即古埃及人与女神伊西斯视为一体的星，是哥贝克力石阵的建设者特别感兴趣的目标：

> 对公元前第十个一千年的天空进行了模拟，模拟结果表明，那个时间看到哥贝克力石阵发生颇为壮观的现象是有可能的：一颗“新”星“诞生”，当然不是一颗普通的星星，因为它是最明亮的星星，是天空中第四大最辉煌的天体：小天狼星。事实上，大约在公元前 15000 年，岁差把天狼星带入了视野，进入了哥贝克力石阵的纬度范围。在达到最低后，天狼星开始更接近地平线，并且在接近公元前 9300 年的时候，再次出现，非常低，也非常接近正南。[35]

此后，马格利继续论证小天狼星在地平线上升起的位置。小天狼星在地平线上升起的位置也随着岁差的改变非常缓慢地改变，他认为，其位置似乎已在哥贝克力石阵中的围墙 D、围墙 C 和围墙 B“追踪”到。这些围合的外推平均方位在各种情况下作为两个中央巨石之间的中心线，分别与公元前 9100 年、公元前 8750 年和公元前 8300 年天狼星的上升方位排成直线[36]。马格利断定：“哥贝克力石阵建筑群的设计目的，是为了庆祝天空中某颗灿烂‘星星’的到访，并在此后几百年里，模拟其行踪，这颗灿烂的星星就是天狼星。”[37]

波士顿大学教授罗伯特·索奇，虽然不是天文学家，但也在哥贝克力石阵发现了天文路线，天文线路的天象区域和马格利强调的是同一区域。然而，在判断建设者们可能感兴趣的星体方面，索奇得出了不同结论，在提供了以下假设之前，他写道：

> 这是一个很难回答的问题，在大约公元前 1 万年春分的早晨，当太阳在哥贝克力石阵的正东方升起前，昴宿星、金牛座以及猎户座的顶部出现在围墙 D 中央巨石所指的方向，破晓时分，猎户座的腰带出现在地平线上方的不远处（在该区域的最佳观赏点上可以看到）。大约公元前 9500 年围墙 C 的中心巨石、大约公元前 9000 年围墙 B 的中心巨石所指的方向也显示了类似情景。围墙 A 在大约公元前 8500 年的早晨面向昴宿星、金牛座和猎户座，但由于岁差的变化，猎户座的腰带在破晓之前再也没有全部升到地平线上方。到大约公元前 8150 年，猎户座腰带在春分早晨的黎明时刻仍低于地平线。这些日期是根据放射性碳测定的年代，与哥贝克力石阵确立的大体时间契合。[38]

其他非天文学家还有作家安德鲁·柯林斯和特许工程师罗德尼·黑尔。他们采用了与索奇和马格利相反的观察方向，即由北向南观察，而不是由南向北。他们发现了它与天津四的布局极其契合，天津四是天鹅座星群中最耀眼的星星。同样，契合路线原来是在跟踪岁差造成的星体位置的变化[39]。哥贝克力石阵的建设者们曾密切关注过星座，并且充分了解岁差运动对天体景观的影响效果，这种日益加深的印象在2015年元月于一份名为《考古发现》的杂志上发表的一篇论文中得到了证实。这篇论文是意大利萨兰托大学数学系和物理学系的亚历山德罗·德·劳伦际思和文森佐·奥罗菲诺所著。他们认为，柯林斯和黑尔是对的，而且在其方位的北侧，“研究围墙的中央支柱其实反过来面对着天津四的布局”[40]。劳伦提斯和奥罗菲诺提炼了柯林斯和黑尔给出的日期，向前推了200年左右，但也同意，围墙方位的细微变化追踪岁差的证据[41]。

天体物理学家胡安·安东尼奥·贝尔蒙特还考察了哥贝克力石阵的天文特征。他指出，在圆形围墙之中，“存在一圈接近长方形的围墙，这一圈接近长方形的围墙与四方点几乎完美地一致”[42]。不用说，这种完美一致，正如埃及的吉萨大金字塔一样，未经同样精确的天文观测是不能实现的。

贝尔蒙特还注意到哥贝克力石阵T形柱的“大量装饰”，断定这些装饰可能表示——

> 新月和恒星等另外一些天文观测现象。这在后来的中东地区文化中极其普遍……那么，就有可以解释为动物图腾代表物的东西。如果我们可以继续猜测，这些东西可以用狮子座、金牛座和天蝎座等表示。

现在该讨论克劳斯·施密特的论点了（见第一章）。克劳斯·施密特认为，在哥贝克力石阵，没有存在任何“天文图像”的可能，因为

“黄道星座直到巴比伦时代才得到承认，那时哥贝克力石阵已经建成九千年了”。当初访问克劳斯·施密特的时候，我没有质疑他的这一观点，因为我更想听的是他本人对哥贝克力石阵的看法，而不是让他加入一场可能非常激烈的争辩。但是很显然，了解施密特所用素材的贝尔蒙特并不同意他的立场。

对于这个问题，俄罗斯天文学家及科学历史学家亚历山大·格斯坦同样持反对态度。格斯坦回溯了各星座——尤其是著名的大熊座——从首次得到承认和命名，直到公元前 20000 年的历史[43]，以及公元前 5600 年时期更详细的知识[44]。

然而，德国考古天文学家迈克尔·拉普朋格拉克进一步将黄道十二宫的起源向前推进了一步。他已认出，17000 余年前在法国拉斯科洞穴的公牛厅内所绘的图形，与黄道星座的准确描绘一致[45]。

拉普朋格拉克指出，一年有四个关键时刻：春分、秋分、冬至和夏至。我们已经认定，人们一直认为，某个世俗时代的“特征”取决于春分时节“收留”太阳的黄道星座，而其他星座也在秋分、夏至、冬至“收留”着其他三个突出的“太阳站点”。时代发生转变，其中一个星座在春分给另一个星座让路，那么，控制着其他三个“站点”的星座也随之发生变化。

限于篇幅，这里无法探究详细的证据，但拉普朋格拉克描述的涉及拉斯科的论据，其要素是：整个金牛座（公牛厅里的野牛或“公牛”图形），以及牛肩上方的六个点，即昴宿星六颗肉眼可见的星星组成的独特图案。这六颗肉眼可见的星星构成了辨识度极高的金牛座的元素；另外，还可把某个日期与这个图案联系在一起：

公元前15300年，昴宿星非常接近秋分点……因此，“公牛大厅”里的六颗星星是代表秋季来临的一个显著而杰出的标记……天文计算的时代非常接近……碳14测定年代（针对洞穴这部分人类活动）对应的是公元前15300年。[46]

在其他著作里，拉普朗格拉克进一步提供了令人信服的证据，表明至少早在公元前16000年和公元前10000年之间，我们的祖先就——

已辨认出了包括（西班牙）埃尔卡斯蒂略洞穴内的银河系、北冕星座、（法国）拉斯科洞穴内的昴宿星团以及同一位置的天空中的主要星座在内的单一星图以及非常复杂的星图。[47]

他还记录了（法国）狮头洞穴内的一块石板上——

显示了某一星图——公牛和昴宿星团内的毕宿五——与上文提到的月亮周期图有关联。这张照片源自梭鲁特时代（大约公元前19000年－公元前20000年）。它不仅与拉斯科洞穴图案极其相似，而且显然也与一部分月球周期联系在了一起。[48]

拉普朗格拉克的结论（在这里我必须再一次长话短说）是：

21000年前，旧石器时代的狩猎者和采集者抬头望向星空，看到了昴星团的疏散星团，以及漂移的月亮和黄道金门附近或黄道金门之间的太阳。[49]

拉普朋格拉克在这里提到的“黄道金门”，是传统意义上以毕星团和昴星团（两者都是金牛座座内的星群）为界的天体区域。黄道从它们之间经过，仿佛经过一道巨大的天体之“门”一样[50]。“黄道”是描述已感知到的太阳天体穿过“路径”的技术术语。因此其含义是，在旧石器时代，可能差不多在哥贝克力石阵建成一万年以前，以黄道星座为背景所观察、描绘和理解的太阳（和月亮[51]）的路径。为此，贝尔蒙特坚持援引拉普朋格拉克的著作，事实上，他出示的是拉普朋格拉克提供的一张照片。照片上显示的是拉斯科洞穴公牛厅内所绘金牛座的形象[52]，他表达了看似无心的评论：“狮子座、金牛座和天蝎座”等黄道星座的灵感或许来自哥贝克力石阵所描绘的“图腾”动物。

总之，对于贝尔蒙特来说，哥贝克力石阵提供的证据表明：

> 11000余年以前某个完全未知的靠狩猎和采集生存的社会，试图建立与上天联系在一起的不朽建筑群。几个世纪以来，也许几千年以来，这一系列圣殿（根据推测，大概是一个接一个修建的，甚至是一个刚建成就接着修建另一个）可能一直用来描绘天道轨迹。然而，因为未知的原因，建设者们故意掩埋了这些建筑物，从而创造了尽管非常古老却仍可保存其卓越状态的有利条件。[53]

当然，哥贝克力石阵区的原居民都是狩猎者和采集者——而且还是完全未知的狩猎者和采集者！本书贯穿全文的命题是，他们突然冒险闯入壮观的纪念性建筑领域，随后还“发明”了同样壮观的农业，这很奇怪。事实上，这相当于一个几乎令人费解的“大跃进”，急切需要一个一致而考古学尚未提供的解释。我相信，我们正在这里探索的假说，或许可以解释这些反常现象，那就是，在新仙女木期大洪水发生之后，在哥贝克力石阵的狩猎者和采集者中间，居住着某个失落文明的幸存者，这些幸存者已经掌握了农业技术，了解全部巨石建筑方法。他们把自己的一些技能传给了当地狩猎者和采集者。

现在，除了巨石建筑和农业，我们必须把天文学证据考虑在内。初看起来，尽管贝尔蒙特、科林斯、黑尔、索奇、马格利及其他人员的著作已证明，有才干的天文学家一定参与了哥贝克力石阵的建设，但我们不能说，石柱和外墙的分布所体现的知识水平必定属于某一尖端“文明”。格斯坦和拉普朋格拉克仔细观察过我们现在仍然可以辨别的天空，并且识别过上面的星座。我们已经看出，他们已完成的研究可以追溯至新石器时代，甚至超越新石器时代，进入了公元前 20000 年或更早之前旧石器时代的洞穴彩绘艺术。因此，对哥贝克力石阵知识的表述，不必让我们感到过分惊讶。

但是，假如还有别的东西——一些狩猎者和采集者无论有多么精明，在任何情况下都不可能知道的东西存在吗？

2014 年 7 月，当我在桑尼乌法酒店里重读保罗·伯利的文章时，就是这个难以捉摸的“别的东西”，令他的著作就像一针强心剂，打动了我的心。

新石器时代的谜团

伯利论文的题目是“哥贝克力石阵：传达远古宇宙地理学的神

庙”。他最初写这篇论文是在 2011 年 6 月，而我是同年 9 月在美国亚利桑那州塞多纳城的“岁差与古代知识会议”上遇见他的。2012 年我们来往了几封邮件；2013 年 2 月，他让我阅读他的论文，他说，那篇论文涉及“哥贝克力石阵其中一根石柱上有关某个黄道的证据”。我读完论文回复道：我发现这篇论文“非常有说服力，也非常有趣的，包含重要含义”，还告诉他，我想把它发表在我自己网站的文章页面上。保罗表示同意，文章于 2013 年 3 月 8 日上传成功[54]，目前仍然存在，可以通过注释中提供的网址访问。

“重要含义！”现在，当我坐在桑尼乌法的酒店里再次阅读这篇文章时，我领悟到，这样说实在太轻描淡写了。但是，直到 2013 年 9 月，我才第一次参观了哥贝克力石阵，很显然在那个时候，我已忘记了伯利论据的要点。伯利论据的要点几乎完全集中在围墙 D 和以前我在那里最感兴趣的石柱——第 43 根石柱。我之所以对它感兴趣，是因为曾经受到贝尔蒙特意见的鼓舞，即其底部附近，存在一只蝎子浮雕（读者请回忆一下隐藏在废墟里施密特不让我动的那只蝎子），那可能是天蝎座黄道星座的代表物。所以，前往现场之前，没有重读伯利的论文中有关同一根石柱上“某一黄道”的内容，是我的一个失误。我们都是人，都会犯错，大家都会忘事，虽然半年前我在信件里承认了其“重要含义”，但在 2013 年 9 月访问期间，伯利的发现我却已忘得干干净净。

他是这样直入正题的：

其中一根石灰石柱子（在围墙 D 内），在其一侧的上部包含一个浅浮雕场景。有一只双翅伸展的大鸟，还有两只小点的鸟、一只蝎子、一条蛇、一个圆圈以及一些波浪线和条索状特征。乍一看，这个岩化动物园好像只是一个动物大杂烩，是为了填充宽侧石柱而随意安排的线形设计。

解开新石器时代早期谜团的关键是位于废墟中心的圆圈。这个圆圈，让我立刻想起宇宙之父——太阳。下一个线索是勇敢面对太阳的天蝎座和那只似乎伸展双翅托起太阳的巨鸟。事实上，虽然按照我们现代的概念，那根柱子上的蝎子只占据了我们所熟悉的天蝎座黄道的左侧部分或头部，但相对于天蝎座黄道的定位，太阳的轮廓似乎非常精确。因此，太阳符号在其穿过银河系平面时，靠近银河系中心的程度与其能够靠近黄道圈的程度相当。

请多给我一些时间，我会解释这一切的。现在，让我们继续阅读伯利的文章，因为接下来的陈述，才是让我熬夜、吸引我注意力的真正原因：

这里的关键是“由于某些未知原因，哥贝克力石阵的建设者建造了一座俨然强调其未来长达11600年的神庙”。然而，这一幕是有意图的。象征意义是明确的，与许多描述这一事件的神话一致——神话中描述的事件，正在同一时间，正在我们生活的今天发生！

伯利进而提供了一张图，“说明银河银道面接近银心，附近还有几个熟悉的星座”。第二张图证明了同样的观点，另外增加了石柱所描绘的古老星座：

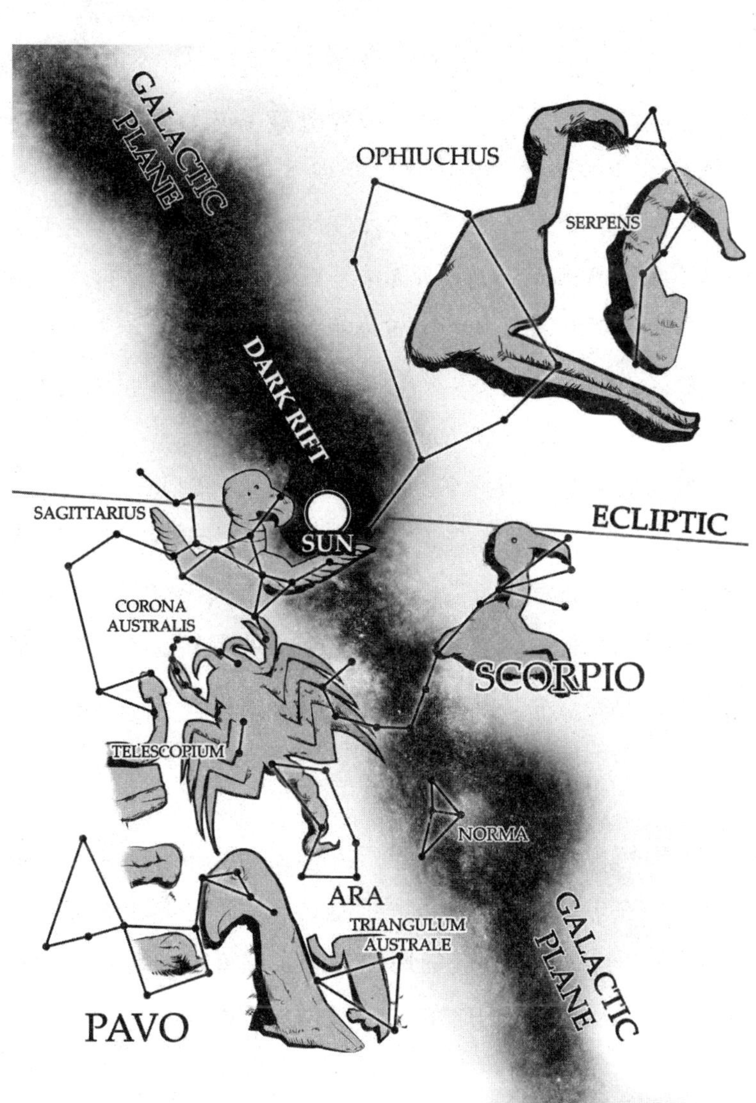

图 46 第 43 根石柱上的天体图像

请注意，伸展的翅膀、太阳、鸟腿和蛇，似乎都是为了强调与黄道圈一致的太阳的路径……浮雕与银心黄道－银道交叉点之间的相似性很难抵制，证明人类有可能先于学者们公认的时间几千年就已识别并记录了二分点岁差……哥贝克力石阵是作为一个象征性球体建成的，传送着远古时代对世界和宇宙地理的了解。为什么这些知识不久就被故意掩埋，仍然是一个未解之谜。

我不能马上领会伯利所说的所有内容，但我已领会的内容已足以让我开展工作。幸运的是，我自己的电脑上装有天文软件——Stellarium，可以在考虑岁差的同时，模拟古代天空。更重要的是，该程序能够显示我们这个时代的天空，允许我逐日、逐月地滚动，可以随意前进或后退，放大并观察我感兴趣的任何具体细节。平时我最常研究的是古代的天空，不是现代的天空，但今晚我要看的是我们现在的天空。

或者更确切地说，并不是我们现在的时间——2014 年 7 月，我在桑尼乌法坐在电脑前面的时间，而是这个时间一年半之前的冬至，2012 年 12 月 21 日——著名的玛雅日历大肆宣传的“末日”——那个我们已经安然度过的日子，连一声呜咽也没有听到，更不用说爆炸声了。

石柱上传递着信息？

下面的内容，在我打开电脑运行 Stellarium 软件的时候就已经知道了。当保罗·伯利谈论这根哥贝克力石阵石柱所描绘的太阳，坚持要谈这根石柱被安置在“尽可能靠近银河系中心的位置，靠近程度与其能够靠近黄道圈的程度相当”，坚持要告诉我其中也包含天蝎座时，我知道他只会谈及一个时间点——2000年，前后允许最高大约40年的误差（即1960至2040年）。那条巨大的充满星际尘埃的呈拱形跨越我们称之为银河的星云条带（而它实际上是在我们母星系的边缘观察到的景象），每年与黄道线——即太阳穿过天空的视轨道——相交两次。其中一次巨人般的交替发生在北半球，在双子和金牛两个星座之间，在我们这个时代，在北半球的夏至，即6月21日前后，太阳在这里止步；第二次交替发生在南半球，发生在射手和天蝎两个星座之间，在我们这个时代，在北半球的冬至，即12月21日前后，太阳在此止步。

读者应该记得，正如在地球上观察到的那样，岁差存在使“收留”太阳的星座在一年四个关键时刻——两个二分点、夏至和冬至——绕着黄道带缓慢移动，整个系统神不知鬼不觉地绕行。在足以让太阳从一个星座完全跨入另一个星座之前，在每一个关键时刻，太阳“在”每个黄道星座要花费2160年。当这种情况在春分发生时，同样的情况也同时在其他三个“站点”发生。事实上，想象一个代表黄道（太阳每年的轨道）的圆圈，并且以相等的间隔围绕这个圆圈的圆周标出黄道十二宫，是一场很好的脑力锻炼。现在，把四个轮辐按十字形排列在圆圈内。当十字形的四个端点全部接触圆的边缘时，你就占据了太阳主要站点之中的一个。太阳的主要站点分别是：北半球的春分（3月21日）、夏至（6月21日）、秋分（9月21日）和冬至（12月21日）。我们这个时代，在四个站点收留太阳的黄道星座分别是：春分时节为双鱼座，夏至时节为双子座，秋分时节为处女座，冬至时节为射手座。

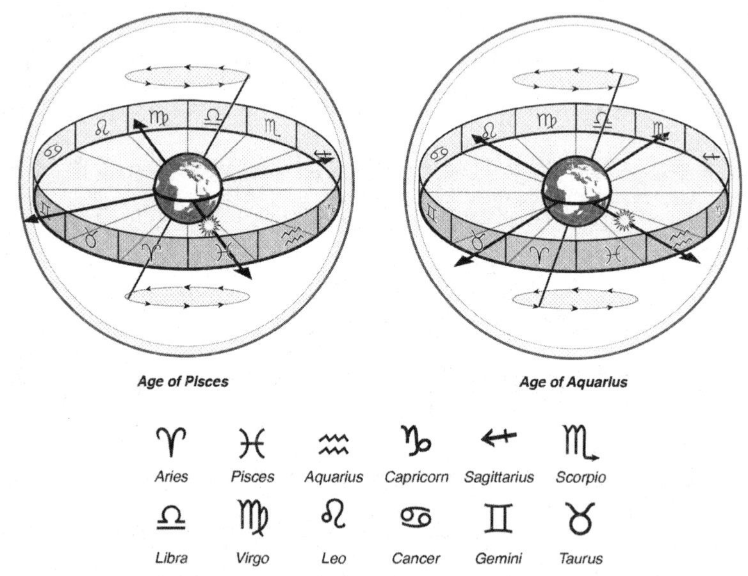

Aries：白羊宫　Pisces：双鱼宫　Aquarius：水瓶宫
Capricorn：摩羯宫　Sagittarius：射手宫　Scorpio：天蝎宫
Libra：天秤宫　Virgo：处女宫　Leo：狮子宫
Cancer：巨蟹宫　Gemini：双子宫　Taurus：金牛宫

图 47　从双鱼时代进入水瓶时代的岁差转换图。相对于背景黄道十二宫，太阳的位置春分点从双鱼宫进入了水瓶宫，夏至点从双子宫移入金牛宫，秋分点从处女宫移入狮子宫，冬至点从射手宫移入天蝎宫

然而，岁差具有非常缓慢地绕着十字轮辐旋转的效果。现在我们正在接近“双鱼时代”的终点（即 2160 年春分双鱼座收留太阳的时间），此时，处在双鱼座内的轮辐末端，也很快会转入水瓶座（因此有了这句歌词：“我们生活在水瓶座即将到来的时代”）。但是由于十字

（如果你喜欢这种比喻的话）焊接在一起，形成一个固定的装置，其所有轮辐必须一起移动，因此，在春分点从双鱼座进入水瓶座之时，夏至点将从双子座移入金牛座，春分点从处女座进入狮子座，冬至点从射手座进入天蝎座。

在这里，我想尽可能避免复杂化，不过，现在我们返回每年太阳轨道与其相交两次的银河——正如我们已经看到的。请记住，在每一个交叉点，都有一对黄道星座坐落在银河的两侧，实际上形成了两道银河之“路”从其中穿过的天国之门——北半球在双子座和金牛座之间（目前，春分太阳被收留在双子座），南半球在射手座和天蝎座之间（目前，冬至太阳被收留在射手座）。这两对黄道星座与银河的相对关系不受岁差影响，永远不会改变。双子座和金牛座将永远是北半球银河之“门”的标志，射手座和天蝎座将永远是南半球银河之“门”的标志。

但是，在这两者之中，射手－天蝎门才是最重要的，因为在我们仰望夜空之时，眼前正在通过这道门的部分银河，形成了银河系的正中心和心脏，如此之巧。不仅如此，更是因为它是银心，而天文学家现在认为，银心的中央存在一个浩瀚的黑洞——“一个连光也无法从中逃脱的高密度物体”[55]——正是这个区域，存在一个著名的隆起。最后但也同样重要的是，在这个所谓的“核球”中间，存在另一个绝对突出的特征，天文学家称之为“黑暗之门”，这个“黑暗之门”的特点在许多古老的神话中都清晰地刻画过[56]，它是由一系列不发光的重叠分子尘雾构成的。

两幅图，其中一幅显示的是与黄道相交的两个点位上的银河；另一幅图显示的是我们这个时代的冬至，在南十字星座，太阳位于射手座

“翼”（箭头）之上，准确地瞄准银河的黑暗之门，也就是我们的银心。

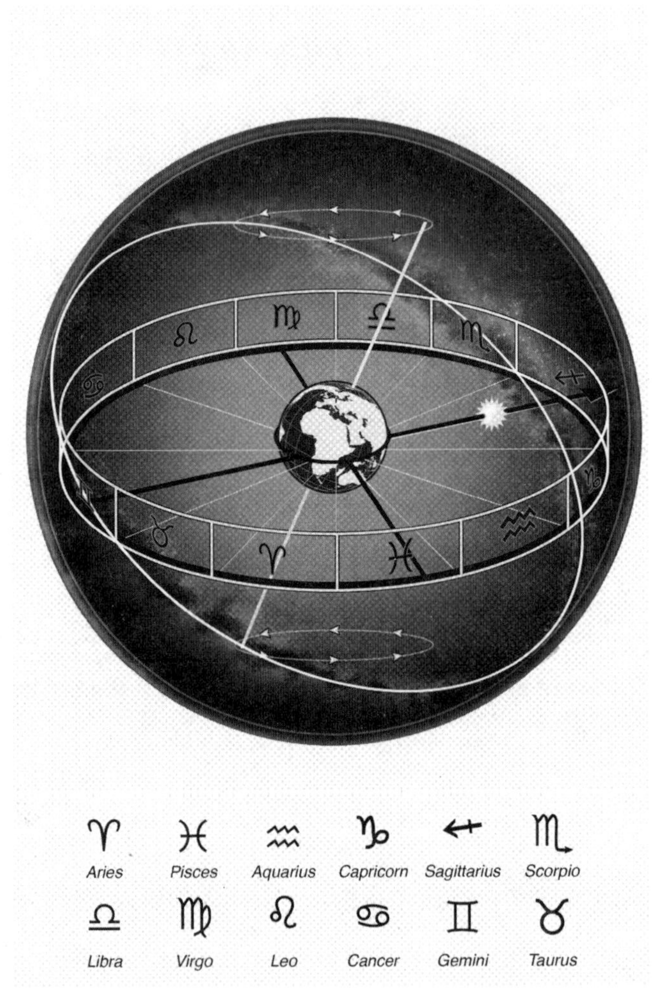

图 48　天体之门：射手座 / 天蝎座在右，目前冬至太阳被收留在射手座；双子座 / 金牛座在左，目前夏至太阳被收留在双子座

在岁差作用下，冬至太阳目前被收留在射手座，因此，从地球上观察，就像步枪枪筒上的准星，“对准”了银心。地球、冬至的太阳和银心，三者形成一条直线，这样盛大的天体阵容，上次出现是一个完整的岁差周期——25920 年前，将来再次出现也会经历一个完整的岁差周期——25920 年之后。换句话说，用宇宙词语和天文语句来表达，我们生活在一个非常特殊的时刻——的确相当独特。在下一章，我会详细说明符号的意义，特别是冬至之所以至关重要的原因，但最重要的是，先把其他问题讲清楚。

假设某古代文明希望施展其天体规律运动与变化知识，促使人们在时间的长流里注意某一特定时刻——一种我们先利用吉萨古迹，随后根据岁差世界年代做出判断的可能性，然而这种可能性虽然有用，精确性却不足以清楚地说明确切日期。毕竟，每个岁差时代的构型极其广袤，对 2160 年才有效。如果我们想更具体一点，那我们就需要在我们希望对其提起注意的时期内找到某个天体事件，即（a）某一人为岁差现象；（b）发生在远远窄于 2160 年这一全岁差世界年代窗口内的某一人为岁差现象。

这样的事件正发生在我们的时代。这个事件就是：太阳在冬至到达位于射手座和天蝎座之间的银河南大门，在这个位置瞄准银心。当然，在处置太阳圆盘宽度方面存在一定不精确性，然而在这个时期从地球上观察，太阳完全与银心排成一条直线，尽管如此，我们在这里并不谈 2160 年。准确对准银心，发生在宽度不超过 80 年的窗口内。我们继续留在窗口内的时间还有大约 25 年。

就哥贝克力石阵第 43 根石柱上的信息而言，这创造了一个奇妙景象，如果保罗是对的，那根石支柱上的浮雕采用符号语言描绘了冬至太阳在射手座和天蝎座之间处于银河南大门的情景。

换句话说，这些浮雕正在对我们这个时代讲话。

他们正在对着我们说话。

第十五章
创世记之地

2014 年 7 月的某一天，当我坐在桑尼乌法市某个酒店房间里，沉醉于电脑屏幕上的星空时，我越来越坚信，保罗·伯利对哥贝克力石阵第 43 根石柱有着天才般的洞察力。伯利在论文中的措辞小心谨慎到几近没有自信。正如我们在第十四章所见，他提到："太阳似乎精确地落在为人熟知的黄道带上的天蝎座内。"他也谈及了附近其他熟悉的星座。他把我们的吸引力引到那只大鸟上——那只秃鹫——那只似乎正在张开一对翅膀托举着太阳的大鸟上。他没有说自己认为那只秃鹫代表哪个星座，但他画出的图形毫无疑问地佐证了他的观点，他认为，秃鹫代表的是远古时代的射手座[1]。

我们已经看到，有证据表明，星座识别可以追溯到冰河时代，其中远古时代对有些星座的描述形式至今仍为我们所认可。读者在上一章会想起迈克尔·瑞庞拉克关于黄道带星座——金牛座的文章。他将 17000 年前的拉斯特描述为一头欧洲野牛（野生牲畜的原始物种），昴宿星团的六颗明显的星星分布在野牛的肩膀上。

必须承认，某些星座的描述方式具有令人惊讶的延续性，但这并不意味着，整个历史时期所有文化对于我们现在所熟知的所有星座的描述方式都相同。事实远非如此。星座的意义之所以偶尔会发生彻底改变，取决于在不同的文化背景下，选择哪一种想像图形投射到天空上。例如，天堂公牛的美索不达米亚星座和现代的金牛星座都将毕宿星簇看作其头部，但他们在其他方面却大不相同[2]。同样，射手星座的美索不达米亚星座是由我们俗称的阿尔戈和大犬座组成的，其中的天狼星是箭端。而中国也有一个射手座，组成该星座的星星几乎完全相同，但箭头较短，而且天狼星构成的不是箭端而是靶子[3]。

即使不同文化背景下星座的边界保持不变，对这些星座的认知方式也可能存在很大差异。因此，古埃及人虽然也知道我们所说的大熊星座，却把它描绘成一头公牛的前腿。他们把小熊（小熊星座）看作一只胡狼，把巨蟹宫的黄道星座描述为一只圣甲虫。天龙星座的构像在我们看来是一条龙，而古埃及人则把它描述成一头背上背着一条鳄鱼的河马[4]。

因此，原则上，我们并不反对这样的意见，即我们称之为人马座并将其形状描写成一个开弓搭箭的半人半马怪物的星座，即“射手座”，也可能一直被哥贝克力石阵的建造者看作一只翅膀伸展的秃鹫。

我在虚拟天文馆流连了好几个小时，在公元前 9600 年和我们自己时代的天空之间来来回回转换了好几次，眼睛盯着射手座和天蝎座之间的区域，就是伯利认为与第 43 根石柱的描述内容有关的区域，考虑着太阳与这些星座背景之间的关系。

我弄清楚的第一件事就是，一只展翅的秃鹫“非常形象地”构成了人马座的形状。确实，相比我们从美索不达米亚人和希腊人那继承下来的人首马身 / 射手座，秃鹫能够更贴切、更直观、更明显地描绘射手座的中部。人马座的这个中心部分（去掉半人马的腿和尾巴）恰好包含了最耀眼的星星，构成了一个易辨别的现在通常被天文学家称为

“茶壶”的星群，因为它确实很像一把带把儿的现代茶壶，有一个尖尖的盖子和一个壶嘴儿。然而，壶柄和壶嘴等元素画成一只秃鹫的两只翅膀，效果也同样形象——只是尖“盖儿”变成了雕的头和颈。而秃鹫前部张开的那只翅膀，即茶壶的嘴儿，也就是被伯利看作“托举着太阳”的那部分，对应的是第 43 根石柱中部描绘的那个突出的圆盘。

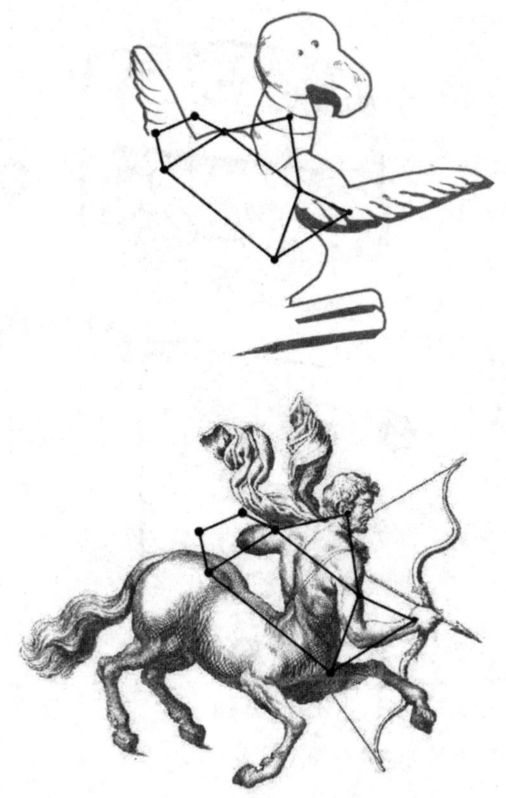

图 49　相比人马座，一只展开双翅的秃鹫能够更贴切、更直观、更明显地描绘人马座内部中心部位那团耀眼的“茶壶”状星群

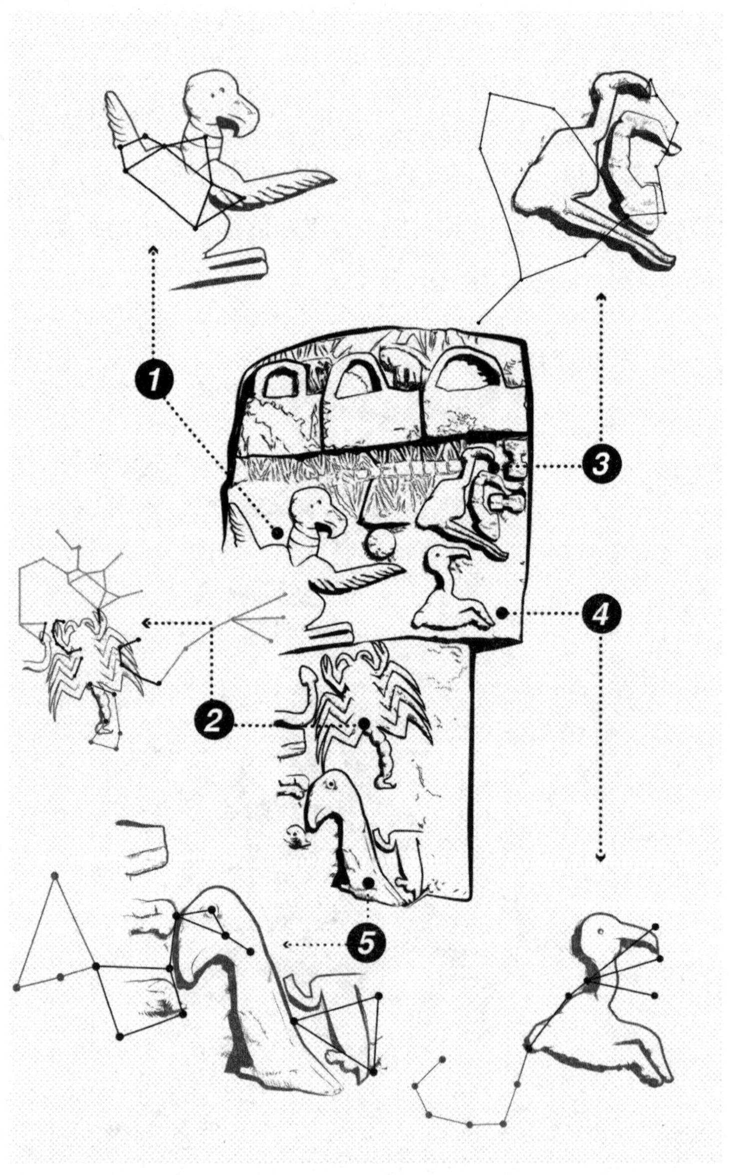

图 50　在第 43 根石柱上解读出来的人马座及其邻近星座

但是，秃鹫和太阳仅仅是石柱上复杂形象之中的两个方面。秃鹫下方偏右一点是一只蝎子。秃鹫上方偏右是第二只大鸟，长着长长的镰刀状喙。紧贴着这只鸟的是一条蛇，蛇头呈巨大的三角形，身体盘成弯曲状。第三只鸟也长着钩状的喙，但体型较小，长得像一只小鸡，位置在第三只鸟与蛇的下方，也在秃鹫的右侧，确切地说，紧贴在秃鹫张开的前翼的右侧。蝎子下方是第四只鸟的头和长长的脖子。蝎子旁边，是另一条头部高昂的蛇。

尽管伯利在论文中给出的结论很少，我对他的结论却越来越充满信心，其中一部分原因是，将这些仅仅有微小差异的图形，同所谓的射手或秃鹫图案周边其他星座相比，非常有趣。

第一，正如我们早已看到的，在秃鹫下方稍偏右一点的蝎子，与十二宫格射手座的下一个星座——天蝎座，有着明显的相似之处，尽管蝎子的姿态与定位是错误的，稍后我们会更仔细地观察它的内涵——但它毕竟就在那里，而且它的尾部，不管怎样，或多或少还是在它应该在的位置。

第二，在秃鹫的右上方有一只大鸟，这只鸟与一条身体蜷曲的蛇紧紧依偎在一起。这两个形象的相互位置与关系非常正确，与我们称为蛇夫座的星座匹配，蛇夫座即持蛇者以及蛇夫座手里控制着的大蛇——巨蛇座。

第三，紧靠秃鹫张开的前翼右侧，另有一只鸟，体型较小，像一只小鸡，也长着钩状的喙。针对这个问题，我给伯利发了邮件，讨论石柱上蝎子位置与方向以及现在的天蝎座的位置与方向。经过反复沟通，我们最终得到了一致的结论。大家可以回忆一下，不一定所有文化、各个时期都将星座的边界划定在同一位置。显而易见，随着时间的推移，星座的边界一直在发生着改变。在哥贝克力石阵的天文学家心中，第 43 根石柱上的小鸡，其本身看上去已经形成了一个小星座，这个小星座利用了现今认为是天蝎座一部分的一些重要星体。这只小鸡的钩状喙的位置及其躯体的形状都准确地与天蝎座的头和爪子匹配[5]。

第四，在第 43 根石柱上，蝎子的旁边是一条蛇，蝎子下方是另一只鸟的头和长长的脖子，这只鸟的右侧，是一个无头的人形图像。蛇对应人马座的尾部（正如我们所看到的，秃鹫看上去仅仅构成了射手座的中央部分——那把“茶壶”，所以，星座的其余部分留给古人构思其他星座）。这只鸟及其右侧的特殊人形小图案，它们的最佳竞争对手就是我们现在知道的孔雀座和南三角星座的一部分。孔雀座的其余部分，可能会涉及那只鸟左边呈现在石柱上的更远一点的图形。

通常就像射手座这样，现代天蝎座的元素在第 43 根石柱上所描绘的古代星座上都已重新部署。与第 43 根石柱上的蝎子相比，现在的天蝎座只有尾部在正确的位置，但它头朝右，而石柱上蝎子的头朝左。石柱上的那只蝎子的位置也比秃鹫低，而现代的天蝎座是一个非常大的星座，平行于射手座，位于其右侧。要解决这个问题，我建议把第 43 根支柱上的蝎子想象成这样一个组合，由现代天蝎座的尾巴（对应第 43 根石柱上蝎子的右腿）、射手座星群中没有用到的“茶壶”部分（对应第 43 根石柱上蝎子的右爪）以及我们所知道的天坛座、金牛座、南冕座（分别对应第 43 根石柱上蝎子的尾巴、左腿和左爪）组成。同时，如上所述，将现代天蝎座的爪子和头部挑选出来形成第 43 根石柱上那只长着钩状喙的小鸡。

我们想起，在远古时期的天文学图像中，射手座不只是被描述成半人半马的样子，还被描述成长着蝎子尾巴的人马混合体，而且往往仅被描述为后者。这时，现代天蝎座和现代射手座与第 43 根石柱上所描述的蝎子和秃鹫之间关系的整个问题，就呈现出了新的意义层面[6]。在古巴比伦赠地文书石（常被称为边界石，不过，很有可能它们的作用一直以来的认识都不正确[7]）上，一个手拉弓箭的人形蝎子频繁出现，好像普遍认为它是射手人马座[8]。这些古巴比伦赠地文书石上的人形蝎图案常被描绘成鸟的腿和爪[9]，这一点，进一步巩固了第 43 根石柱上的秃鹫与射手座的关联性。另外，在一些表述中，还有第二只蝎子出现在射手座中人形蝎的下方，即“茶壶”星群之下[10]，这令人联想到第 43 根石柱上蝎子的位置（见附图）。

图 51　古巴比伦赠地文书石上的人形蝎图案（左），经常被描绘成鸟腿和爪子，这进一步强化了第 43 根石柱上的秃鹫与射手座的联系。在其他美索不达米亚代表物中，我们看到在人马座主体的下方看到了第二只蝎子，与第 43 根石柱上的天蝎座占据着相似的位置

把所有这一切放在一起看，我个人以为，这一切绝不是仅仅用“巧合”一词可以解释的。其中蕴含的意义是，对于12000年前哥贝克力石阵所表示的某些星座，应该如何描述，包括在天空的这个区域附近应当有一只蝎子等概念，在历经某些变迁后，传承了下来。尽管如此，几千年后以可辨认的形式存于下来的相关表述是在很久以后的巴比伦天文插图中发现的。不过，考虑到它与古美索不达米亚存在密切联系，其远古城郭、古希腊七贤人，以及大洪水的幸存者，均消失在了他们乘坐的哥贝克力石阵附近的方舟上，我们或许就不应该太过惊讶了。

最后，同样重要的一点是，在第43根石柱上部的记录中，有三个神秘的“袋子”或“水桶”，它们在我第一次去哥贝克力石阵时，就吸引了我的注意力，这个问题在第一章已经讨论过了。正如天文学家朱利奥·玛格丽已经注意到的下列几点：

这三个“袋子”与很久以后出现在巴比伦赠地文书中的三座“空中房屋”非常（极为！）相似。[11]

玛格丽所称的“空中房屋”（同样参见附图）是美索不达米亚神灵著名的恩利尔和智慧之神恩基的象征。恩利尔曾释放大洪水，意图毁灭人类，而恩基出面干涉，挽救了我们[12]。读者请回忆一下第八章，正是恩基向齐苏德拉族长发出了警示，督促他建造诺亚方舟，并最终将洪水中的幸存者带到土耳其东部的阿勒山地区，紧临哥贝克力石阵。无论公元前1000年的美索不达米亚还是公元前10000年的哥贝克力石阵，都有一个共有之处，那就是，他们都起源于大洪水很久以

图 52 天文学家朱利奥·玛格丽指出，在哥贝克力石阵第 43 根石柱（右图）顶部记录中的“袋子”，与很久之后出现在巴比伦赠地文书中的三座“空中房屋”相似（左图）

前一个失落的文明，两者有着共同的祖先，甚至世界上其他很多文化也发源于此。而且，为了确保这些记忆永远不会从地球上消失，（先贤们）可谓费尽周折，他们不仅着意设计了许多神话和富有智慧的习俗，还利用精心设计的结构化教学，让知识一代又一代传承下去。这个结论是难以回避的。

玛雅人

夜已深，当我在桑尼乌法的酒店内梳理整个场景时，我对伯利案例的信心又有所增加。一旦将所有来龙去脉综合考虑，秃鹫用前翼“托着太阳”的造型，看起来确实像人马座代表“茶壶”星群的一个古老星座的形象。

这就引出了下一个谜题：秃鹫 / 人马座到底何时“托住了太阳”？伯利明确指出，他坚信，第 43 根石柱上代表的时刻远在哥贝克力石阵建造时间之后，确切地说，是在未来 11600 年后，也就是，在我们这个时代的 2012 年。他之所以得出这个结论，是因为只有在我们这个时代，特别是从 1960 年至 2040 年的 80 年间，太阳在 12 月 21 日，即冬至日，不仅坐落在鸟伸出的前翼之上（即在现在这个所谓的星群中的“壶”嘴儿之上），而且还指向位于银河系中心的“球核”和黑暗裂隙。因此可以说，第 43 根石柱上的符号所代表的正是这一个有重要意义的时刻。

事实证明，这一点确实意义重大，因为在与其说著名不如说臭名昭著的玛雅历法中，也标出了这个完全相同的 80 年窗口期（其中仅 2012 年比中点落后一点点）。关于玛雅历法，赘述颇多，特别是关于 2012 年 12 月 21 日这一天，被错误地当作了某些绝对、精确事件的结点。实际上，它永远只是一个通常意义上的“指标日期”，仅此而已。

为了解开这个谜团，只能依赖天文学，而且是裸眼意义上的天文学。在此我们不能提什么射电望远镜或者天体物理学。在这个领域里，真正的学者之中，最优秀的人物非约翰·梅哲·詹金斯莫属，在 2012 年之前很长一段时间，他就做了不懈的努力，让大家明白，所谓的玛雅历法中世界末日的根据，实际上是 26000 年一度的冬至日太阳与银河系中心的契合，也就是银河系的黑暗裂隙和球核契合。由于受太阳直径和裸眼天文学的限制，这种契合的日子无法确定具体年份，但正如本人在本文中已提到的，这个年份可以限定在 1960-2040 这个跨度为 80 年的一段时期内。

作为岁差的人为产物，2012 年之前的数千年，冬至日的太阳一直在沿着它与银河系中心的契合点缓慢而稳定地移动。约翰·梅哲·詹金斯早在 1998 年出版的《玛雅宇宙生成学》一书中，就对此进行了清晰的描述。他提供给读者的图像标明了自公元前 3000 年以来，冬至日太阳的移动轨迹。公元前 3000 年，太阳的轨迹与人马座的黑暗裂隙交叉点呈 70 度角，在整个基督时代，留给它移动的轨迹已经减半，到新纪元的 2012 年（即 1960 年至 2040 年之间的 80 年窗口期）时，它与黑暗裂隙贴合得最近，预计到公元 5000 年，它将会在经过黑暗裂隙后，走完 70 度角[13]。

不仅如此，詹金斯还详细证明冬至日的太阳与银河系核球内黑暗裂隙的契合在玛雅宇宙学中之所以重要的"原因"。原因是，这个契合点是玛雅人看作"创世记之地"的宇宙范围，中央的核球则是"星空的发源地或出生地"：

> 玛雅人将这个密集、明亮的核球理解为宇宙中心和发源地，事实上，这个仅凭肉眼观察得到的结论千真万确：我们的碟形星系的中心，正是位于银河系这个明亮、广阔的区域……在那个高密度区域当中，银河系以及该区域中的一切，包括我们在内，都被收入囊中[14]。

在此，我的目的不是深入探讨玛雅历法的谜局，越少越好，因为我在《上帝的指纹》一书中[15]，已经就此做过一些相当详细的描述。不过，在 1995 年该书出版之后，我又有了更深层次的理解，玛雅人发出信号，宣布 2012 年前后的数十年是一个大循环的终结。他们并不是说这是世界的末日，而是一个时代的结束——“一个巨大变革和世界重生时代”的结束[16]，接下来将是一个新的伟大循环或全球时代的开始。澄清这一点很有必要。在玛雅人的日程安排中，这是一个我们所处时代的转型期，伴随着动荡与危险。因此，对于我们来说，发现太阳与天文坐标正是在玛雅人的预言中所指的 1960 年至 2040 年这个 80 年窗口期，而且这个时期描绘的是人类历史的某个转折点。玛雅人还把这些信息在遥远的土耳其的一根有着 12000 年历史的哥贝克力石柱上刻成了高凸浮雕，这实在奇怪，实际上有点令人不安。

排除不可能的事情

对于第 43 根石柱上的浮雕明确传递给我们的一些信息，包括关于我们这个时代的某种预测或预言、某种通告等，我希望我能做出正确的解读。在开始考虑这些信息提及的具体内容之前，首先要确认保罗·伯利的发现完整可靠。

保罗·伯利将人马座看成秃鹫，并且将秃鹫的翅膀托举着的圆盘看作太阳，我已经心悦诚服地接受了他的看法。他关于周边星座的综述也非常恰当。然而，有没有可能石柱上的浮雕确实描述了太阳与人马座以及银河系中心的契合，只是契合时间不是在 1960 年至 2040 年间的冬至，而是其他时间呢？

当然，冬至契合每 26000 年才发生一次，因此，在公元前 24000 年，人们看到的太阳可能会出现在人马座，就像现在一样，箭尖对准着银河系中心。这种极为罕见的契合将会在 26000 年后，即公元 28000 年，再次发生。事实上，任何假设都可能与这些遥远的日期有关，这是不无可能的。

然而有趣的是，还有另一种“信息”，来自一个完全不同的文化——古代玛雅——那里使用着相同的坐标系统，而且恰好也精确地聚焦在了1960年至2040年之间。

同时，在哥贝克力石阵，也有另外三个关键时刻需要考虑——夏至、春分和秋分。公元前9600年建造哥贝克力石阵时，在任一个“太阳站点”（夏至、春分和秋分）之中，有没有其他准线透过银河系中心穿过人马座呢？

根据我对古埃及的研究，我了解到，公元前的春分时节，太阳落在狮子座内。1200年后仍是如此，现在在电脑上确认这个事实只需要片刻时间；公元前9600年，昼夜平分点的太阳仍然在狮子座，并且落在其黄道轨道上的某一个点上，这距离银河系中心的任何队列都很遥远。因此，我对于排除春分点相当有把握，至少在那个时代是如此。

图53 公元前9600年哥贝克力石阵的春分日出

公元前 9600 年的秋分也同样如此。因为那时太阳在水瓶座，距离银河系中心的排列同样很远，我也排除了这种可能。

图 54　公元前 9600 年哥贝克力石阵的秋分日出

此外，考虑到哥贝克力石阵所有围墙的方向，答案越来越清楚，各个时期的二分点都可以排除在外。A、B、C 和 D，四大围墙全部——回忆一下，第 43 根石柱在 D 围墙内——均呈“西北到东南”的方位，非常明确[17]。没有一个接近昼夜平分点太阳升起的正东方向，或者接近昼夜平分点太阳落下的正西方向。如果哥贝克力石阵的建造者希望把我们的注意力引到第 43 根石柱中的任何一个昼夜平分点上，他们要做的第一步会是让其自西向东对齐，以此提供一条明显的线索。既然他们并没有这样做，那么，假设他们并没有将昼夜平分点考虑在内，应当更加保险。

那么现在只剩下冬至和夏至了。冬至，太阳升起的位置在东方偏南的方向，落下的位置在西方偏南的方向。夏至，则在东方偏北的位置升起，西方偏北的位置落下。因此，理论上讲，可以认为冬至太阳升起的准线（东方偏南）和夏至太阳落下的准线（西方偏北）与哥贝克力石阵的西北至东南方向有关。

我们已经知道，公元前 9600 年，冬至太阳、人马座和银河系中心排成一条直线的情况可以排除，因为这种情况仅发生在我们这个时代，公元前 24000 年，或者未来的公元 28000 年。公元前 9600 年的冬至，太阳在金牛座，距离银河系中心的准线非常远。已知该遗址明显是东南至西北方向，因此，不止在公元前 9600 年的夏至，各个时期夏至在东方偏北的位置排成一线的可能性都可以排除。

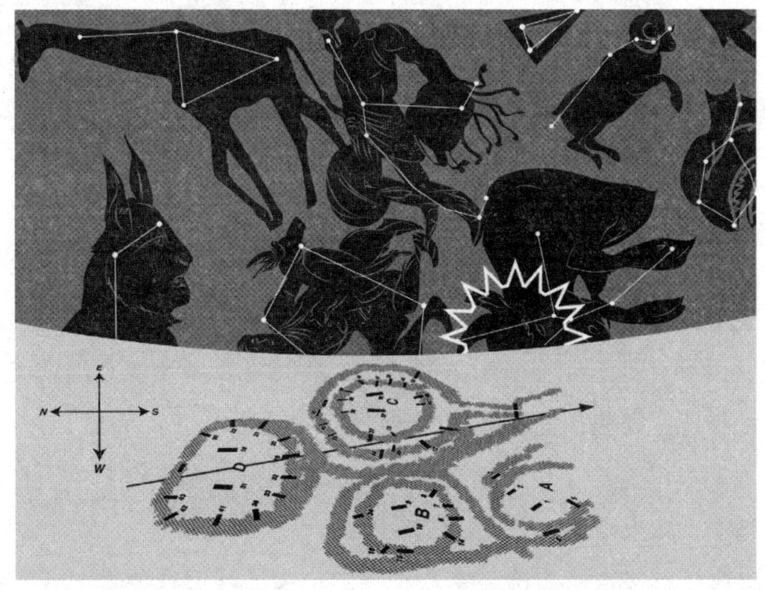

图 55　公元前 9600 年哥贝克力石阵的冬至日出

因此，经过一个演绎过程之后，留给我们的只有一种可能性，那就是契合可能发生在公元前9600年，而且只能发生在夏至“日落”的时候，西方偏北的位置，这与哥贝克力石阵的东南至西北方向没有任何冲突。此外，计算机模拟显示，在公元前9600年夏至，太阳在天蝎座，而它并没有与银河系中心对齐（运行位置已经走过了黑暗裂隙和球核），但仍然相当接近目标（见图示）。读者应当记得，人马座和天蝎座横跨黑暗裂隙和球核，太阳是在人马座内，而不是天蝎座，因此精确地与银河系中心排成了一条直线。然而，认为第43根石柱上描述的场景可能是公元前9600年的夏至日落（西方偏北），似乎有道理。理论上，刻画这些图形的雕刻家制图技术存在微小的相对误差，将足以解释这种脱节现象。

然而，安德鲁·柯林斯和他的同事罗德尼·黑尔，以及数学家亚历山德罗·德·罗伦兹斯和蒙特拉·奥罗菲诺，在关注对准向西偏北方向的合理准线，特别是前一章提到的天鹅座的天津四星的降落位置时，似乎都忽略了一个致命的缺陷。在与围墙D的方向而非这条准线排成一条直线时，公元前9600年，天津四的确在西方偏北的位置落下，尽管这足够精确，但只是纯粹的理论。事实上，在围墙D的位置永远也观测不到这个过程，原因很简单，围墙D建在石阵陡峭山脊的一侧，山脊一直延伸至围墙主群以北，从围墙D不可能观测到天津四降落的情况。同理，也不可能观测到夏至日落的情况。大约20分钟之前，太阳早已退出了山脊之后的视线范围。为了观察到日落，必须离开围墙D，爬上山脊。

因此，出于这个原因，再结合太阳位于天蝎座这个事实，在接近过程中，并不对准银河系中心，夏至日落排成一条直线的可能也必须排除。

正如亚瑟·柯南道尔笔下的人物福尔摩斯的名言：“排除了不可能的，无论留下的是什么，无论多么不可能，也一定是真相。”经过一系列的分析排除，我们已经看出，哥贝克力石阵既不可能吸引我们考虑昼夜平分点，也不能吸引我们考虑夏至，即使在日落时分这个有利的时机亦是如此。那么，留给我们的选择就只有冬至了，这一天，在我们所处时代的 1960 年至 2040 年期间，太阳在人马座对准银河系的中心——一个每隔 26000 年才出现一次的信号。因此，无论看起来多么不可能，我们都不得不承认，在公元前 9600 年，哥贝克力石阵隐藏了深奥的岁差现象，其建设者们已具备了非常先进的知识，能够预测上下数千年的影响，从而制作出精确的有关人马座 / 冬至契合的象征图案。

图 56　公元 9600 年前哥贝克力石阵的夏至日出

如果这种推测正确，那就应该提醒我们自己，史前古物的两项科学成就不分伯仲，都一直幸存于世，并且以同样完整的程度回到了我们手中。

成就之一是玛雅历法，玛雅历法精确地想象出了世界生命的大周期即将在1960年与2040年之间的80年内结束的样子。此外，它精确地采用完全一样的标准——冬至太阳向着银河系中心前进，轨迹即为太阳与银河系中心形成的准线这一标准——来预测发生重大契合的时间，并确定出旧时代的结束和新时代开始这个转折点。

另一个成就是坐落在埃及吉萨高原的宏伟的天文化石遗迹，即留存在尼罗河西岸的大金字塔和狮身人面像。读者可以回忆一下，这些巨石建筑杰作为我们提供了公元前10800年春分日的天空景象，深入揭示了岁差知识。同样，我们将在第十九章看到，届时，一项特色鲜明的信息将会穿越岁月年轮，以相当特别的方式，抵达我们这个时代，传递给我们。

在我们努力搜索，试图找到这些信息可能意味着什么的时候，那些距离哥贝克力石阵仅仅25英里的“拜星者们”，以及那些去往吉萨金字塔朝圣的智慧之神的追随者们，都能给我们提供线索。

第十六章 星座的传承

从第八章到第十章，我们探索了先贤的秘密传统。这些传统在埃及存在了数千年，通过补充和创造得以保存。我们认为“天堂的神秘教师”“荷露斯的追随者”——这些“众神的魔法师”——的潜在价值，不是一次，而是很多次，在埃及历史的关键时刻，在促进非凡的文化向前发展中，发挥了关键作用。

在第十二章中，我们调查了不可思议的巴勒贝克石阵遗址和谜一般的古迦南殖民者之间的关系。他们在埃及的吉萨高原附近定居，定期向大狮身人面像献供。该神像仿照迦南猎隼之名，被命名为奥隆（Hauron）或胡尔纳（Hurna）。

在第十四章中，我们接触了另外一群人。这群人被称为拜星教徒，被誉为“星座崇拜者”。他们是从更加遥远的吉萨金字塔来的朝圣者。他们的家乡是哈兰，临近现在位于土耳其东南部的哥贝克力石阵。目前没有关于这些朝圣者何时开始迁徙的记载，但哈兰已经存在了数千年[1]，现存最早出现的书面文献是公元前2000年左右的碑文[2]。值得注意的是，直到公元1228年，仍然有拜星教徒到吉萨朝圣。阿拉伯地理学家雅库特·哈马维在他的《国家字典》（Mo'gam-el-Buldan）一书中就提到过他们。正如第十四章所引述过的，埃及古物学者赛利姆·哈桑在文章中指出，哈马维（Hamawi）的记述说明，拜星教徒“完全承认胡夫和哈夫拉金字塔是与恒星祭祀有关的纪念碑”[3]。

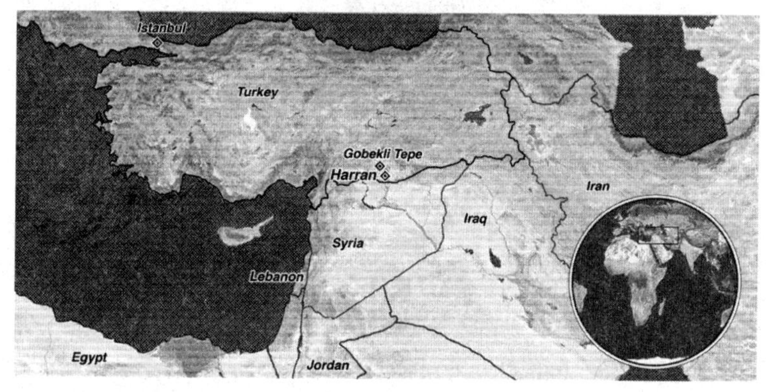

图 57

这个地方可能看起来像一个小点，小得研究拜星教徒的“专家们”都忽略了它，但它却证明了一个隐秘传统的延续。公元 1228 年之前，古埃及宗教和古埃及文化已经消失了数百年（最后一个知名的铭文可以追溯到公元 394 年，上面使用的是神圣的象形文字），而直到 20 世纪初，埃及古物学家并没有再发现过金字塔“祭祀”星座性质的证据[4]。因此，除了拜星教徒可能已经知道的某个隐秘传统之外，即“星座崇拜者”可能知道金字塔与星座有关，或者可能把它们作为朝圣的对象，绝对再没有其他解释。

啊，哈兰……哈兰——传说中的拜星教徒之城。如今，这座城市多么卑微混乱。这里仍然残存着一些传统的泥砖式、蜂窝形房子，它们聚集在一起，成了供游客消遣的零售饰品中心。摇摇欲坠的现代化城镇坐落在一个巨大而荒凉的平原上，托罗斯山脉山脊忧郁而朦胧，若隐若现，向北延伸了24英里（约40公里）。哥贝克力石阵矗立于其中的一个山脊上，而事实上，从理论上讲，这两个遗址可以遥遥相望[5]——换句话说，如果你视力足够好，你可以从哈兰看到哥贝克力石阵，也可以从哥贝克力石阵看见哈兰。

在古代遗址中，比较容易看到的应该是这里某座曾经矗立在寺庙附近的高塔——这座寺庙是献给拜星教徒月亮神苏恩（Su-En）的（通常缩写为Sin）[6]。古希腊哲学家巴尼乌斯（公元314-394年）在告诉我们“这座寺庙中存在震撼人心的画像”之后描述了那座高塔，指出“站在塔顶，人们可以俯瞰整个哈兰平原”[7]。

早在公元前第一个一千年，月亮神庙就已经是偏僻的古遗址了，这一点我们可以从一些需要修复的碑文中获悉。例如，亚述国王沙尔马纳塞尔三世（公元前859-前824年）和亚述巴尼拔（公元前685-前627年）修复了铭文。后来，在公元前556-前539年，统治新巴比伦王国的那波尼德重建了这座神庙[8]。正如埃及图特摩斯四世因为某种原因修复了吉萨的狮身人面像（见第十章）那样，那波尼德承担这项工程的灵感来自于一个梦[9]。

哈兰的“异教徒”信仰流传了数百年，一直延续到了伊斯兰时代，这一切令人难以置信。而这在很大程度上多亏了拜星教徒被认为是“持有经书者”（请读者回忆一下第十四章，拜星教徒成功地声称赫尔墨斯是他们的先知，并出示了《赫尔墨斯语录》的汇编文本作为其经文）。因此，公元七世纪，在阿拉伯将军伊本·加拿姆（Ghanam）占领哈兰之后，他征用了带有巨塔的月亮神庙遗址建造大清真寺。看起来似乎是为了给清真寺让路而毁掉了神庙，但实际上加拿姆在城里给拜星教徒另外提供了一个地址，允许他们修建一座新的神庙[10]。在那里，他们继续实行“星座崇拜”，并没有实质性中断，直到公元 11 世纪，公元 1032 年或 1081 年（理由互相冲突），新一代穆斯林统治者开始与他们作对，禁止他们的宗教信仰，并摧毁了他们的最后一座神庙[11]。

两个世纪后，蒙古人开始入侵，此后，哈兰经常发生激烈的冲突。1259 年、1262 年、1271 年的事件过后，城里的伊斯兰宗教礼拜场所都遭到了破坏[12]。今天，大清真寺已成为废墟，而此时，我们仍会想起，月亮神殿也曾矗立在一座巍峨的高塔之下。奇怪的是，这么一个几乎完整的建筑遗迹，其方形底座的每个边边长只有 4 米（约 13 英尺），却像其拜星教徒祖先那样，承载着一座高逾 50 多米（约 164 英尺），可以俯瞰哈兰平原的高塔。毫无疑问，这仅仅是伊本·加拿姆所修大清真寺的残留尖塔——此建筑无疑是伊斯兰教建筑。但它依然发人深省，至少可以说，当地人至今认为它是“天文塔”，仿佛保留着拜星教徒祖先爬上月亮神殿高耸入云的尖顶上观察天空的古老记忆。

从 20 世纪 50 年代起，在哈兰开展的一些考古探险中，发现了少量与月亮神有关的铭文，但尚未发现伊斯兰神庙之前的痕迹[13]。1986 年，来自芝加哥东方学院的研究小组准备在大清真寺废墟周围开展大规模挖掘，但似乎因为土耳其当局坚持限制性措施，而使工程不得不流产[14]。目前由哈兰大学和桑尼乌法博物馆管理局开展挖掘工作，但并未从城内的伊斯兰时期之前的独立遗迹中发现有价值的出土文物[15]。

到目前为止，根据已完成的最低考古挖掘量，哈兰本身出土的可测定年龄的文物，其时代可追溯到大约公元前 5000 年[16]，很有可能进一步挖掘出更古老的残骸。在该城西北几公里处一个名叫阿撒吉·亚勒姆贾（Asagi Yarimca）的居住地，收集到了公元前 6000 年独具哈拉夫特色的单色物品[17]。另外，自 2006 年开始，土耳其考古学家奴莱廷・雅尔迪姆西（Nurettin Yardimci）在哈兰以南 6 公里处进行挖掘，发掘出的出土文物已经确定存在一个更古老的可追溯至公元前 8000 年的永久居住地[18]。

公元前 8000 年至 10000 年前，这段时期的特征是，哥贝克力石阵被废弃，其最后的石块被故意掩埋。我有幸了解到，雅尔迪姆西的发掘现场在远古时期就以"伊德里斯预言"闻名——即"伊德里斯聚集丘"。这很有趣，因为在古兰经中，伊德里斯是圣经先知以诺的名字，他是生活在大洪水之前的十大元老之一[19]。具体来说，以诺是雅列的儿子，是玛士撒拉的父亲、拉麦的祖父、诺亚的曾祖父[20]。此外，穆斯林传统中的赫尔墨斯与伊德里斯 / 以诺有关[21]。波斯的伊斯兰哲学家阿布・马谢（公元 787-886 年）表达了如下观点：

> 赫尔墨斯的名字是一个头衔。生活在大洪水前的第一个信使，是……希伯来书中称之为以诺者，阿拉伯语中是伊德里斯。哈兰人宣称他是先知。[22]

生活在大洪水之前的以诺 / 伊德里斯 / 赫尔墨斯精通科学，"尤其是天文学"。此外——

> 他写了很多书，他把自己的智慧保存在埃及神庙的墙壁上，以免丢失。正是他，建造了金字塔。[23]

阿布・马谢的注释强烈认同埃德夫神庙文本的观点，按照推测，他从失传的上古书籍以及雕刻在荷露斯神庙墙壁上的铭文中得出结论，之所以雕刻在墙壁上，是为了确保信息不会丢失。另外，远古时期的金字塔是由赫尔墨斯——天文学大师、埃及神话中的月神图特（读者可以回忆一下）建造的，这与第七章中描述的“图特圣殿密室数目”的传统相呼应。在历史上，这个数字是法老胡夫希望在他自己的吉萨金字塔建设工程中参考应用的。

再次面对这样的材料，猜想我们可能无意中发现了由一场全球性洪灾的幸存者发动的某个项目的痕迹似乎并无不合理之处，或许真是那场全球性洪灾的幸存者们为了实现“诸神世界的重生”启动了这项工程。不管这个工程的源头在哪里，在我看来，其实质都是一种“传统”，由发起人一代又一代传承下来，因此，在时机到来时，理论上能够在任何地方、任何时代（时机正好时）实施。

凭借他们融入多变环境以及幸免于多变环境的能力，凭借他们对于至少公元十三世纪保存下来的金字塔天文学性质的知识，以及他们的名号，如正确识别出的赛利姆·哈桑——出自斯巴（古埃及文字中的“星座”一词）[24]，哈兰的拜星教徒都带有神秘传统传承者的印记。

守望者之谜

除了家谱是先祖诺亚的一支以及其中高深莫测的陈述——他“与上帝同行”并且不可思议地被上帝选中，免于体验死亡之外[25]，关于以诺，圣经再无只言片语。令人欣喜的是，从一些古老的非经典著作——那些圣经编纂人由于某种原因或其他原因决定不纳入官方认可的经文著作——中可以获得更多的信息。迄今为止，这其中最有名的是《以诺书》。十八世纪之前，学者们认为它彻底丢失了。它在基督诞生前很久就已编撰完成[26]，被认为是犹太神秘文学中最重要的一个部分，这一点仅能从只言片语和其他文本中有关《以诺书》的参考文献中略见端倪。然而，在金奈尔德的博学冒险家詹姆斯·布鲁斯于1770年至1772年访问了埃塞俄比亚之后，这一切都改变了。在其他令人瞩目的成就当中[27]，他获得了几份《以诺书》的副本，并把它们带回了英国。这些书在古代已被翻译成古兹语（神圣的埃塞俄比亚语言）。这是有史以来在欧洲出现的第一套完整副本[28]。

顺便说明一下，《以诺书》一直对“共济会”有着重大意义。事实上，某些共济会仪式——奇怪的是与伊斯兰传统相呼应——把以诺视为古埃及智慧之神图特和其希腊化身赫尔墨斯[29]。1877年首次出版的《皇家共济会百科全书》的条目显示，以诺是写作的发明者，“他把建筑艺术传授给人们”，并且在大洪水之前，“担心真正的奥秘会失传——为此，他隐瞒了大秘密，把这个大秘密铭刻在一块白色东方斑岩上，安置在了地球的内部。”[30]《百科全书》中包含了一代代传承下来的神秘传统的线索，这进一步说明，以诺本身就是共济会成员，在他弥留之迹，“他把大师的职位传给了拉麦”[31]。

《以诺书》是一份非常奇怪的文件，其中包含许多其他因素，声称大洪水灾难即将来临，并且解释了洪水在世上横行的原因。以诺从一系列的梦境中[32]捕捉到了大灾难的预兆：上帝将告诉自己的后代诺亚，“大洪水即将淹没整个地球，并将摧毁地球上的一切”[33]。当然，这是熟悉的话题——仅仅是一个我们可以在《创世记》中读到的简要记录或重述。接下来提示以诺的一段话，上帝将安排诺亚逃脱这场洪水，这样，“他的子孙将在这地上各代得以保存”[34]。

随之而来的事情更耐人寻味。撇开上帝发动大洪水的明确目的是杀死大部分人类——当然，除了诺亚和他的后裔——这个事实不讲，有必要说的是：

还要治愈被他们破坏了的大地，消除各种灾害。但是那些从守望者那儿学到秘密的人类的孩子，可以不被消灭。[35]

这仅是《以诺书》中第二次提到神秘的“守望者”。第一次在前面几页里仅告诉我们，他们“将会”在即将到来的大事件面前“颤抖”[36]。到目前为止，我们还没有真正的线索了解他们是谁或是什么东西，只知道他们触犯了神法，把“秘事”——（显然对于人类而言，是危险的事情）传授给了人类，因此，他们（大洪水中丧生的大部分人类）注定要受到严重的惩罚。

《以诺书》中给出了某些守望者的名字，或者至少给出了守望者领导的名字，他们是——阿萨谢尔、西姆扎斯、阿门、勒尼杰尔、图尔、阿梅勒斯、丹雅尔、考卡贝尔，还有另外十几个人[37]。更具体地讲，书中把他们教给人类的“秘事”的性质告诉了我们：

阿萨谢尔教会了人类制造刀剑、盾和胸甲的方法，让他们知道了地球上的金属材料及其提炼工艺，让他们了解了手镯和饰物的制作工艺，学会了锑的使用方法，如何美化眼睑，如何使用各种昂贵的宝石和染色的工艺。接着，出现了很多无神论者，他们行淫，被引入歧途，并且多方行贿。西姆扎斯教授法术、根雕，阿梅勒斯解开魔法，巴拉奎伽尔教授占星术，考卡贝尔教授星座知识，埃塞基耶尔教授云的知识，亚拉奎耶尔教授解读大地的预兆，萨摩西尔教授解读太阳的

预兆，沙利叶教授月亮的运动轨道……[38]

接下来，我们开始了解，守望者分为两个相互敌对的阵营，因为我们从书上读到，其中一个阵营的领导人命令以诺（记住，这一切都像梦幻般地发生在他身上）给另外一个名为“天堂守望者”的阵营的领导送信[39]。这样看来，这些“天堂守望者”（有时也被称为“天上的守望者”[40]）“用女人玷污了自己的纯洁，像人间的孩子一样任意妄为，并把这些秉性传给了妻子”[41]。他们还“对地球造成了巨大的破坏”[42]。为此，他们将要以各种讨厌可怕的方式受到惩罚[43]。

顺从忠诚的以诺出发了，把这个谋杀和混乱的重磅消息传递给一个个守望者。

那么，后面发生了什么事呢？

请更加仔细阅读后面的内容，就可以了解这个背景故事：

事情发生在人类的孩子大量繁衍之时，当时，有很多美丽、清秀的女子降生。天使们——天堂的孩子们看到了之后产生了强烈的欲望，他们彼此商量：“来吧，让我们在人类的孩子中挑选妻子，生育自己的孩子吧。”他们的首领西姆扎斯对他们说：“我怕你们不会真的赞同这样的做法，而我将会因此自食其果。”他们都回答说：“让我们共同起誓，通过彼此诅咒来约束自己，绝不放弃这个计划，坚决要这样做。”然后，他们共同起誓，通过相互诅咒约束自己。他们共有两百多人，全都是在雅列时期降临到赫蒙山顶的……[44]

现在事情变得越来越清楚了。“守望者”是天使的统称。他们当中有邪恶的天使，想与美丽的人类女人发生性关系，生儿育女，而且他们就是这样做的。我们从前面引用的段落中可以推测出来，他们打算教给人类一两件有关金属、星座和太阳、月亮运行轨道（或者说是如今天文学家熟悉的黄道）的知识。为了实施其计划的第一步，这些邪恶的守望者降临在赫蒙山上，这件事情发生在古代的迦南，即现在的黎巴嫩，距离巴勒贝克仅 45 英里（约 73 公里）。

其间也有善良的天使，“守望的圣天使”[45]——他们当中有乌列、拉斐尔、拉古尔、迈克尔、撒拉奎尔、加百利和雷米尔[46]。而且正是这些善良的天使出现在了以诺的梦中，把死亡和毁灭降临的消息告诉了他，让他把消息带给赫蒙山上的邪恶守望者们。他明确地把托梦的地点告诉了我们：

> 我来到位于西赫蒙南部的丹水流域，在那里住下来……我睡着了，做了一个梦，梦境在我眼前逐渐展现，我看到了惩罚的幻象，传来一个声音，吩咐我去把这个消息告诉天堂的儿子们并要斥责他们。当我来到他们面前时，我就醒了……[47]

当我读到这些段落时，大洪水之前的景象展现在我眼前，当时，黎巴嫩人和古土耳其人仍然处于狩猎 - 采集发展阶段，我似乎越来越相信，以诺是一个巫师的形象。与任何时代、任何地方的所有巫师一样，他极为重视幻象（他本人的情况是“睡眠中”得到的梦境）。然而有趣的是，当他从梦中醒来后，真的能够到达邪恶守望者们居住的赫蒙山——这样一个真实存在的地方，并与他们面对面地交谈：

我在他们面前详细讲述了梦中看到的所有景象，并且开始讲公义的话，斥责天上来的守望者。[48]

这难道不是暗示邪恶的守望者真实存在吗？这种暗示已经相当强烈了。我不知道善良的守望者是什么，因为他们只在以诺的梦中出现过。在某种程度上，他们很可能是真实存在的。读过我的书《邪恶力量》（有关萨满教徒的书）的读者肯定理解我的观点，即在某些意识形态下（包括梦境），大脑的“接收波长”可能重新调整，使我们能够与现实中的其他维度接触[49]。但在以诺的故事中，邪恶的守望者一定是真实存在的——是地球上的真实存在——因为在他醒来之后，他能够爬上赫蒙山，斥责他们。

我们还必须接受这样的可能性，即邪恶的守望者——不管他们是谁或是什么——实际上可能并不坏。我们所能说的是，他们在以诺的梦境中被判定为邪恶，并被描述为邪恶的守望者。除了这种可能——“以诺书”只是一个古老的奇幻小说，我们应该牢记这样一种可能性，以诺实际上真的遇到了“邪恶的”守望者，他痛恨和不满他们设法改变人们狩猎－采集的生活方式。在这种情况下，他对守望者的斥责间接传递了来自善良守望者的潜意识，可能简单地表达他自己根深蒂固的观点，即一个顽固的老巫师感受到了变化带来的威胁——尽管他本人通过与守望者接触，转变了看法。

这里没有必要回顾《以诺书》中全部离奇、令人费解、野蛮的提示文字。我感兴趣的是其中更具体的可能性，即“降临”到赫蒙山上的两百名守望者确实是真实的生命，而不是幻觉。我想了解更多关于他们本来可能是何种生命的信息。我想看看以诺绘制的图画，它们充满了仇恨和怨气，同时也给老祖宗带来了技术和科学——这些技术和科学最终也将由善良的守望者展示给他，也会与他自己的名字一同出现在神话和传说中[50]。

巨人之谜

守望者的开发项目开始时动静非常小，教导人类如何施展“魔力和法术”，使他们“熟悉植物”[51]。这听起来相当无害，除了一点“法术”外，并没有超越狩猎－采集技术的基本水平。但很快，正如我们前面所看到的，我们的祖先开始了解金属的秘密，如何铸剑和造刀，如何向天空学习——以及如何通过眼部化妆和珠宝美化自己。

作为回报（有点像第二次世界大战期间为英国妇女带来尼龙丝袜、香烟和口香糖的美国大兵）[52]，守望者得到了越来越多的性爱——大量的性爱！——而且这似乎也是最让以诺恼火的地方。他一次又一次地谴责守望者“淫乱”[53]、他们对“美丽清秀”女人的“欲望”[54]，他们与那些女人“睡在一起”[55]，“进入”她们的身体[56]，“玷污自己”[57]，并在她们面前表现了“各种兽性”[58]。

从这样的告诫中，我们可以合理地推断出关于守望者的许多事情，最特别的是，他们肯定具有合适的身高和体形，而且长着必需的男性生殖器官，具有想与人类女性发生性行为并且享受性爱的冲动。对于我来说，由此得到的结论显而易见，那就是，守望者们其实都是人，或至少在基因水平上非常接近解剖学上的现代人类——事实上，他们非常接近现代人类，因此才能使人类的妇女怀孕，并和他们生育“子女”[59]。这些后代并没有像人们可能期望的那样，没有由于基因不匹配而病恹恹。相反，他们非常兴旺，所以，以诺或“善良”天使通过以诺之口说，不仅想要毁灭守望者，也要“毁灭守望者的孩子们”[60]。

但混血后代的情况非常古怪，至少以诺的话里有这个意思，因为他告诉我们，如果人类的妇女“怀了”守望者的孩子，生出的孩子会——

是身高有3000厄尔（1厄尔=114厘米）的巨人，耗尽人们全部收获的巨人。等人们再无法供养他们的时候，巨人们开始与人类为敌，吞食人类。[61]

3000厄尔相当于4500英尺或1371米。因此，不管这种说法背后的真实性可能是什么，显而易见的是，这位愤怒的老巫师的描述是种捕风捉影的凭空想象，想有意羞辱这些守望者。想象一下，人类女性生出的婴儿身高长到1000米以上，这显然是荒谬的。然而，这却让我们再次想起了熟悉的圣经中描写的领域——事实上是《创世记》中一个臭名昭著的章节，内容是：

当人类开始在字面意义的地球上繁衍并且生出了女儿之后，上帝的儿子们看见了人类的女儿们，发现他们非常美丽；他们把选中的姑娘全部占为己有，成了他们的妻子。主说：“我的灵魂不会永远与人类作斗争，因为人类也是肉身。可是，人类只能活一百二十岁。”那时候，地球上有巨人；此后，因为上帝的儿子们娶了人类的女儿们为妻，她们孕育了上帝儿子们的孩子，而后他们同样变得很强大，成了古老的勇士和有名望的人。[62]

这就是詹姆斯国王钦定版《圣经》的内容（我已经在最后几行添加了重点符号），但其他翻译版本提出的原词是拿非利人（Nephilim），所以，詹姆斯国王钦定版《圣经》将其翻译为“巨人”，内容是：

那时候，拿非利人还生活在地球上——此后也是如此——即上帝的儿子们占有人类的女儿们，并和他们生儿育女。他们是古老的英雄、有名望的人。[63]

所以，现在真相开始逐渐明朗。一群邪恶的天使——“天堂的守望者”降临人间——他们代代相传，特别是在黎巴嫩的赫蒙山上——（向人类）传授了一部分技术，与人类的女性交配，并生出后代——这些后代长得相当巨大，被称为拿非利人（巨人）。下面是我们在最后几个章节中读到的内容：

主看到人类的邪恶在地球上越来越膨胀，人的思想倾向每一刻都是邪恶的。主后悔自己在地球上创造了人类，内心非常纠结。所以主说：“我会彻底消灭我所创造的人类，还有那些在地上活动的动物、鸟类和生物——因为我后悔创造了它们。”但诺亚蒙主宠爱。[64]

近年来在互联网上，关于这些经文的荒诞谬论数量激增，其中很多来源于撒迦利亚·西琴晚期的科幻小说，特别是《地球编年史》系列，他成功地将这本书作为严肃的事实研究传递给了公众。我已经在第十三章触及过西琴对巴勒贝克的误传，但我并不是说他写的一切都是虚构的——他确实加入了一些非常有价值而且有趣的事实——对于读者而言，为了引起注意，他的作品整体上充斥了喧嚣的虚构和幻想，而不是直接欣然接受。

他对待拿非利人（他拼写这个单词为纳菲力姆，但是这并不重要）这个主题就是一个很好的例子。在自称是圣经语言专家时，他问道：

那么，纳菲力姆这个术语是什么意思呢？它源于闪族的词根NFL（“打落”），意思正是它要表达的。它代表那些被打落凡间的人！[65]

但是，正如迈克尔·S·海舍尔——一个真正的圣经学者和古闪族语言专家——最终已证实的，问题是：

西琴假设“巨人”来源于希伯来文“naphal”，通常意味着“下降”。然后，他强行把“降落”的意思加到这个词上，创造了他自己解释的意思“从上面下来”。我们发现，在希伯来文圣经中，如果nephilim来源于希伯来文naphal，就不会拼写成我们发现的形式。nephilim的形式不能表示“落下来的人”（否则就应当拼写为nephulim）。同样，nephilim并不代表“那些落下来的人”或“那些离开的人”（否则就应当是nophelim）。根据希伯来词法（构词），由naphal衍生出nephilim的唯一途径是设定一个拼写为naphil的名词，然后变成其复数形式。我之所以说“假定”，是因为在希伯来文圣经中不存在这个名词——除非你认为nephilim的出现率为“创世记”6:4和“民数记”13:33——如果是那样，想要假设的内容就成了正在试图证明的东西！然而，阿拉姆语中确实存在名词 naphil（a），意思是指“巨人”，这就很容易看出为什么七十士译本（希伯来圣经的古希腊译本）把 nephilim 翻译为 gigantes（“巨人”）了。[66]

海舍尔显然是对的，因为正如他所指出的，在《旧约圣经》和《民数记 13》的后续章节中，又出现了 nephilim 这个词语。以色列人出埃及后第一次进入迦南是在大洪水后好几千年，确实具有真实的历史，但肯定不会晚于公元前 1200 年。探子对摩西说：

我们看到所有人的身量都非常高大。我们在那里看到了巨人……据我们看，我们就像蚱蜢一样，而据他们看，我们也是如此。[67]

文章的前后关系没有留下对此表示怀疑的余地，毫无疑问，nephilim 是指“身量巨大”的人，詹姆斯国王钦定版以及其他圣经版本中关于“巨人”的参考文献使这个含义更加明确，西琴的“诠释”显然是捏造的。当他在书中兜售这个观点时，他知道他表达得不正确吗？目前不能肯定，根据海舍尔接下来的考证，西琴对圣经语言的掌握程度非常薄弱，没有能力区分阿拉姆语和希伯来语[68]。巨人是“从天上打下来”或“从天上降下来”的人类。海舍尔认为，西琴之所以使用这个概念，仅仅是因为这个概念与他自己的论点契合，允许他“让 nephilim 听起来像古代的宇航员”[69]。

同样，这种批评也是合理的，因为西琴的错误超出了无知的范畴，他进一步“解释”了 nephilim 的含义，这更自私、更有欺骗性。例如，他称他们为“地球上的天神”[70]，更有甚者，是“火箭船上的人”[71]——这种解释在古文字中找不到任何可能存在的理由，但却允许他在其他令人震惊的欺诈性小说中，大谈“巨人的航空和航天局”[72]。

在评论过去对公共认知影响如此巨大的材料时，明确一个事实也是很重要的，那就是，守望者与巨人截然不同，圣经中从未提及过他们，而《以诺书》中则声称他们是从天堂降落下来的。《以诺书》中并没有讲述巨人到底是怎样从天堂下来的，是被打下凡间的，还是自己下来的。我们可以从《以诺书》中搜集的大多数信息是，巨人是守望者和人类女性交配的后代，但即使这一点也非常复杂。

尊敬的 R・H・查尔斯神父是权威的英文翻译，他翻译了从布鲁斯带回来的埃塞俄比亚文字，并于 1917 年首次出版[73]。其中并未提及巨人，只是把守望者和人类的后代简单地描述为“巨人”[74]。同样，巨人（Nephilim）一词也没有出现在迈克尔・A・尼布教授 1979 年的译本中，该译本也是埃塞俄比亚文本，把从死海古卷中新发现的阿拉姆片段纳入了考虑范围[75]。然而，由乔治・W・尼克斯伯格和詹姆斯・C・万德坎姆翻译、于 2012 年出版的更新译本中吸收了更多尼布未采纳的片段。在第七章第二节中，巨人（Nephilim）一词出现了两次，如下所示：

她们（人类的女性）怀了他们（守望者）的孩子，生出了身量魁伟的巨人。巨人导致了 Nephilim 一词的产生，而巨人又生出了 Elioud。他们也长得异常高大。[76]

在尼克斯伯格和万德坎姆的译本中，Nephilim 一词也没有出现过。尽管如此，上面引述的章节让我们坚信：（人们）不认为他们是

“从天上掉下来的”，也不认为他们是被“打下来的”或以任何类似方式下来的，而是认为他们是守望者和人类交配产生的后代。这些名为 Nephilim 的“大巨人”也不是第一代，而是第二代，也就是名为 Nephilim 的巨人的后代，他们又会生出自己的后代——“Elioud”。

除了犹太人的神秘传统之外，很少有人知道这些“Elioud”的情况。如果没有更有力的证据，他们进一步证明了守望者和人类之间存在很近的亲缘关系——近得必须归为同一物种。通常情况下，两个不同物种交配，即使他们的特征非常接近，能够生出后代——如马和驴——其后代本身也不能生育。但是，与马驴交配生出骡子的不育不同，Nephilim 显然并不是不能生育的，因为他们能够继续繁衍后代，即 Elioud。

正如我已经指出的，唯一合理的结论是，守望者一定曾经是人类——毫无疑问，他们是被某种光环或魅力包围着的已经熟练掌握了技术和科学的人类，而与他们交配的女人也是不折不扣的人类——所以他们的后代也是人类。很可能他们身材高大，他们“巨人”的称号也很有可能与他们的智力有关，而这些能力可能一直被认为是非凡的。不管怎样，他们就是人，我没有更充分的理由可以得出另外的结论。

同时，因为这个主题的认识纷繁复杂，重申以下观点很有必要，那就是，在“创世记”或“民数记”中——圣经中唯一提及巨人的地方——都没有提过巨人“从天而降”的事情，连说他们犯了罪的隐喻意义都没有。对他们的描写绝对不是责难，相反，他们被称作“老勇士”“英雄”“有名望的人”。“创世记”是毋庸置疑的，读者可以从前面提到的段落得以确认，里面明确地写着，是人类的罪恶，是人类心中的恶念，促使上帝发动了大洪水——经过这场大洪水，不止是诺亚的后代，仍然住在迦南的 Nephilim（巨人）也躲过了这场灾难，正如“民数记”中所证实的，他们仍然身材高大，此后以色列人占领了“应许之地”。

使者

简要介绍了西琴巨人崇拜的基础之后，现在回到正题上来，继续研究守望者，他们可能是谁，以及他们可能是干什么的。

以诺谴责他们与人类女子“通奸”，这在“创世记”中得到了印证，虽然没有点名，但显然他们是“认为人类的女儿美丽”的“上帝的儿子”；“他们把自己选中的女子全部占为己有，成为自己的妻子。”之后究竟发生了什么故事只在《以诺书》中保存了下来，从《以诺书》中我们了解到，守望者——

讲授了世上的所有邪恶，揭示了天堂永恒的秘密，而这都是人类一直渴望了解的。[77]

现在来看另一本非经典经书——《禧年书》，这本书自称是上帝给摩西的一个启示。在这本书里，我们又一次读到了守望者，其中的上下文使我们想起了拜星教徒和哈兰。根据伊斯兰历史学家麦斯欧迪和基督教编年者格里高利·巴尔·希伯来的说法，哈兰最初是由诺亚的曾孙[78]凯南发现的[79]。因此，根据定义，哈兰尽管建得很早，但它只是大洪水之后的一个城市。凯南（有时拼写为 Kainam）则是亚发撒（Arpachsad）的儿子：

儿子慢慢长大了，父亲教他写字，他出去为自己谋取可能占领的城市。后来他发现了先人刻在岩石上的文字，读了上面的文字，并抄录下来，还由于这些文字而犯了罪，因为其中包含了守望者的教义。守望者们根据这些知识，观察太阳、月亮和星星等天上所有迹象的预兆。[80]

那么，这就是拜星教徒星座崇拜的起源，一直追溯到了神秘的守望者——不管他们是谁，不管他们是干什么的——他们在大洪水前居住在近东，把被禁止的知识教给了我们的祖先，通过与人类女性交配，打破了一些基本戒律，因此作为导致全球性大洪水灾难的责任人留在了人们的记忆里。

这些守望者是冰河时代失落文明的使者吗？也许这个文明遥遥领先于旧石器时代的狩猎－采集者文明，正如今天我们自己的文明领先于亚马逊雨林中的原始部落一样？而那个时候世上大多数人是旧石器时代的狩猎－采集者？当然，我说“领先”于我们，不是说道德或精神价值上“领先”，而仅仅指技术、技能和知识。由于在21世纪依然存在这种差异，原则上，我不明白为什么他们应该已存在于远古时代，即新仙女木事件的巨大灾难发生前，公元前10800年和前9600年之间。

若继续沿着这个思路猜测，这些灾难发生之前会不会存在某种过渡文明呢？

会不会存在这样一个精心设计、考虑全面、结构分明的过度文明拓展方案呢？只是观察、研究——换句话说，只是“守望”——狩猎－采集者，但不与他们混在一起，不与他们发生复杂的性纠葛和家庭关系，最重要的是，不向他们传授任何技术？

可以想象，现在一群潜入亚马逊丛林深处去研究以前未接触过的亚马逊原始部落的人类学家和科学家，可能也会受到类似的责难。但是，假设他们中有人意见不统一呢？假如他们中一些人“入乡随俗”了呢？——就像大英帝国统治时期被称为殖民主义者的人们一样，允许自己接近他们所影响的土著居民。

是不是赫蒙山上的二百“守望者”可能发生了这样的事情呢？大约在公元前10900年，他们打破自己文化的戒律，“入乡随俗”，混入了近东的狩猎－采集者之中？这个时间之后的公元前10800年，第一次发生了与巨型彗星碎片的碰撞——一次毁灭世界的碰撞——而这个毁灭世界的碰撞怪在了他们道德有失的头上？

还有一些结论性的想法。尽管他们的文明由于新仙女木事件时期恶劣环境变得不再完整，形态遭到了破坏，内容也有缩减，但仍然幸存了下来？一直延续到公元前9600年，第二次遭遇致命性灾难，即与彗星碎片流发生碰撞的时候？直到“漫长的寒冬”结束，才彻底结束？而且还导致了“远古家园”的最终沉沦和毁灭？

那座远在海洋中的“岛”国，与柏拉图所描述的亚特兰蒂斯有着惊人的相似之处。

那么，是不是就是在那时候，这个一度先进繁荣的文明的最后幸存者开始乘船出发，环游世界，启动了一项伟大的计划，旨在（也许在数千年后）东山再起，重现从前失去了的神的世界呢？

埃及、巴勒贝克和哥贝克力石阵是这些“神的魔法师”为了启动计划选择的其中一些定居地吗？——也许更确切的原因正是因为大灾难前这些地方已经存在了过渡文明的拓展，所以他们的潜力以及居民的特征都已远近闻名了？

哈兰是这个计划第二阶段的一部分吗？那时候，哥贝克力石阵最后的启动工作已经完成，并且掩埋了他们已经创造好的、准备未来有一天被重新发现的时间胶囊。

时间胶囊埋在了地球内部，前面引文中共济会传统中提到的“白斑岩石”那样的地方？

或者类似于是凯南建立哈兰城时发现了抄录下来的“刻在石头上的文字”？其中包含了守望者的教导，让他的人民了解了太阳、月亮和星座的预兆以及“天上的所有迹象”。

这些正是这种几千年后将要成为拜星教徒神秘星座信仰中心的知识……

天文学和大地测量

古天文学家詹姆斯·Q·雅各布斯发现了一些关于哈兰的相当奇怪的事情。该城市的纬度为北纬 36.87 度，似乎不是随机选择的，因为这个数字与比例为 3:4:5 的直角三角形的锐角度数相对应[81]——即一个包含一个 90 度直角的三角形，且其边长之比为 3:4:5。在所有这类三角形中——这类三角形构成了三角的基础，因而对于天文学和大地测量都有重要意义——四舍五入后，另外两个角度都为 53.13 度和 36.87 度。

一个 3:4:5 的直角三角形，其内角与埃及大金字塔中国王墓室的内角相同，这难道是巧合吗？这间红色花岗岩石屋，没有埋葬过法老的痕迹，地板朴实无华，上面没有铭文，是边长比为 2:1 的长方形，长度正好为 20 埃及王室库比特、宽为 10 埃及王室库比特（10.46 米

×5.23 米）。直角三角形具有最短的尺寸（15 库比特），从西墙西南角的下角到西北角上角的对角线可以说明这一点；其中线尺寸（20 库比特）为墓室南侧整个地板的长度；长度尺寸（25 库比特）是从墓室西北角的上角到东南角下角的直线距离[82]。

15 库比特、20 库比特和 25 库比特，这些边的长度可以表示为比值 3:4:5，因为如果我们把值“3”分配给 15 库比特长度，那么，20 库比特得到的值必然是“4”，而 25 库比特的值必然是“5”。所有边长比值为 3:4:5 的特殊直角三角形均被称为“勾股定理”直角三角形——以毕达哥拉斯命名，毕达哥拉斯是公元前 6 世纪的希腊哲学家、数学家，据推测，他是第一个发现特殊直角三角形具有独特属性的科学家。也就是说，短直角边的平方（3 的倍数 ×3 的倍数 =9 的倍数），加上长直角边的平方（4 的倍数 ×4 的倍数 =16 的倍数），等于长边的平方（5 的倍数 ×5 的倍数 =25 的倍数，即 9 加 16 的总和）[83]。但是，正如冰岛数学家艾纳·帕尔松所指出的，三角形的真正“秘密魔法”，只有在求取数字的立方时才能揭示出来[84]。那么，我们得到了以下结果：

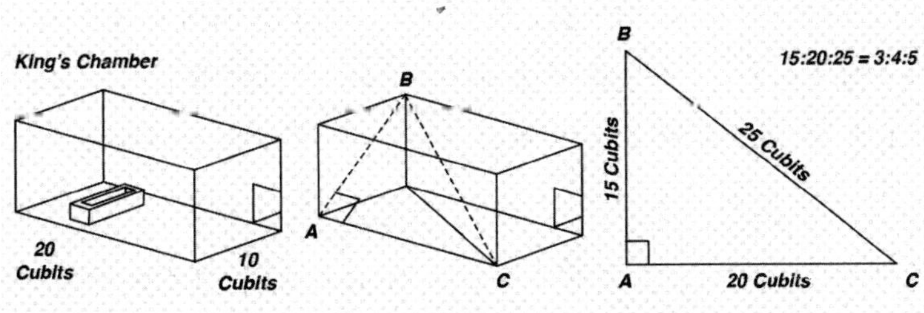

图 58　在大金字塔中国王墓室内隐藏的 3:4:5 的直角三角形

$$3\times3\times3=27$$

$$4\times4\times4=64$$

$$5\times5\times5=125$$

27+64+125 的总和等于 216，从前面的章节中，读者可以想到，216 是由科学史学家吉尔吉奥·德·桑蒂拉纳和赫塔·冯·戴程德确定的一个数列，这个数列是从对岁差的精确观察中派生出来的，岁差指天空的长期变化，每 72 年呈现一度。这种岁差序列衍生的数字最后以编码的形式存在于世界各地的古代神话和古迹之中，其源头可以追溯到一些“令人难以置信”的史前祖先文明。桑蒂拉纳和冯·戴程德仅能得到的结论是，这些史前祖先文明“首次大胆地认为，世界是按照数字、测量和重量创造的”[85]。

正如我们已经知道的，“心跳数”周期是 72——岁差变化展开一度所需的年数。在观察周期内，每 72 年移动一度——终生有效——是依稀可辨的，大致相当于一根向着地平线举起的食指的宽度。每移动 30 度——需要 30×72=2160 年来通过整个黄道星座——不可能出错，但要准确记录这个过程，必须经过几代尽职尽责、精益求精的观察者来完成。每移动 60 度，即通过两个黄道星座，需要 4320 年（2160×2=4320），所以移动 360 度（所有 12 个黄道星座——“大年”）共需要 25920 年。

在由桑蒂拉纳和冯·戴程德最终展示的“岁差编码”中，允许乘以、除以“心跳数”72（岁差变化一度所需的年数）。这在世界各地的神话和古迹中均很常见（例如，我们在第十二章看到的柬埔寨吴哥，以及在第十八章看到的印度尼西亚婆罗浮屠）。因此，216 是 3×72(或 2160 除以 10）。因此，来自于大金字塔国王墓室内的 3:4:5

三角形不太可能是意外，天文学和测量学——大地测量学的关系——是明确的。这可以通过大金字塔的外部尺寸进一步得到印证，正如我在《上帝的指纹》中已指出的，大金字塔用岁差比例 1:43200 充当了地球大小的密码[86]。

从本质上讲，如果用大金字塔的实测高度乘以 43200，就能得到地球的极半径，如果用大金字塔的实测基座周长乘以 43200，就能得到地球的赤道周长。43200 是一个由桑蒂拉纳和冯·戴程德进一步确定的岁差数列，这一事实降低了巧合的可能性，要求我们必须认真对待此命题——我们的确正在考察一些“令人难以置信的”祖先文明中的一部分知识遗产，这个祖先文明，在我们所理解的“历史”开始之前很久，就已经运用科学方式精准测量了地球，并且观察了星座变化。

所以，回到哈兰，詹姆斯·Q·雅各布斯的发现无疑表明，这个城市的创建者把城市建在北纬 36.87 度，是一个经过深思熟虑后的大地测量选择结果。另外再补充一点，雅各布斯也发现了哈兰和传说中的乌尔美索不达米亚城之间存在大地测量关系。众所周知，在古代，它们之间的关系非常密切[87]：

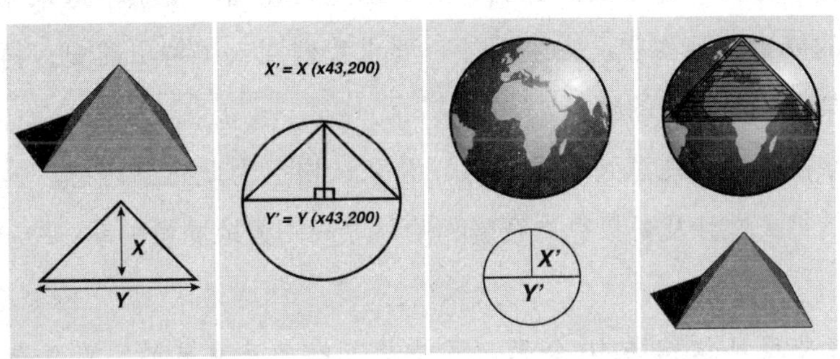

图 59　大金字塔融入了岁差比 1:43200 这个我们星球的尺寸密码。大金字塔的高度乘以 43200，可得到地球的极半径；大金字塔的基座周长乘以 43200，可得到地球

的赤道周长。这两种情况误算的可能性都非常小

美索不达米亚的历史/神话认为，乌尔和哈兰是两个重要的苏美尔中心，两者都与月亮有关。我查了乌尔金字形神塔（的纬度）为30.963度。起初我没发现余纬等于反正切值（atan）的5/3。余纬是到最近的极点——大地测量基准点的距离。纬度以赤道为基准，中间磁极面垂直于旋转轴。哈兰当地的海平面与旋转轴的夹角为反正切角度的4/3，形成了一个3:4:5的直角三角形，与纬度和赤道以及大地测量中心关系相同。总之，哈兰的余纬等于4/3反正切角，乌尔的余纬等于5/3反正切角。因此，哈兰的纬度等于3/4反正切角，乌尔的纬度等于3/5反正切角。也许这些“星座崇拜者”是在搞天文学？[88]

我要进一步说明，哈兰的拜星教徒“星座崇拜者”无疑是在搞天文学。根据我们在十四章和十五章中已经提到的证据，哥贝克力石阵的建造者精确地计算出了岁差——如此之精确，他们创造出了象征我们这个时代、他们那个时代11600年之后的冬至天空的画面——我并没有对该地区发现更多非常古老而严谨的科学天文学和大地测量学的证据感到惊讶。这方面的证据远远超出通常归因于美索不达米亚历史文明的能力，因为它退去了面纱，要求我们深入了解史前史，再次唤醒了某个失落文明的幽灵。

雅各布已经注意到了这一点，并承认自己为此感到困惑。他最后发现的相关性涉及哥贝克力石阵和哈兰之间的大地测量关系：

这些遗址仅相隔40公里，显然是可以相互看见的。哈兰与哥贝克力石阵的纬度差正好等于地球周长的1/1000。这使我们在古代天文

学中见到了曙光。当然，对应隐喻——古代天文学的“黎明”——是这个暗示的恰当比喻。哥贝克力石阵以最古老的南北向空间排布为特点，这是天文学的实际证据。

即使不是考古学家，也懂得分层依据和沉积要素——地层越深越古老。哥贝克力石阵有12000岁。哈兰与苏美尔的乌尔——“文明的国度”和“文明的摇篮”年龄相当。根据推测，这个摇篮的天文学年龄有4000至5000岁，而不是12000岁。哈兰位于反正切纬度3/4的位置，是一个固定参数，哥贝克力石阵在其北部，形成了一个特定的纬度差。因为固定参数必定先出现，当然，这个精确的周长纬度差异的1/1000到底是个巧合，还是古代天文学正好飞跃回了12000年前，这确实是一个谜。[89]

我认为，雅各布并不是虚构历史的狂热信徒，他在批评目前网上大量传播有关哥贝克力石阵的“完全令人难以置信的伪科学”方面毫不犹豫[90]。因此，他并不在乎荣誉，因为他追随真正的科学，保持开放的态度，与主流考古学相比，对古代天文学和精确的大地测量确实可以进一步追溯到“曙光”的可能性，没有任何成见。

哈兰三贤士

正如雅各布所指出的，作为“精确科学”的中心，哈兰处在其发展的开端[91]——所以，在拜星教徒践行其“星座崇拜”的几千年，哈兰继续处在发展过程中。直到公元九世纪，巴塔尼在哈兰出生，巴塔尼在西方更加有名，被称作阿尔巴塔尼，他是中世纪最杰出的天文学家和数学家（这一点可以论证），他在漫长而杰出的一生中[92]，记录了许多重大的科学成果。

特别值得注意的是，结合精确的天文和精确的大地测量学，他计算出了从月球到地球的最大距离（因为月球的轨道是椭圆形的，它既有近地点——月球在该点最接近地球，又有远地点——月球在该点距离地球最远）。巴塔尼估算出的月球在远地点的距离在现代值的 0.6% 以内[93]。他还因为计算出了太阳年的长度为 365 天 5 小时 46 分 24 秒[94]而闻名——与现代天文学家借助先进技术得出的数字仅差 2 分 22 秒[95]。巴塔尼为 489 颗星编了目录[96]，比哥白尼 600 年后计算出的太阳轨道测量值还精确[97]，他还提出了重要的直角三角形三角公式[98]，从哈兰纬度与上面讨论的 3:4:5 直角三角形之间关系的角度看，这可能是一个值得注意的科学史实。

巴塔尼的全名包含一系列有启迪作用的称号：阿布·阿卜杜拉·巴塔尼·伊本·贾巴尔·伊本·思南·拉卡·哈兰·萨比。“巴塔尼”这个称号本身的起源还不清楚，但根据推测，是指他出生的城市哈兰的某个街道或小区——这当然也是“Harrani”的来源。“Al-Raqqi”是指拉卡城，位于叙利亚的幼发拉底河流域，巴塔尼在那里度过了他大部分工作生涯。然而，最有趣的是，按照权威的《科学家传记大辞典》的解释，“萨比”这个称号表示巴塔尼祖先（如果不是他本人的话）：

> 公开表示信奉哈兰拜星教徒的宗教信仰，而哈兰拜星教徒的宗教信仰似乎保存了大量古代美索不达米亚的星界神学和星座知识，这些知识在穆斯林统治者容忍之下一直保存到了十一世纪中叶。请注意一个事实，与巴塔尼处于同一时代的年长于他的伟大的数学家和天文学

家泰比特·伊本·奎拉和他来自于同一地区，也仍然一直信奉星座崇拜。这个事实似乎表明了他们对天文学存在浓厚兴趣这个特征，而这个特征正是美索不达米亚星座崇拜的特征。这说明，美索不达米亚星座崇拜即使在最后阶段也仍然保持了这个鲜明的特征。[99]

泰比特·伊本·奎拉（公元836-901年，也出生于哈兰），本应对“星座崇拜”等意味深长的术语缺乏耐心，因为“星座崇拜”力求将拜星教徒的“异教”置于死地，而且往往像基督教、犹太教和伊斯兰教等宗教一样偏执、狭隘，是不讲科学的教权主义的一神论。但泰比特明白，被这些年轻的宗教误解为“星座崇拜”的隐藏在古拜星教活动背后的东西，实际上是造福人类的真正科学，因此他写道：

如果不是信奉异教的贵族和国王老化了世界，建立了城市，那又是谁呢？又是谁修整了港口和河流？又是谁传授了隐藏的智慧？神向谁显身，告诉他神谕与未来呢？如果不是信奉异教的异教徒中有名望的人，那又是谁呢？异教徒们已经知晓了这一切。他们发现了灵魂愈合的艺术；还有人教会了他们治愈身体的方法。他们用智慧——这是最高的智慧——在地球上建立了政体的固定形式。如果没有异教信仰，世界将是一片虚无、痛苦不堪。[100]

关于上文需要补充说明的是，这个译本仍未能完全表达出泰比特想要传递的思想。他在原文中引用的叙利亚语 hanputho，上文中译为“异教”，而实际意思是“纯洁的宗教信仰”[101]。该词的阿拉伯语同源词是 hanif，出现在《古兰经》中，引用的是被视为纯洁的古前伊斯兰信仰，因此并未遭到迫害[102]。事实上，在伊斯兰世纪初期，拜星教徒被许多领先的思想家共同视为原版哈尼夫（hanif）[103]，还因为他们一直宣称自己是“图特之书的臣民”，因此，他们很长时间得以无牵无挂地践行古老的生活方式。

我们已经知道，在公元七世纪阿拉伯将军伊本·加拿姆占领哈兰后，允许拜星教徒建造一座新的月亮神庙，他们的宗教仪式也得以延续。这本身就是最不寻常的恩惠信号，因为通常伊斯兰军队给“异教徒”的选择是，要么改信伊斯兰教，要么就是死。然而，更有意思的是，拜星教徒遇到了阿拔斯王朝的哈里发·阿布·贾法尔·阿卜杜拉·马穆。他在公元830年路过该城，据说专门针对他们的信仰进行了透彻的质询[104]。

我再次想起了前往吉萨朝圣的拜星教徒。公元820年，即马穆到访哈兰的十年之前，他通过地道进入了大金字塔，并且打开了以前隐藏的通道和密室。他提出质询与十年前通过地道进入大金字塔的事情是否有关联呢？这种怀疑是有道理的。事实上，今天，游客仍然是通过“马穆洞”进入大金字塔的[105]。吉本把马穆形容为“一位难得学习的王子”[106]，看起来，他接收到的某些关于大金字塔的信息，似乎他的调查工作起了促进作用，特别明确的是，它包含——

> 一个密室，里面存放着天体及地球椭球体的地图和表格。虽然据说这些地图和表格的制作时间是在遥远的过去，但它们应该非常精准。[107]

马穆的父亲哈伦·拉希德因天方夜谭而成名。和自己的父亲一样，马穆是位学识渊博而且思想开明的哈里发。然而，到了十一世纪，哈兰的最后一座月亮神庙被摧毁了，一位新来的更加信奉正统基督教的非宽容派统治者获得了伊斯兰教的控制权，开始抑制拜星教徒的“纯洁信仰”。我们知道，直到十三世纪，他们还到吉萨朝圣，而此后他们就从历史上消失了，虽然有些学者感觉他们的信仰元素在伊拉克的曼德恩教派和雅兹迪教派等某些教派中存留了下来[108]（这些教派现代一直遭受着伊斯兰的强烈迫害），而今天似乎已经没有拜星教徒的一丝痕迹了。

只有一个诱人且有趣的想法除外。

拜星教徒的圣书是被称为《赫尔墨斯经》的编译文档[109]，其中一份副本，最后神不知鬼不觉地落到了莱昂纳多·德·皮斯托亚的手中，而他是发现佛罗伦萨的美第奇政治王朝的科西莫·德·美第奇的代理人。那是 1460 年，当时皮斯托亚正在马其顿游历，但他立即携带着获得的古老智慧回到了佛罗伦萨。而科西莫又以同样的速度，命令养子马尔西利奥·费奇诺推迟翻译刚开始进行的柏拉图全集，转而开始翻译《赫尔墨斯经》[110]。正如已故的弗朗西斯·耶茨夫人——一位文艺复兴时期的世界权威专家，所评论的，这是“非同寻常的”[111]。

事实上的确是这样，有许多迹象表明，正是因为把赫尔墨斯经的思想引入了十五世纪的欧洲，文艺复兴发生了跨越式发展，并且催生了现代世界[112]。

抑或是，也许没有诞生新世界，因为它是已故的诸神世界的复活——埃德夫文本预言中的“复苏”？

手之象征

我们已经知道，埃德夫文本中提到的七贤，给人类带来了智慧，把科学与魔法传授给了人类。美索不达米亚的文本也提到了七贤——Apkallus——他的作用与埃及七贤中的相应人物类似。我们在前面的章节中已经做了详细阐述，在此就不再赘述了。但是，直到我开始调查《以诺书》《禧年书》以及其他书中的守望者传说为止，我才意识到，学者们发现了守望者和 Apkallus 之间的密切联系。

例如，Apkallus 的小雕像被埋在美索不达米亚建筑的地基中的箱子里，用来避邪……massare 这个词语，即守望者，在这些情况下使用[113]。同样，据说 Apkallus 给人类传授了大洪水前的科学知识，守望者们也是如此[114]。无论如何，正如一位学者所总结的：

> 犹太作家常常颠倒美索不达米亚思想传统，抱着展示自己文化根基优势的意图。（因此）……上古圣贤，即美索不达米亚的 Apkallus，被妖魔化为“上帝的儿子”，并且以守望者的身份出现……成了在大洪水前私自传授人类知识的罪人。[115]

总而言之，这个研究主体表明，守望者和 Apkallus 之间存在一系列密切联系，联系之密切，使他们可能被认为是同种生命的不同名字或头衔[116]。本文篇幅有限，没有时间也没有进一步详细探讨这种材料是否存在多种互连的必要，但我禁不住想象，也许这些生命——这些守望者、这些圣贤——就是哥贝克力石阵高大的巨石支柱上所描绘的形象。

尽管他们与美索不达米亚神的象征存在相似之处（见第十五章），我在第一章中第一次注意到的围墙 D 石阵中第 43 根石柱上部雕刻上的袋状物重新激发了我的兴趣，因为这些东西与许多古图案中 Apkallu

塑像手中拿着的袋子非常相似。读者会发现，这种相似性并不仅限于近东地区。在拉本塔的奥尔梅克遗址有一个雕像——这座雕像俯瞰整个墨西哥湾，是羽蛇神的浮雕——传说中给中美洲人民带来文明的使者。这个浮雕的形象携带着一个一模一样的袋子。

2014 年 7 月离开土耳其之前，我们又回了一次哥贝克力石阵。我简直不忍直视它那被压在沉重的木制屋顶下、四个主体全都笼罩在重重阴霾之下的样子。但是，有一个特殊的原因促使我想要最后再看一眼围墙 D，这一次不是想看第 43 根支柱，而是要看那两根中心支柱，它们长着弯曲的双臂，双手长长的手指几乎能在石肚上触碰到一起。

等我觉着看够了之后，我们让司机带我们回到桑尼乌法的大博物馆，那里正在展览来自哥贝克力石阵的众多文物，这些文物是认为极其珍贵，不能留在现场的。我以前也来过这里，但有许多细节我想提醒自己回忆一下。

我在一个人形的迷人雕塑前面驻足了良久。它并不是在哥贝克力石阵发现的，而是 20 世纪 80 年代偶然在桑尼乌法本身——老城区的中心发现的。当时为了建停车场，挖了一个非常深的地基。它的年代已被追溯至哥贝克力石阵时期——即大约公元前 9000 年——而且“有望成为世界著名的、最古老的、保存完好的、真人大小的人类雕像”[117]，克劳斯·施密特这样写道。

哥贝克力石阵的巨石柱子，“头部”全部都是程式化的——类似于字母“T”的上横梁——这个雕像具有完整的人类头部和脸部，脸上还有黑得闪闪发光的黑曜石眼睛、一副断然的下巴且下巴上的胡须给人留下了深刻的印象、一个呈双“V”形状的胸饰以浮雕的形式穿过其胸部、双臂呈哥贝克力石阵雕像的风格弯曲、手指几乎在腹部前方接触在一起。

我往前走到我想仔细研究的第二件物品前面，即所谓的“图腾柱”前面。它比第一件更奇怪。这一件也具有人类的正常高度，但它绝对不完全是人。相反，它是一个复杂的混合体，上面具有多重不同的特征。头部严重受损，但耳朵和眼睛保存了下来，令人想起某种食肉动物，也许是熊，或者是狮子，也可能是豹子。所以这是一个兽人。大毒蛇自下而上缠绕在它双腿外面。他们有着巨大的头颅，头颅向前突出，一直伸到与雕像的腹股沟齐平的位置。

塑像本身似乎有两双手臂和两双手。上面那双手臂以哥贝克力石阵常见的方式弯曲着，双手放在一起，手指几乎在胸部接触在一起。另外一双似乎仅是前臂和双手，手指也伸向对方，在与肚脐齐平的位置几乎在腹部接触在一起。

目光向下移动，停到与生殖器齐平的位置，在这里，从雕像的中线位置又向外凸出了一个小脑袋和另外一双手臂。同样，长着长长手指的双手几乎接触在了一起，但是这一次，它们似乎在打鼓。除此之外，在它们的正下方，还有另外一对手臂和双手的迹象，但这个部位已严重受损，看不清楚。

关于这一切的很多事情我是熟悉的。

非常熟悉。

但这熟悉的一切不是源自哥贝克力石阵（我们在下一章将会看到），而是源自世界的另一边。

第七部 距离

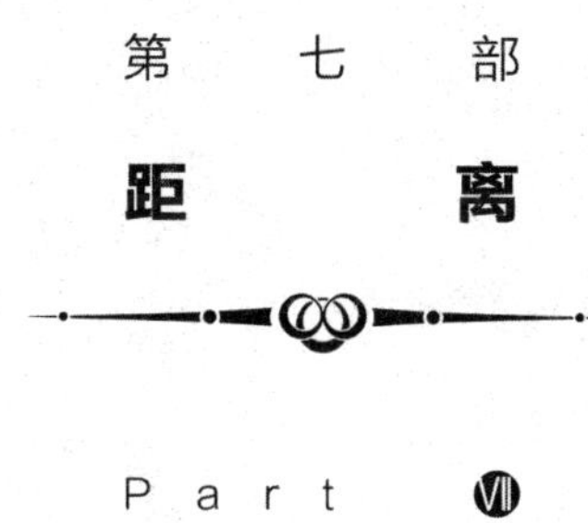

Part Ⅶ Distance

第十七章
山脉

2013年10月，我站在库斯科市的山坡上，跟随一位印加人后裔杰西·加马拉，在秘鲁安第斯山脉的崇山峻岭间探访不可思议的萨克塞华曼巨石遗址。加马拉七十五岁左右，比我大十多岁，但从外表看你绝对猜不出他的年龄。他像北美野山羊一样敏捷，完全适应这里3701米（约12142英尺）的海拔。他一生致力于研究印加文化的起源。长

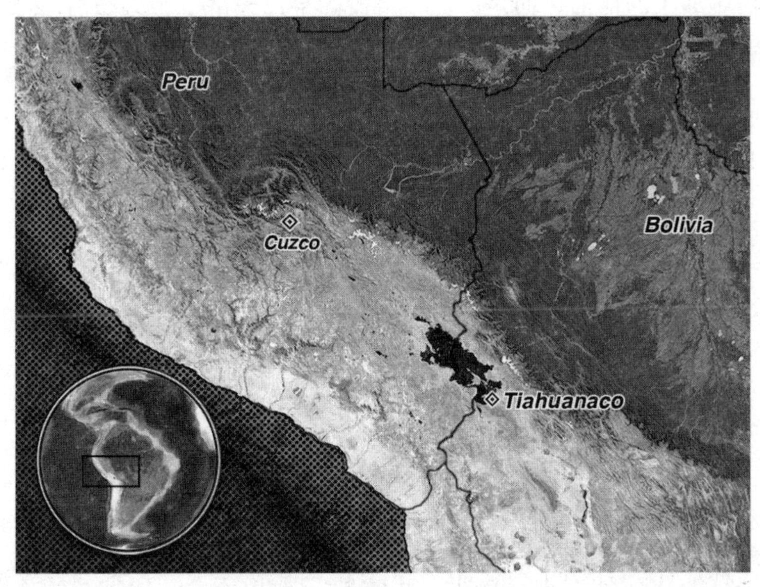

图60

年累月在故乡的山坡上攀登，使他练就了像奥林匹克运动员一样强健的体魄。

我第一次拜访萨克塞华曼是在 1992 年，之后我又回来过很多次，总是在学习新的东西。在 1995 年出版的《上帝的指纹》中，我表达了对正统理论的怀疑，它认为几乎所有安第斯山脉的大纪念碑都是印加人的作品——印加帝国的历史自 1531 年西班牙征服秘鲁开始，不会超过一个世纪。“人们知道印加人曾经在萨克塞华曼大兴土木。”我在书中写到，“因此很容易理解，为什么人们会认为是他们建造了它。但是，这两个命题之间没有明显或必然的联系。印加人也可能找到了已经存在的构造，并搬了进去。”[1]在《天之镜》一书中（1998 年出版），我进一步发展的论点是，在安第斯山脉上用庞大的巨石和岩石雕刻而成的构造，绝不仅仅局限于萨克塞华曼而是遍布这一地区，它们并不是印加人的作品，而是比这早得多的早已失落于历史的前期文明：

> 在这种情况下，没有必要去想象“古老文化”与印加文化之间在连续性上的彻底决裂；与此相反，后者也许继承了前者的一些传统和知识，并试图以较小的规模去模仿前者的巨石世界。[2]

在写上文所引用的这段文字时，我并不知道加马拉或他的工作。现在，他正带领我参观萨克塞华曼，耐心细致地向我解释他想要我看见的一切。他把我带到我此前浑然不知的隐秘角落，让我睁大双眼，看清了能够支持并加强我早前直觉的各种细节。更重要的是，他提出了一个坚实的考古案例，其早期工作已经由他的父亲阿尔弗雷多·加马拉完成，而后他本人又进行了极大的完善和拓展，我觉得，该案例值得主流学者认真考虑——也就是说，假如主流学者并没有完全被禁锢在死板的偏见中——认为所有这些纪念碑都只有几百岁并且彻头彻尾都是印加人的工作[3]。

众所周知，目前任何水平的有用技术都很难搞清楚那些无具名的、无铭刻的石碑的年龄。相关有机物质的碳定年仅在一种情况下有用，那就是我们可以绝对肯定被测定的有机物质的沉积时间跟我们感兴趣的石头的切割与放置时间完全相同。而在巨石构造的许多情况下，这是不可能的。我们在第十章里看到的表面释光测年，已经在门卡乌拉金字塔和吉萨的斯芬克斯以及河谷寺产生了一些反常的结果，因此该方法目前尚未得到考古学机构的广泛采用，也从未被应用到安第斯山脉的纪念碑上。缺乏有用的客观测试，那么，下一个常规策略就是看建筑风格和方法。正如不同风格的陶器通常可以提供可靠的指示，哪种文化在什么时候制作了某个特定部分，建筑也是这样。大拇指规则就是，建造或建立石碑的截然不同的风格和方法均会指示出过去不同时期的不同文化的参与，即使石碑肩并肩地站在一起。

不幸的是，这种从风格上断代的符合逻辑的合理技术，并没有得到研究安第斯山脉古迹的考古学家的普遍欢迎——也许是因为，如果跟在其他地方一样，他们在这里采用它，他们将被迫质疑既定理论，即印加人做了一切。考古学遵守着一种非常保守的纪律，而且我发现，考古学家，无论在何处工作，都有一种恐惧，害怕去质疑他们的前辈和同行已经宣布为真实的任何东西。如果他们这样做了，那么他们真正是在冒险去损害自己的职业生涯。其结果是，他们关注的是——也许在很大程度上是下意识地——不会导致前功尽弃的证据和观点。也许还是有一些回旋余地的，那就是对正统观念周围的边缘进行某些修修补补和细化，但是上帝严禁任何可能严重破坏既定模式的东西被发现。

我们在萨克塞华曼四处观看，加马拉向我展示，在这里有风格截然不同的三种建筑——事实上，风格如此不同，以至令人极度费解的是，为什么考古学家坚持认为它们全部都是同一个印加文化的作品，并且全部产生于西班牙人统治或者之前的时期。在此没必要再重复该遗址的详细说明，它们已经包含在我的前几部书籍中。总之，萨克塞华曼高耸在城市上空的一个山坡上，俯瞰着整座库斯科城市。它由一系列三排平行的墙壁构成，全部约 6 米（约 20 英尺）高，墙体完全是由大型巨石构成，有的巨石超过 360 吨重[4]。每面墙壁都具有参差不齐的几乎锯齿状的轮廓，它们被固定在斜坡的一侧，并以台阶方式排布，一面墙在另一面之上。越过最高处的石墙，斜坡继续向南上升，那里散落着一些更小的建筑遗址，其中一个就在顶部，是由切割极好的石块组成的三个同心圆，但仅有地基尚且留存下来，它在完好无损的时候应该是令人印象深刻的。再往上走，是一条长满了树木和茂密的灌木丛的山谷，陡峭地向南倾斜下去，将库斯科安顿于它的脚下。

转而向北，在三面巨石城墙最低的地基处，是一片约 100 米宽的草地高原，沿着全长约 400 米的城墙延伸出去。在高原北侧，升起一座由闪长岩构成的天然岩石山丘，但它已被切割并加工成杂乱的露台和台阶形式。这就是加马拉和我现在所站的地方，他将给出一个解释。

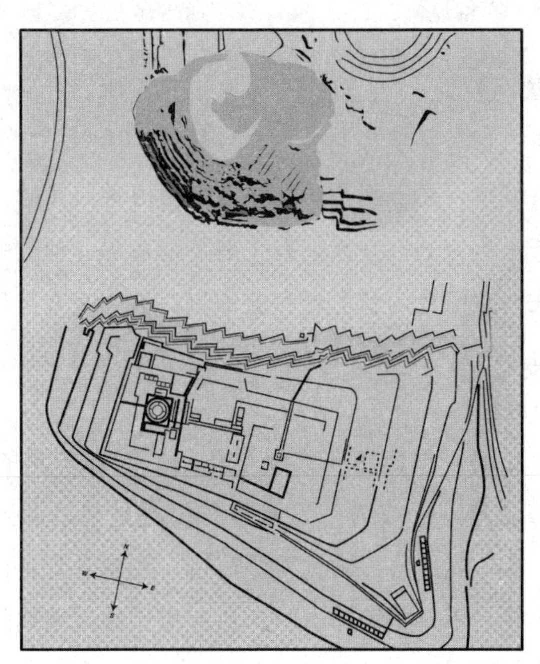

图 61　萨克塞华曼平面图，南部是锯齿形巨石城墙，北部是成形的岩石丘陵

“这是‘哈南帕查’的作品。”他说，指着我们脚下精美切割的闪长岩阶地，“第一世界。它建造于印加时代之前几千年。那时他们就知道如何铸造石头呢。”他调皮地笑了一下。“他们可以做任何他们想要的。也许对他们来说这很容易。”他俯下身，招手让我仔细观察岩石表面，“你看见了吗？”

我耸耸肩，疑惑不解，不知道他想要我看什么。

“没有工具的痕迹。”他说。他自豪地在整个雕刻加工过的人工作品上面比划着，那是一个由丘陵转变而成的大型艺术品。“任何地方都没有工具的痕迹。”

“那么，他们做了些什么？在切割石头之后，他们抹去了工具痕迹？”

“不。”加马拉说。“他们并不需要工具，他们有另一种方式。它的风格属于第二世界，我称之为‘乌兰帕查’时期。”他指向对面若隐若现的巨石城墙。关于那些城墙究竟是由哪种石头制作而成以及石头是从哪里开采出来的，专家们有一些不同意见。他们的共识是，虽然巨石里存在一些绿色闪长斑岩和安山岩，但巨石本身是当地一种非常坚硬致密的石灰石。距离 15 公里和 3 公里远的采石场已经被确定为该石灰石的来源地[5]。

我们从山丘的一侧爬下来，穿过草场，站在笨重的巨石之路下面。这条巨石之路现已成为萨克塞华曼将要呈现给世界的权威性形象。与往常一样，我的第一感觉就是奇迹。我感觉到自己的渺小，变成了迷你小人儿。不只是墙体本身，还有用于建造墙体的石块，都是巨大无比。它们似乎有——我敢说吗？——自己的个性，而且是一个沉睡的巨人的个性。

撇开它们的大小，撇开至少有一千个独立石块的事实，关于这些城墙最为壮观的是，把它们合并在一起的令人叹为观止的炫技壮举。我的意思是，我们在这里得严肃一点！假设你正在造一堵墙，你打算使用的最小石块重达一吨，而大部分重量超过 20 吨，有许多重达 100 吨，有的重达 200 吨，还有一些重量超过 300 吨，那么，你已经给自己制造了一个可怕的后勤挑战。

但后来又想，只是闹着玩，你决定再多加一点赌注，坚持把这些城墙建成大型立体拼图的形式。每块石头必须具有六边至十二边之间的任意一个多边形，每个多边形必须是不同的——没有两个一样的——而且它们必须相互结合得非常紧密，以至于你在接缝处连一块刀片也插不进去。

对于石块背面的情况，我不能说些什么，因为它们已经被锁进了后面的石块——那就再次假定，它们是立体的——沿其怪异的巨石外立面所取得的模式，已经够复杂了，无需考虑人们视线之外的东西。凝视着这一项目的规模和复杂性，我们目瞪口呆而且充满敬畏。很明显，这一定是件令人难以置信的棘手的事情！负责萨克塞华曼巨石阶段的人只能是一流的专业人士，他们具有多年的实践经验，并且拥有久远的知识精华传统可以借鉴。如果在你身后只有一两个世纪的成败经验，你无法构思、规划并建造这样的东西——正如人们所设想的印加人的情况。萨克塞华曼的这些巨石是石头大师的成熟作品。

此外，在整个安第斯山脉，没有关于学徒学习如何做到这些的任何证据，没有出现保存完好而不太成功的早期原型。其他构造可能都不及萨克塞华曼的规模（尽管许多比较接近），但所有的其他构造，无论是在皮萨克，或奥扬泰坦博，或马丘比丘，或在其他一些遗址，都具有同一水平的复杂性，同时面对不同的挑战难题——比如建造地点离采石场很远——萨克塞华曼不必克服这一困难。所有这些从一开始就是杰作。它们全部都是完美的。正如加马拉说的，似乎“这对他们来说非常容易”。

我知道他有一个理论来解释这一点。他的理论认为，在他的前两个“世界”里，重力相对较低——在哈南帕查阶段和乌兰帕查阶段——这就使得石头变得相对较轻，比较易于操作。在他心目中，重力的降低是由于地球曾经在围绕太阳近得多的轨道上运行——225 天的轨道和 260 天的轨道——在迁入目前的 365 天轨道上之前[6]。他也许是对的。新的科学表明，行星的轨道不是固定而稳定的，而可能会在其他事件中遭受根本性的变化，这些变化能够增加进入内太阳系的彗星流量[7]。

然而，他的这部分理论并不是我感兴趣的。我觉得他最具说服力地方是他对安第斯山脉古迹的异常特征的观察——这些观察是基于他本人50年的现场工作和他父亲60年的实地考察。加马拉父子已经用实际行动赢得了对此事的话语权。虽然他们本身是印加人的后裔，但他们发言的时候，他们的信息是相当清楚的——许多归属于印加人的伟大建筑作品并不是印加人所做。在这里有一个失落文明的痕迹。事实上，不只是一个失落的文明，而是——如果加马拉的时间框架是正确的——两个。

“萨克塞华曼的全部大石头都是来自乌兰帕查时期。”他说。我们正站在一个角落里，在约十多个令人难以置信的大石块的接合部。加马拉再次强调了这些接合部的精确度，以及形成它们的图案的艰巨复杂性，看起来好像某些现代机床曾经在此工作。然后，他请我注意别的东西。几块有着奇怪的圆形凹陷和较浅坑道的石块，表面有凸起边缘以及其他奇特的、看似随意的图案。“没有工具痕迹。”他重申，“没有凿子，没有锤子。”

“那么，他们怎么做的呢？

“难道这看上去不像是——”加马拉问，“他们在打造这块石头的时候，它是软的？”他的手沿着多边形接缝的曲线和角度行走。“像奶油？所以，他们可以把一切都铸造在一起？”

突然间一切都变得清晰起来。如果这些石块的成分是某种具有室温黄油的黏稠度的材质，而不是坚硬冰冷的闪长岩，那么我在岩石里看到的奇形怪状就会很容易地、的确是不费吹灰之力地被创造出来。

然后，不但可以把它们铸造在一起以获得这个巨大的拼图效果，而且仅用餐刀的刀尖就可以剜出浅凹坑，用勺子的背面便能掏出中空部分。

这是一个很有吸引力的想法，但我不必利用加马拉的有关轨道和引力的理论来做进一步的探索。因为还有其他方式来解释这些图案。例如，某个丢失文明的技术可能已经达到能够软化岩石的水平，以至可以像奶油一样对其进行加工。也许涉及高温？俄罗斯科学院地球物理研究所与秘鲁文化部合作进行了一项有趣的研究，产生的证据表明，萨克塞华曼巨石的石灰石在某个时候承受了超过 900 摄氏度的温度，并可能高达 1100 摄氏度。

当俄罗斯研究人员来到那个被认定的采石场时，发现那些天然石灰石充满了微小的有机化石。这是你所期待的，因为石灰石是一种沉积岩，形成于古代海洋并含有大量的细小贝壳遗骸和其他海洋生物的微型骨骼。但奇怪的是，来自萨克塞华曼的巨石样品经过研究者的化验之后被证实，它们确实是具有“高致密度的”石灰石[8]，然而——

里面并没有明显的化石和有机物残骸，而只有清晰可见的微粒结构。[9]

他们的结论是，在被开采之后并在被放进墙体之前，这些石块已经承受过高温，而且这种高温足以将化石降低到含混不清的细粒结构：

当然，为了估计石灰石的热效应的真正原因，我们需要更详细的研究和分析……但事实就是事实——生物硅质灰岩再结晶为微晶硅质灰岩。这个过程的结果，正是我们在萨克塞华曼石壁的多边形石块里看到的。在正常的自然条件下，这一过程是绝对不可能发生的。[10]

“这些构造曾被施加了某种魔法……”

加马拉和我继续我们的探索，沿着巨石城墙中间的阶梯攀登，来到了前面所提到的斜坡上，走近散落在山顶的破败的废墟。加马拉说，指着这些废墟，“这些，就是乌康帕查时期里完成的例子——印加人的作品”。他明确指出，其中一些，例如同心圆结构的三面石墙，都做得非常好。他告诉我，印加人把它叫作缪尤可·马卡。它一度高达 30 米，曾是一座石塔，是皇帝的住所——这位皇帝的头衔是“印加”。只是到了后来，印加这一称号被推而广之，整个民族都成为“印加人”。

加马拉的说法是，缪尤可·马卡大厦这类建筑，是印加人带给我们的力所能及的最好作品。然而，这些建筑明显劣于巨石建筑——而且它们是如此不同——以至于它们显然应当是另一种文化的作品。

尽管这种想法被当今考古学家视为异端，但奇怪的是，在十九世纪末和二十世纪初，情况并非如此。当时，安第斯山脉首次受到严肃的科学审查。例如，伟大的地理学家克莱门茨·马卡姆先生，在秘鲁进行了广泛游历并写下了他的经典研究《秘鲁的印加人》，他指出，对于萨克塞华曼的起源“印加人一无所知”：

> 加尔西拉索指向石塔、石墙，以及印加人建造的石门，甚至给出了建筑师的名字，但这些都是在后来的巨石堡垒里建造的防御工事。外部阵线必须归属于巨石年代。这类建筑没有什么能与任何其他巨石建筑相比的。[11]

马卡姆提到的“加尔西拉索”，是年代史编著者加尔西拉索·印加·德·拉·维加。作为西班牙征服者和印加公主的儿子，这一遗传给了他独有的接近真正印加传统的机会，他在库斯科出生并长大，把克丘亚语即印加人的语言作为他的母语。假如萨克塞华曼的巨石建筑部分是近期的工作，是在加尔西拉索出生前的世纪里完成的，那么，他应该有鲜明的记忆，甚至应该对如此宏伟的成就有目击证词。但加尔西拉索没有报道过这类事情，而只能把他所说的这个“比世界七大奇迹更大的谜团”解释为魔法。下面是他在他的皇家评论里写到的有关萨克塞华曼的评述：

当一个人还没有真正见过它时，觉得它的规模是不可思议的；而当一个人从近处观看并认真检查时，它们又显得那么非同平凡，似乎有某种魔法曾经主宰过它的建设；它只能是魔鬼的作品，而不是人类……如果我们认为，这个令人难以置信的作品是在没有机器的帮助下完成的，那是不是说，它代表了一个比世界七大奇迹更大的谜团？我们如何解释这个事实，这些秘鲁印第安人能够分裂、切割、举起、运输、吊起并放下这些巨石，而它们更像是一座座小山而不是建筑石材？在没有设备或仪器帮助的情况下，他们如何做到了这一点？像这种难题，如果没有魔法的帮助是无法解决的。[12]

我们要再次寻找上帝的魔术师的手工艺品吗？我们还记得，埃及埃德夫的伟大神庙是敬献给荷露斯神的，他有时被描绘成猎鹰，有时被描绘成狮子，此时我们发现了一个有趣的事实，“萨克塞华曼”这个名字就是指猎鹰（特指“心满意足的猎鹰”）。另外，萨克塞华曼形成了一个大型地质印痕的一部分，从周围的山峰曾经可以见到这个地质印痕，这一情况早已为人所知。在这个地质印痕中，它与库斯科的旧居住区结合形成了一个巨大的猫科动物的形状——美洲狮，在美洲最接近古代狮子的一种动物。图鲁玛尤河（现已改道从地下穿过城市）常常被作为这个古代狮子的脊柱。躯干是图鲁玛尤和华塔内河（现在也在地下）之间的那片土地。萨克塞华曼仍然能被辨认出是狮子的头。被杰西·加马拉归属于安第斯山脉第二纪文明（乌兰帕查）的曲折的石墙，勾勒出它的鼻口的上侧，鼻子对着正西，是春分日落的方向，嘴巴面对正西，也是春分日落的方向，正如吉萨的斯芬克斯面向正东，即春分日出的方向[13]。

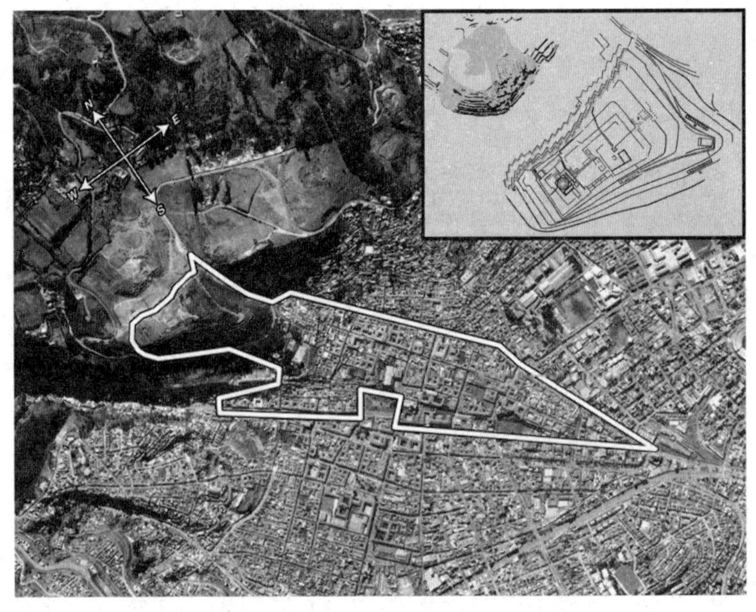

图 62　库斯科萨克塞华曼“美洲狮”

一些现代考古发掘支持这样一些传统，即斯芬克斯下面的隧道网里埋藏着神秘的珍宝[14]。这里也有着几乎相同的传统——最近考古发掘再次支持——萨克塞华曼的狮子的下颌下面有着漫长的迷宫隧道——“人们走下去，或者永远消失，或者走了出来，语无伦次地，发疯地，抓着各种珍宝”[15]。

在我们离开萨克塞华曼之前，杰西·加马拉带我去了一个很奇怪的地方，离巨石城墙东北几百米，那里有一个十几个台阶的狭窄阶梯，这些台阶是在一个高和宽各约20英尺的巨砾里面，似乎是被铸造而成——而不是被切割进去的。台阶在制作的时候应当只能从上面看见，但巨砾已经被一分为二——加马拉认为是地震所致——一个侧面是直立的，另一个侧面倾斜约40度角，由此显露出从地面上行的石阶。在原本接触到地面的石阶最低点，加马拉给我指示了一个入口，看起来像是一个很深的暗洞，现已被石板填满。“这是一个通道。”他告诉我，“它在地面下一路通到库斯科，但政府已经封锁了入口，阻止人们去探索它。”

文明的使命

在接下来的几天里，杰西·加马拉向我展示了更多他的理论背后的证据。事实上，现在我已经明白他的推理，因为例子随处可见。

在库斯科市中心——在印加的克丘亚语里，这个城市名的意思是“地球的肚脐”[16]——他把我带到被称为科里坎查的古代神殿，曾为印加人所用，在西班牙征服后它被转变成教堂。尽管它对印加人的宗教生活极为重要，但加马拉并不认为是印加人建造了它。在他看来，尽管印加人进行了一些维修并增补了一些较小的构造，但大部分经过抛光的、角度精确的灰色花岗岩石雕是来自乌兰帕查（“第二世界”）时期，早在印加人之前数千年。他不愿承诺一个时间表，但表示科里坎查最初是在“超过 2 万年前”被建立起来的，是为了纪念更早的哈南帕查（“第一世界”）时期的单体巨石遗址——那块原始的“未覆盖的肚脐石”，城市由它而得名[17]。

据加尔西拉索·印加·德·拉·维加传递给我们的信息，印加人保存了有关库斯科建立的传统。似乎有某种灾难影响了世界，某种形式的灾难，使安第斯山脉的居民陷入了一个非常低迷的状态。加尔西拉索的叔叔，一位印加贵族，告诉他，在那遥远的年代，“人民活得像野兽，既没有秩序，也没有宗教，没有村庄也没有房子，没有田地也没有衣服……他们住在石窟和洞穴里，像打野战游戏一样，以草和根，野果，甚至人肉为食……看到这种状况，我们的父亲太阳神为他们感到羞愧，他决定派他的一个儿子和一个女儿下凡到人间”，把文明的礼物送给他们，并教导他们——“服从他的法律和戒律……建造房屋并且聚集在一起形成村庄”[18]。

这对皇室儿女——正如埃及的伊西斯和奥西里斯，他们既是兄妹，也是夫妻——带着太阳神赐给他们的一根金杖走遍大地。太阳神指示他们在不同地点掷下金杖，直到他们找到某个地方，金杖扔下去一次便会消失无踪，他们便可在那里建立他们的皇庭。最后，“这位印加人和他的新娘来到库斯科山谷。在那里（在一个叫库斯科卡拉·乌鲁米的地方，即未覆盖的肚脐石）他们扔下金杖，它不但沉入地下，而且彻底消失……我们的皇城从此诞生了”[19]。

在第七章里讲述了一个完全类似的故事，索罗亚斯德教族长伊玛被神授予了一把金色的匕首，它同样被插入地下作为文明的创始行为。

曾在安第斯山脉盛开的文明是多么令人惊叹！当然，科里坎查大厦这一了不起的成就似乎暗示了比普通技能更高层次的应用能力。巨大的花岗岩石块被切割得如此精细——加马拉坚称它们的形状是被铸造而成的——那些高耸的内室看起来更像是一些大型而复杂的机器零件而不是神庙的组成部分。令人印象更深的是缩进几块石头里的一系列复杂的凹槽、通道，以及孔洞和壁龛，这些石块看上去就像印刷电路板，只是线路已被移去，只留下空空的轨道。

在科里坎查花了一些时间之后，加马拉带我到邻近的洛雷托街，他答应我要给他的论据提供具体的图形演示。这条狭窄的小巷被高墙所包围，墙顶上有些现代灰泥部分，在这些墙壁里可以见到四种风格迥异的石砌。加马拉说，其中两个属于印加和乌康帕查，另外一个来自十七或十八世纪的殖民时期，还有一个的历史可追溯至乌兰帕查时期。

街道一侧的大部分墙体嵌有花岗岩石块，与科里坎查的一样美丽。事实上，这部分墙壁带有科里坎查的某个大内庭的外部图案，据加马拉所说，它来自乌兰帕查时期。石块之间的接缝是如此纤细而复杂，并且环环相扣，他们确确实实似乎是模压在一起的。此外——他此前曾在萨克塞华曼给我看过这类例子——接缝周围还有奇特的玻璃光泽，他认为是“因暴露于高温而产生的玻璃化”的证据。他提出了一个有说服力的案例，我们所看见的光泽与千百年来由于路人在石头上的摩擦和触摸而造成的正常光泽不同。事实上，“玻璃化”这一因素——而我并未宣称它们是什么——在底层石块上形成了一层明显的表皮，而尤为明显的是，该底层石块已损坏或破裂。

在乌兰帕查石墙的旁边，是另一些较矮的石墙，表面上看起来相似，但是仔细观察，可以看出其做工粗暴，并带有明显的刀痕，有些石缝间没有玻璃光泽和大缝隙。“这是乌康帕查的好手艺。”加马拉评论说，“是印加人所做。他们在尽力模仿乌兰帕查风格，但他们可能不太成功，他们的功夫变得越来越差劲。”

他指着四道不规则的鹅卵石高墙，其石缝间宽大的空隙被土砖填充。“殖民时期的。”他说。

最后，他带我到街道的另一边给我看一段很长的干砌石墙。鹅卵石经受过一定程度的外形塑造，但是被笨拙而杂乱地拼合在一起。在开口的石缝间没有土砖。“印加人做的。”加马拉说。

“考古学家怎么看？”我问。

他咧了咧嘴：“他们承认是殖民时期的作品，但他们自己骗自己，相信这一切是由印加人完成的。他们如此确信在这里没有更早、更先进的文明，以至于他们对乌康帕查石块和印加工艺之间的巨大差异视而不见。”

“我想，印加人自己有时也试图模仿乌康帕查风格——至少在那边的那段墙体里——这让事情变得更加复杂了对吗？”

“是的，更加复杂。但他们仍然应该能够看到。在做工质量上如此深刻的变化，特别是像这样的例子遍布该地区，应该暗示着不同文化的参与。”

圣谷

如果说我们在科里坎查周边的勘察重点是精细的巨石作品，被加马拉归属于乌兰帕查时期，那么，该地区还有很多其他构造，他认为是纯哈南帕查作品——安第斯文明最古老的阶段，即石头上的工作完全是整体制作。基岩的几个大露头已经完全被重新设计成奇怪的露台、凉亭和壁龛复合体。在昆齐沃，在离萨克塞华曼不远的这样一个基岩露头上，有多个蛇形沟槽和渠道沿着一个神秘穹顶的一侧蜿蜒而下，穹顶上布满了洞穴、壁架、通道和隐秘的壁龛。在最顶部，又是在原石上——被雕刻——或被模压而成的，是以粗短的双叉为顶的一个椭圆形的突起。此外，还有各种动物的轮廓——美洲狮，秃鹰，美洲驼——再没有更多的露台和石阶。

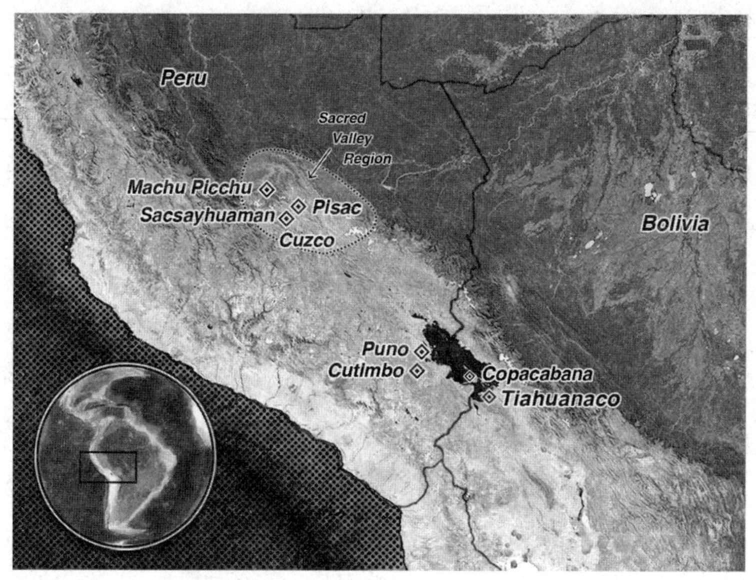

图 63

我们接着来到另一个已被雕刻的一百米高的岩石露头，它被当地人称为月亮神庙。这个石丘的底部有一个黑色的神秘折缝，里面的边线约与肩同高，浮现出一条蜿蜒曲折的长着奇怪的球根状头部的大蛇形状。岩石入口的右侧采用了独特的大象形状，包括大象的头，完整的躯干，以及眼睛和耳朵。关于蛇的形状是毫无争议的，但大象的形状是不是心理学家所称的空想性错视的病例呢？——即人类倾向于看见并不真正存在的有意义的形状和图形。或者，是不是一些巧妙的古代艺术家刻意要把这块石头雕刻出大象的外观呢？如果是后者，那么我们将面临一个历史性的问题，因为此处被描绘出来的大象的最后一个物种——居维象——至少六千年前就已在南美绝迹，而被认为建造了月亮神庙的印加人仅可追溯到千年以内。

在后文我将更多地说到蛇和“大象”。此时，我弯腰穿过岩石的折缝进入神庙，我注意到另一个石雕动物——美洲狮，这次它有些受损——在我的脚下。

现在，我在石缝里面，感觉像是躺在山脉的子宫里，天鹅绒般的幽暗轻柔地笼罩着我。洞穴宽五米，像起伏不平的有机体，但在我左边有几个深深的凹室被切割进墙体里，而前方 20 米，一道耀眼的金光穿过石墩上的一些孔洞，照亮了两个约一米半高的大石阶。我爬了上去，坐在石阶上，背靠这块仿佛有生命的石头，陷入了沉思。

加马拉说，这个地方来源于最古老的哈南帕查的时代，与印加人无关，而且它远远早于承担萨克塞华曼巨石建筑的乌兰帕查时期以及承担令人惊叹的高精度建筑的科里坎查时期。环顾四周，感受着它的气息，我越来越倾向于同意他的观点。建造这个石窟寺的人跟建造科里坎查的人是不一样的。这不仅涉及不同时期不同建筑风格的问题，还是一个不同道德伦理和不同心灵情感的问题。

离开月亮神殿，我们沿维尔卡诺塔河的圣谷驱车十八公里，直奔皮萨克。维尔卡诺塔河在我们脚下远远地泛着波光，壮丽的山野一片苍翠。这都归功于印加人，他们创造了无数肥沃的梯田，并将这巨大的农业财富提供给他们的帝国。被数以千计的干砌石墙包围着的梯田——在整个安第斯山脉的适当地点都有发现——组织并建设这些石墙的任务规模如此巨大，几乎令人难以置信。它确实堪比建筑奇迹。印加文明有很多其他方面也是如此——我并不想淡化可能存在更早文化这一观点。恰恰相反，我怀疑，印加人如此非凡的部分原因，可能是以前存在过令人难以置信的智慧和知识遗产的传承者。

它身处壮丽的自然美景，俯瞰着皮萨克的圣谷，与皮萨克西北部70公里的马丘比丘相比，虽然名气较小，但在许多方面更为壮观。

在皮萨克的中心马丘比丘有一块拴日石（这个词的意思是“太阳的系留柱”）——一大块岩石露头，是按照哈南帕查风格由人类的手塑形而成的，一根指时针竖立在山顶。拴日石的周围是由精美的多角形石块组成的石墙，是后来的乌兰帕查风格，似乎是用来搁置并保护拴日石的。而石墙的外围是属于乌康帕查——印加的，比较简单而粗略的石雕结构。

“每一种文化——”加马拉解释说，“都尊敬和推崇前期的文化。他们通过在其前人作品的上面或者周围进行建造或者模仿来表达他们的崇敬之情。正如我在洛雷托街向您展示的，印加人试图仿效乌兰帕查风格，但他们没有足够的知识或适当的条件去做好这项工作。”

加马拉所说的“适当的条件”，意味着他所假设的石头在过去的时代里被降低了重量和更大的延展性。的确，他对不同的建筑风格及其可能的不同文化起源的观察，使我们正在观察的一切变得合情合理，但我不必去拥抱他这一观点。

我看到更多这三种风格迥异的例子，有时是在加马拉带领下，有时不是。马丘比丘本身（我已经在以前的作品里有长篇的叙述），当然是典型的哈南帕查遗址，但是被后来的文化所接纳并过度开发。然后就有了一个神秘的小洞穴，俯瞰着偏僻的山谷，山脚下有一条铁路连接库斯科和马丘比丘[20]。我们在300米高的陡峭山谷的一侧沿着一条狭窄的小道艰难攀登，但最终的结果是值得的。在这个神秘的小洞穴前面（见照片），黑色安山岩巨石已经被雕刻（或铸造？）成一个形状奇怪的圣地，有金字塔图案刻于其上。

寻宝者曾经多次来到这里，爆炸过这个圣地，但幸存下来的东西多得足够让我们感觉到，它在遭到袭击之前曾经多么美丽。在哈南帕查风格下，洞穴的一面石墙光滑平整，似乎曾经用刨子刨过，还有一个角度绝对精确的直边壁龛，仿佛用研磨机床打磨过。但在另一边，在我身体的右侧，当我从山洞看出去，印加粗糙的石头墙连同用浆砌涂抹的壁龛一起，被砌入这堵墙——做工粗糙——六个壁龛的风格明显企图模仿左上端高精度的岩石切割壁龛。做工的品质和风格都如此截然不同。在这种情况下，坚持岩石切割作品和粗糙的石墙这两个东西是由同一种文化产生的，是没有意义的。加马拉认为一个更古老的纪念碑已受到印加人尊敬并模仿，他的这一理论更符合我眼前的证据。

似曾相识

离开秘鲁前往玻利维亚的道路上，我们停在了“的的喀喀湖”边的普诺镇，它位于海平面以上3812米（约12507英尺）。第二天我们又从那里出发，驱车向西22公里，抵达了一个激动人心的平坦山顶，海拔4023米（约13198英尺），在其顶部栖息着库廷勃考古遗址。该遗址从道路上可见，其主要特征是几座高塔，有的圆，有的方，统称为楚帕斯。它们被认为是当地印第安文化“卢帕卡斯”贵族的陵墓，那些贵族在公元1470与1532间被封臣[21]。毫无疑问，在那期间楚帕斯确有墓葬[22]，但有种可能性必须加以考虑，这些地方都被人侵占过，而这些高塔，是由精细的多边形石块组成，而且这些石块具有乌兰帕查风格的所有特征，比它们最后使用的年代要久远得多。

我越来越习惯于安第斯山脉的稀薄空气，但这次是在燃烧的朝阳下的长途跋涉，从这座平坦山顶的一侧穿越黄色蒲苇丛向上攀登。当我们到达山顶时，我的疲惫顿时消失，因为我开始发现真正有趣的图像，桑莎也开始拍摄。它们被雕刻在一些塔楼两侧和四处散落的石块的高浮雕里，散落的石块是由寻宝者破坏所致。

正是这个远在天边的含有月亮神庙里的石蛇图像，在一年后会突然出现在桑尼乌法博物馆，当时我正在研究来自哥贝克力石阵浮雕的藏品。请读者自己从照片中形成自己的看法，但明显的相似之处包括：

在哥贝克力石阵有一种生物，雕刻在高浮雕里，克劳斯·施密特认定为一种猛兽，它长着强壮的肩膀，爪子张开，尾巴从身体左侧放到身上。在库廷勃有一个非常类似的动物，同样有着张开的爪子和强壮的肩膀，但尾巴不是从身体的左边弯曲而是从右边。

在哥贝克力石阵和库廷勃两个地方都发现了蝾螈和蛇的浮雕。所有浮雕的完成风格非常相似。

在哥贝克力石阵所谓的“图腾柱”的生殖器上下的位置，伸出了一个小脑袋和两只手臂。这颗脑袋有着坚定的眼神和突出的眉毛，长长的手指几乎相触。它的姿势是一个男人从石头里俯下身来玩着石鼓。这也是在库廷勃的两个形象的姿势，它们从一大块凹面石块中浮现出来，具有同样坚定的眼神和突出的眉毛。

在“图腾柱”侧面的两条大蛇都长着特别大的头部，使它们看起来几乎像精子。从库斯科月亮神殿黑暗狭窄的入口浮现出来的蛇也是这样。

哥贝克力石阵浮雕里的狮子特征与在库廷勃浮雕里的美洲狮的特征，表现方式是相似的。

我不知道是什么让这些如此相似。只是巧合？很可能。即便如此，这些相似性仍在继续。

维拉科查市

通过一系列官僚障碍和长长的队伍，我们穿越陆地边界从秘鲁进入玻利维亚，这简直是一场意志的磨炼，但我们来到了名字迷人的科帕卡巴纳镇，一个舒适的酒店远眺着的的喀喀湖。如果我们有更多的时间，我们会从这里乘船出发去参观太阳与月亮群岛。我们以前常去那里，它们不是我们此行的目的地。我们渴望重返的是蒂亚瓦纳科，它在12800英尺高的阿尔提普拉诺高原上，位于这座巨型湖的东南岸附近。

正统的考古学家将蒂亚瓦纳科归属于公元前1580年和公元724年之间的时期，但在《上帝的指纹》和《天之镜》这两部书里，我认为它最终可能会被证明比这一时期要早数千年。截至目前，该遗址被挖掘了不到百分之二，我认为进一步发掘可能将促使考古范式发生改变。已有迹象表明这一改变即将到来，2015年3月27日玻利维亚的蒂亚瓦纳科考古研究中心的报告说，地面穿透雷达的一项调查显示，在该遗址上以前未发掘过的区域，存在一个完整的“被埋藏的金字塔”，还有“一些地下异常”，被认为是独石。为更多地了解这些神秘

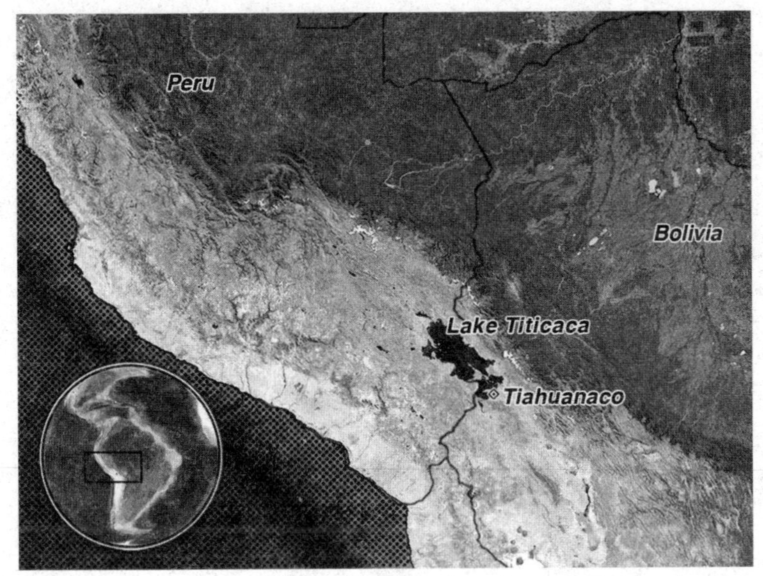

图 64

构造，一个五年发掘计划目前已经启动[23]。

既然我已经在我以前的书中详细地描述过蒂亚瓦纳科，在这里重复这些描述似乎是多余的。我在 2013 年 10 月的探访中有一些新的发现，我近距离地看到了散落在普马旁库周围的巨石上的如同机器时代的精度，以及这么多石头被切割或铸造的真正复杂的方式。正如在科里坎查，我遇到了几块类似于没有线路的电路板的巨石。另外一些石块带有十字形刻痕，看起来像是一些精巧设计的一部分——似乎是连接到某些金属杆的末端，或连接到早已被氧化或被抢劫者带走的物体上。

尤其引人注目的，是我在以前的所有探访中都错过的几排巨大的安山岩石块，它们全都一模一样，好像曾使用过某种模具，全部形如字母“H”。与哥贝克力石阵的“H”图案相比较，例如位于其石柱腰带上的“H”，即使这种相似只是另一种巧合，也是不容忽略的。

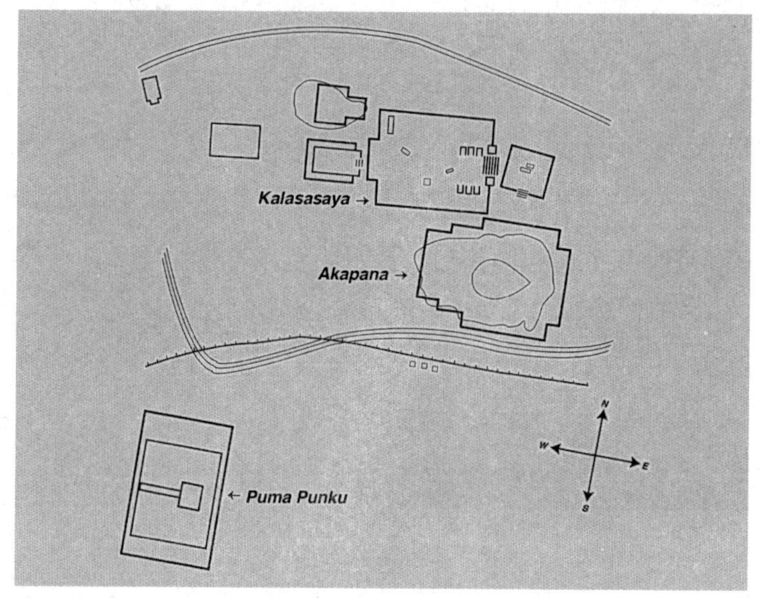

图 65　蒂亚瓦纳科的主要构造

在蒂亚瓦纳科半地下神庙里也有石柱雕像。它是拟人化的，正如哥贝克力石阵的图腾柱一样。它的侧面缠绕着一条蛇，也正如哥贝克力石阵的图腾柱一样。长长的手指几乎在它的身前相触，同样也跟哥贝克力石阵的图腾柱一样。它的脸是人而不是动物，还有大胡子。然而，在它的头部侧面刻有某种动物的形象，更类似于箭齿兽而非其他任何已知的动物物种（如图 66 所示），那是一种新世界时期的犀牛，在大约 12000 年前的冰河时代末期的灾难中灭绝。这不是空想性错视——这个形象就摆在那里。所以这里只有一个问题——这很难回答：这是对箭齿兽的刻画，还是艺术家想象中的生物呢？

图66 上面是艺术家印象中的箭齿兽，下面是蒂亚瓦纳科半地下神殿柱子上的图像（左为照片，右为高亮显示）

我继续前行到卡拉沙沙亚，一块巨大的开放式的矩形空地，以巨石城墙为界，它似乎是古代蒂亚瓦纳科中央祭祀场所。在整石打造的太阳门上雕刻着另一个带有象牙和象鼻的大象形象，如同刻进萨克塞华曼月神殿基石里的大象一样。蒂亚瓦纳科的这个“大象”已被批评者们作为两个并排的秃鹰而驳回，但是如果这样的话，那么大门侧面相匹配的图像便令人费解（见图67），因为它明确显示了两个并排的秃鹰头，与大象浮雕不同。

如果它是模仿于自然界的生物，它没必要那么老——居维象，如前所述，存活于6000年前的南美洲。另一方面，最相关的乳齿象物种在12800年与11600年前之间的新仙女木事件中灭绝。

图 67　太阳门上的是大象吗？或只是两个并排的秃鹰？

卡拉沙沙亚是一个巨大的开放式空地。但这里有两个雕像，我想再来看看——庞塞石（因玻利维亚考古学“教父”卡洛斯·庞塞·桑金而得名），和埃尔弗赖莱（弗里亚尔），一块风格大体相同的较小独石。

引人注目的是两者手的位置，手指几乎垂到腹部——与哥贝克力石阵或图腾柱上手的位置几乎相同。然而，蒂亚瓦纳科的形象，像美索不达米亚的阿普卡勒斯一样，手中握有物品——不是一个锥形体和一个桶，而是正如考古学家和民族植物学家康斯坦丁诺·曼努埃尔·托雷斯已经证明的，用于消费来自亚马逊的致幻 DMT 粉的鼻烟托盘[24]。

这是一种暗示，即使是在这里，在这寒冷而严峻的阿尔蒂普拉诺高原，亚马逊缤纷而旺盛的生活其实并不遥远。当我们在寻找一个也许曾经覆盖全球的失落文明的遗迹时，它也许并不是我们首先会想到的地方，但其茂密的丛林中隐藏了太多的东西，而且最近的清理工作揭开了古城、巨石和大型土方工程的废墟，以及通过某种神秘的过程而保持了数千年的肥沃土壤[25]。

同样清楚的是，一种不知从哪里继承的高水平的科学技能，被萨满教巫医一代一代传承下来。一种致幻的、含 DMT 成分的酒水制品——死藤水，来自两种丛林植物，而这两种植物在单独口服时都不具有致幻活性。当我们知道亚马逊有 150000 种不同植物种类时，意识到这无疑是一个惊人的药理学成就。同样，一种神经性毒物如箭毒马鞍子，其中有十一种不同成分并且在其制备过程中会产生致命的烟雾，也不是在一夜之间就能想出来的，而是需要完备的科学应用。

关于蒂亚瓦纳科巨石的另一个有趣之处，是他们腰部以下的服装都以鱼鳞形式构图。这也跟阿普卡勒斯如出一辙——那个长着大胡子，“带鱼纹的人物”，把高度文明带给美索不达米亚，我们已在前面的章节探讨过其中奥秘。长着胡子的人物似乎也没有全都从蒂亚瓦纳科失踪。有两个幸存下来，其中一个在半地下神殿的柱子上，自古以来被确定为伟大文明之神康奇 · 提基 · 维拉科查，我在以前的书籍里对此有长篇讲述，他在多种神话和传统中被描述为有白皮肤和胡子。加尔西拉索 · 印加 · 德拉维加，经历过西班牙征服时期并在库斯科长大，他写道：

维拉科查长着大胡子——而印加人刮得比较干净——他的长袍拖到了地上，而印加人的长袍只到膝盖。这就是为什么秘鲁人一看见他就称之为西班牙的“维拉科查”……印第安人不难相信西班牙人是上帝的儿子……[26]

换句话说，他们的白皮肤和胡须承载着西班牙古老的部落记忆，并一代又一代传承下来，在那遥远的史前时代曾有一个文明英雄来到安第斯山脉，教导那里的人们农业、建筑和工程技能。

康奇·提基·维拉科查自己又是怎么回事？他发生了什么事情？

似乎是发生在横跨美洲的文明使命之后：

> 他的旅行把他带到曼塔（厄瓜多尔），他从那里启程，在水面上行走，跨越太平洋。[27]

我不打算在这里重复维拉科查的故事和传统，我在以前的书中都有报道，但他却是安第斯山脉的奥西里斯和羽蛇神，从黑暗的时代走出来，大洪水过后，带来了文明的礼物。

他终将离开，他将通过一些高科技手段做到这一点，“在水面上行走”跨越太平洋，这真是耐人寻味。

让我们跟随着他，去看看他可能去了哪里……

第十八章 海洋

根据美索不达米亚最古老的传统，人类是在“大地之脐”上创造的，诞生于uzu（肉）、sar（黏合剂）、ki（地方，地球土）之间[1]。印度最古老的经文《梨俱吠陀》（Rig Veda，梵音瑞歌书达）说，宇宙诞生和发展于“一个核心，一个中心点”[2]。耶稣加马拉属于安第斯山最古老的风格——哈南帕查，因为带有耶稣加马拉的很多标记，所以，耶路撒冷圣殿山的舍金纳（Shetiyah，希伯来文意为“居留”）基石——如今的“金顶清真寺”的“圆顶”（见第十二章）——被认为是“地球的中心”[3]。实际上，古老的宗教和神话存在一个共同的信仰，即世界上一切生物都有某些原始创造中心：

> 上帝创造的世界像个胚胎。由于胚胎起源于肚脐，所以，神开始在肚脐附近创造了世界，从那里向四面八方传播出去。[4]

在希腊神话中，在被宙斯用来惩罚人类邪恶的大洪水中，幸存者只有丢卡利翁和皮拉。他们的方舟在帕尔纳索斯山停下来，高高地停留在特尔斐城之上，而整个古代经典遗迹都把特尔斐城视为“大地之脐”[5]。就像埃及的赫利奥波利斯古城拥有神圣的“本本石”一样，一块伯特利石从天而降（见第十一章），所以，特尔斐也拥有一块伯特利石，被命名为脐或“脐石”。在希腊神话里，这块石头被具体确定为代替婴儿宙斯被恐怖的时间之神“克洛诺斯”吞噬的那块石头——“克洛诺斯”吞噬自己的孩子。宙斯长大成人后，向克洛诺斯复仇。在迫使他吐出石头之后——令人想起一道彗星的碎片流，“把他从天上驱赶到了宇宙的最深处”[6]。石头降落在世界的正中心，特尔斐神殿[7]。

我们在最后一章看到了库斯科的名字。库斯科是位于秘鲁安第斯山脉的巨石城，意思是“地球的肚脐”。跨过太平洋，向西南方向移动4000多公里（约2500英里），有一座名叫复活节岛的古岛——“Te-Pito-O-Te-Henua”，意思也是“大地之脐”[8]——这座古岛反过来又与古名“泰皮卡拉的蒂亚瓦纳科”（Tiahuanaco，Taypicala），即“中心之石”，存在密切关系[9]。事实上，在复活节岛的拉彼鲁兹海湾边缘，有一块经过精心琢磨过的名为“碲皮托库拉”（Te-Pito-Kura）的神秘的球形“金肚脐石”。这块石头被认为是这座海岛本身的肚脐[10]。

传说曾经有一次，“伟大的魔法师们”用这块石头聚集法力——字面意义指“巫术”——驱使该岛著名的巨石石像“摩艾”从采石场“走”到他们各自要竖立的位置[11]。玻利维亚土著艾马拉人中间也保留了几乎完全相同的说法。艾马拉人自古以来就居住在蒂亚瓦纳科附近。他们说，那座拥有非凡巨石石像的神秘城市是一夜之间利用魔法建立起来的，“石头们自己迈着协调的步子前进，在号角声中前进，从山上的采石场，走到了现场自己的正确位置”[12]。

无独有偶，自从20世纪40年代末托尔·海尔达尔开始他的康奇基号探险（以蒂亚瓦纳科人“康奇基号维拉科查”——蒂亚瓦纳科的教化之神——命名，这个名字我们会在最后一章的结尾遇到）以来，人们已经注意到，蒂亚瓦纳科的石像和复活节岛的摩艾石像之间存在相似之处。例如，我们已经看到，在蒂亚瓦纳科的维拉科，其形象长着显示突出的胡须（与安第斯山脉的原居民形成了鲜明对比，安第斯山脉的原居民长不出浓密的胡须），而且毫无疑问，那副突出的复活节岛式下巴也有代表胡须（见图 68）的意图。正如海尔达尔所评论的：

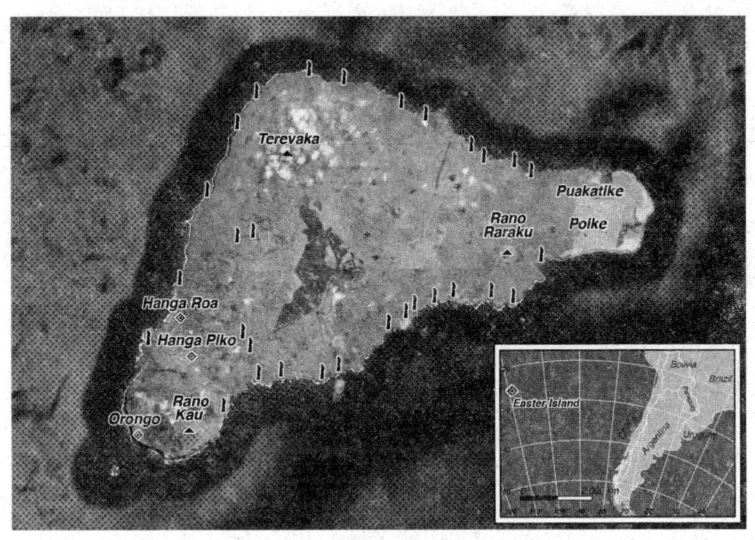

图 68　复活节岛及其周边地区（埃里克 · 嘎巴，维基共享资源）

复活节岛上的石像……下巴雕刻得尖削、突出，因为雕塑家自己长着胡须。[13]

挪威冒险家也同样对复活节岛塑像和蒂亚瓦纳科塑像“把手放在自己肚子上”的方式感到迷惑[14]。两种石像都佩戴着与众不同的特殊腰带。他写道：

复活节岛塑像的唯一装饰是总是雕刻在肚子周围的腰带。在喀喀湖旁边的康奇基号的古遗址的每一座单一石像上，发现了同样象征的腰带。[15]

海尔达尔是位失落文明假说的有力支持者，我有幸认识了他[16]。他去世于2002年，在此之前，没有机会去参观哥贝克力石阵。不过我相信，如果他这样做了，一定会因为哥贝克力石阵“图腾柱”石像上所描绘的手的位置与维拉科查支柱石像上，以及蒂亚瓦纳科的庞塞和埃尔弗赖莱巨石的石像上，所描绘的手的位置的相似性而痴迷。我在最后一章指出了这些相似之处，但是相似之处还有更多。

例如，哥贝克力石阵中较大的拟人化支柱上雕刻着富有特色的厚厚的腰带，非常类似于在蒂亚瓦纳科和复活节岛石像上看到的那些腰带。值得注意的还有，哥贝克力石阵较大支柱上看到的手的位置，长长的手指向前伸展，几乎在腹部交叉在一起。在复活节岛摩艾石像上，也看到了同样的手位。最后，但并非最重要的是，正如在复活节岛一样，蒂亚瓦纳科和库斯科都流传着一个奇怪的概念“地球的肚脐”，哥贝克力石阵同样如此。不管是土耳其语，还是美国亚美尼亚语，这个名字的意思都是“肚脐之山”[17]。

如果这一切都是巧合，那么巧合得实在太出奇了——当然，除非他们出自同一批“上帝的魔法师”之手。11600年前，在新仙女木事件末期创建了哥贝克力石阵时代的文物密藏容器，然后又将其埋藏的魔法师，同时是参与复活节岛工程的魔法师。

换句话说，除非复活节岛摩艾石像的年龄比考古学家认为的年龄大——而且大很多……

是大洪水之前的上古陆地遗迹吗?

考古学家认为，历史最悠久的复活节岛摩艾石像是公元690前后雕成的，历史最短暂的完工于大约一千年以后的公元1650年。这个年表是根据放射性碳年代测定法确定的，放射性年代测定法同样把人类最早定居在岛上的时间指向了公元318年[18]。但是，正如我们所看到的，放射性碳不能直接判断石碑的年代，必须推断已确定年代的有机材料和石头之间的关系，而推论有时极易把人引入歧途。

例如，断定在安纳根纳湾附近的阿虎瑙瑙的阿虎（平台）与在此安装的七大摩艾石像年代相同，将是错误的。显然，该平台是稍晚一些的文化作品，石像肯定是重新竖立起来的，因为平台本身是砖石建筑，一个古老而严重风化的摩艾头像经过再次利用，变成了一个建筑砌体。

同样，如果（例如）人类在新仙女木事件期间曾定居在这里，当时海平面远低于今天的海平面，而复活节岛是陡峭狭窄的上古岛屿的一部分，位于安第斯山山脉的范围之内，那么，有机材料在多大程度上会存留下来让考古学家进行碳年代测定呢？也许，东太平洋海隆的顶峰，我们现在所知道的复活节岛，以前根本不是用来居住的，而是专门用来举行宗教仪式的，而巨大的石像在其中起了一份作用？也许人们从群岛的其他地方赶来参加这些仪式，然后回到自己居住的岛屿——而这些岛屿现在都淹没在水下了？

当然，这是个猜想，纯属猜测。但复活节岛民自己关于超自然生命的传说却意味深长，这个超自然的生命叫作乌噢克（Uoke），生活在遥远的年代：

（乌噢克）带着一根巨大的杠杆环绕太平洋旅行，他用这根杠杆撬起了整个群岛，随手把它们扔进了海里，它们在那里永远消失在了海浪之下。这样毁灭了许多岛屿，最后他来到了大地之脐（Te-Pito-O-Te-Henua）海岸，当时这里的土地比现在大得多。他开始撬起海岸的一部分，扔进海里。最终，他到达了一个叫普科普希普希（Puko Puhipuhi）的地方……在汉加胡努（Hanga Hoonu）附近（拉彼鲁兹湾，"金肚脐石"的遗址）。在这里，岛上的岩石过于坚固，乌噢克的杠杆撬不动，杠杆被折断了。这样，他就无法除掉最后的片段了，这个片段就保留了下来，成了我们今天所知道的岛屿。因此，大地之脐仅仅因为乌噢克的杠杆意外折断而得以幸存下来。[19]

传说还提到了一个叫作希瓦（Hiva）的远古太平洋家园，复活节岛最早的居民就来自那里，这个家园也是"乌噢克杠杆恶作剧"的受害者，被"淹没在了大海之下"。这一切都因为与美索不达米亚的上古传说提及的七贤人——阿普卡尔人（Apkallu）——以及《埃德夫神庙建筑文本》里的七贤人相互呼应，而特别令人感兴趣。七位贤人找到了新的土地，在那里重建了被淹没和破坏了的神的世界。据说七位贤人——"国王的儿子们，即所有发起人"——在复活节岛最初定居期间发挥了很大作用[20]。准确地讲，正是阿普卡尔人为美索不达米亚的所有未来神庙奠定了基础，而埃德夫贤人游历了整个埃及，为准备修建所有未来的金字塔和庙宇建立了神圣的土墩，来自希瓦的七贤，抵达复活节岛后的第一项任务是"建设石丘"[21]。

难道这一点还会有别的解释吗？有没有可能复活节岛的摩艾石像就是某个失落文明的幸存者的杰作呢？时间可追溯到 12000 多年或更

早之前的冰河时代？

美国北卡罗来纳州博福特杜克大学海洋实验室海洋研究中心主任，罗伯特·J·孟席斯博士，发现了同样的线索。1966年，在孟席斯的领导下，在米尔恩-爱德华深海水域，秘鲁和厄瓜多尔的海面上，进行了一项为期六周的太平洋海洋学调查。米尔恩-爱德华深海水域是一个原位沉降达19000英尺（约5791米）左右的深海槽。孟席斯博士的研究船——安东布鲁恩（Anton Bruun）号，使用了当时最先进的水下摄像机，在卡亚俄（利马港，秘鲁首都）以西大约55英里的地方，在某块深6000英尺向着海洋沉降倾俯区域的海床上，拍到了“奇怪的岩石雕刻柱”[22]：

两根立柱，直径大约两英尺以上，根据观察有5英尺伸出了泥土。还有两根已经躺倒了，部分掩埋，上面看到了有棱角的类似方块的东西。[23]

“在其他地方我们没有发现过这样的结构。”孟席斯博士在接受科学新闻的采访时说道，“以前我从来没有见过这样东西。”[24]官方晚些时候在关于研究船巡航的报道中还补充说，其中一根柱子上还有好像“铭文”之类的标记[25]。

到目前为止，我已经能够确定孟席斯博士的发现了。这个在真实基础上暗示着被淹没的希瓦陆地的发现从来没有被跟进过。同时，它与传说中的幸存者们为了重建失去的世界而定居的复活节岛本身有什么关系呢？地质科学为我们提供了一定线索，供我们考虑。

谎言背后……

波士顿大学的罗伯特·肖赫教授，因给吉萨伟大的狮身人面像重新测定了地质年代而著称，但并不像主流考古学承认的那样，轻易或马上就给这些石碑戴上“伟大的古物古迹”的帽子。大多数情况下，他都认同传统的年代划分，当然有不同看法的情况除外，比如，他对狮身人面像和印尼巴东火山（见第二章）存在不同看法，只是因为他在第一时间就被为考古学忽视的有力地质证据说服了。

他对复活节岛摩艾石像的分析结果就是这种情况。在完成一次研究考察之后，他经过深思熟虑后认为：

> 不同的摩艾石像上显示出的各不相同的风化和侵蚀程度给我留下了特别深刻的印象。这可能是他们的年代存在重大差异的迹象。特定摩艾石像周围的不同沉积程度也让我印象深刻。一些摩艾石像已经埋在了估计有6米多深的泥沙里，这样，即使他们都直立着，也只有他们的下巴和头高于目前的地平面。比如，如果有灾难性的山体滑坡、泥石流或海啸洗涤海岛，这么高的沉积水平可能很快会发生，但我找不到任何这类证据（而山体滑坡或海啸会很容易转向，打翻高大的石像）。相反，在表面上看，某些摩艾石像周围的沉淀情况表明它们是更极端的古代遗物，而不是大多数传统考古学家和历史学家认为的这样——或认为可能发生的情况。[26]

肖赫补充说，他已经开始收集从有记录存留以来直到现代的有关复活节岛典型风化、侵蚀和沉积速率的证据。“到目前为止，沉淀近百年来，沉淀在整体上似乎一直相对温和。”[27]

肖赫照例有保留地叙述自己的问题，这一点在拉诺拉拉库火山口得到了最好的证明。拉诺拉拉库火山口是一座熄灭的火山口，这里曾是复活节岛摩艾石像的主要采石场。火山口的内坡通往一个芦苇摇曳的小湖，估计有 270 座处于不同完成阶段的石像排列成行。有些仰卧，有些侧卧，很多完全直立，其他的则以各种各样的疯狂角度突出地面，给人的整体印象是，某些特殊的超现实主义的展示在准备过程中被突然中断，被艺术家永远抛弃了。

事实真相究竟是什么？这一切究竟是为什么？虽然有许多推测，但是没有人能真正说清楚。尽管如此，地质背景明白无误且最重要的是，石像本身是与自然基岩隔离的地质文物，而且现在仍然完全处在原有位置，仍然是原始背景的一部分。当你在他们之间困惑惊奇地游荡时，你看到的大部分是他们的宁静、他们长着大胡子的沉思的脸、他们长着长耳朵的头、他们的肩膀和他们的上部躯干的一部分。

他们地面以下的部分仅有一米左右，这足以让他们固定在原处一动不动了。如果您这么想，是完全情有可原的。但是，那位不知疲倦的冒险家和探险家托尔·海尔达尔却证明事情不是这样的。1956 年，他挖掘了一批拉诺拉拉库摩艾石像，1987 年又发掘了一批，发现与冰山相似，其质量的较大部分位于地表面以下。这些发掘物的照片说明，石像一直向下延伸到了地面以下 9 米（30 英尺）以上，一直深入到地下深处一层厚厚的黄色黏土沉积层里[28]。在研究了这些图像之后，情况立即变得显而易见了，索奇的观点有可取之处，而且在短短的几百年（正如前面已提到的，考古学家坚持认为，摩艾石像最后的生产是在 1650 年停止的）累积这样巨量的沉积物是不可能的。

即使复活节岛是一大块连续的大陆，风和水有潜力把土壤从一个地方运到另一个地方，并且沉淀在那里，这个情况也说得通。但是复活节岛正如我们今天都知道的，尽管其巨大比例令人费解，但在地图上，在世界上最大、最深的海洋中，只是一个小点。它不仅距离南美洲海岸2000多英里，距离紧邻的实质性群岛——塔希提岛，也有2000多英里[29]。而复活节岛的总面积只有63.2平方英里（约163.6平方公里），因此，复活节岛本身促成了拉诺拉拉库摩艾石像火山口摩艾石像周围深达30英尺深可见泥沙的形成，更加令人难以置信。不过，如果这个沉淀过程已经超过12000年，那就完全有可能了。当时海平面较低，正如我们已看到的，复活节岛曾属于某个广阔群岛的一部分。

这可能又一次响应了肖赫发现的另外一个玄机，那就是，少量摩艾石像是用玄武岩雕刻的。问题是，复活节岛本身没有玄武岩沉积物。肖赫推测：

> “遗失的玄武岩采石场”因为极端古老或许现在淹没在了海平面以下，因而用那些采石场提供的材料雕刻的玄武岩摩艾石像也非常古老。自最后一次冰河时代结束以来，大约一万多年前，海平面曾急剧上升。如果玄武岩摩艾石像是在被海水淹没的区域沿着复活节岛海岸开采的，那将有助于确定玄武岩摩艾石像的年代，并且直接暗示出，它们比以往认为的年代早了几千年。[30]

同样的解答——即复活节岛曾经属于某块更大的陆地——也解释了另一个完全不同的难解之谜，即所谓的朗格朗格文字[31]。人类历史上由一个狭小的孤岛群落发明并使用了一种全面发展的复杂书写系统，是史无前例的。然而，复活节岛的确有它自己的文字，其中的实例，主要是已遗失的阴刻在木板上的相当古老的原件副本的副本，丢失了的标本收集于十九世纪，现已发现它们进入了世界各地的许多博物馆。复活节岛本身留下的居民，即使在收集这些标本的时候，都没人能够理解这些标本。时至今日，这些文字仍然没有破解——这是这座神秘小岛许多谜团中的又一个谜团。

巴达谷贤者

那是 2014 年 5 月 28 日，我在距离复活节岛数千英里以外的印度尼西亚苏拉威西中部的巴达谷正中央，站在一座巨大的由坚固的玄武岩雕刻而成的类似于摩艾石像的塑像面前，那座塑像深深地嵌入在一片绿油油的草地上。除了规模庞大之外——可见部分，向左侧严重倾斜，伸出地面 4 米（约 13 英尺）以上，这座石像引人注目的地方在于手臂和双手的姿态。手臂和双手被安排的位置与复活节岛摩艾石像的方式完全相同，和哥贝克力石阵石像的样子也完全相同——双臂两侧弯曲，双手在腹部前面并在一起，手指差不多连在了一起。最大的区别是，这座当地人称为“Watu Palindo”，即“智者”的石像[32]，炫耀着那些伸出的手指之间勃起的阴茎和一对睾丸。

这位“智者”有多大年纪？

“没人知道。”伊可塞姆·启力承认道。伊可塞姆·启力是中苏拉威西省博物馆馆长，在这趟贯穿印尼的长长的研究之旅中，一直好心地陪着我。他说：“考古学在我们这个岛刚刚起步。”启力本人倾向于认为，这座石像和位于巴达谷里的其他十几个类似的石像都至少有 4000 岁了[33]。其他人估计它们在 5000 岁和不到 1000 岁之间[34]，但都没有丝毫价值，因为没有一座石像做过或可以做明确的考古年代测定。几千年来，这个山谷经历了不同居住文明和耕作文明下的有机材料入侵，其中有些文明在不同时期把“智者”挖掘了出来，希望寻找宝藏，这意味着，我们将永远不会获得真相。距离贝索斯谷不算太远的文物已利用碳年代测定法确定了其年龄：2890 岁[35]。但那又怎么样？关于“智者”的时龄，对于我们没有任何意义。

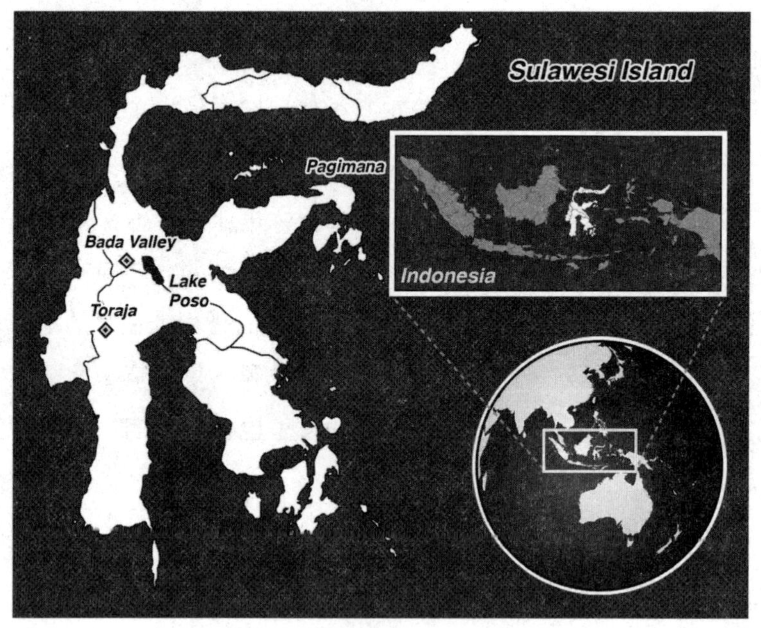

图 69　苏拉威西岛区域位置图

前往巴达河谷是一个相当艰苦的跋涉。我、桑沙和丹尼·希尔曼·那塔威查雅同行。丹尼是位地质学家，他曾让西爪哇巴东火山的神秘金字塔（见第二章）令世界瞩目。和我们一起来的还有丹尼的朋友和同事威斯奴·阿里亚斯迪卡，一直负责我们此次旅程的后勤支持工作。我们 5 月 26 日从雅加达出发，飞往中苏拉威西省省会帕卢，伊可塞姆·启力 5 月 27 日上午在那里与我们汇合。然后我们一整天都驾车行驶在一条糟糕透顶的公路上，穿行在引人入胜的高山之间，当天晚上抵达了巨大的波索湖附近的田塔纳镇。第二天，5 月 28 日，我们又开车行驶了 50 公里，到达了巴达谷的心脏邦巴村。这里像印尼许多地方一样，美不胜收，高原广阔平坦，四周群山环抱，白云闪烁着银光，映衬着神奇的闪闪发光的稻田。到达邦巴时大约上午十点左右，我们住进了一家简单但舒适的酒店，然后直接出去搜寻巨石。

这个山谷主要有两种巨石，其中一种是叫作卡拉巴（Kalamba）的非常巨大的蓄水池，水池切割精确，内部已探究，有时重达一吨以上；另外一种的形象类似于“智者”，重达 20 吨。两天来，我们一起走过浸满水的稻田的边界，徒步穿过森林里一条条粗糙的小径。有一次，我们走到了一座石像的旁边，石像脸朝上躺在一块空地的中间，凝视着天空；过了一小会儿，我们又发现了一个，也是脸朝上，躺在一条河的中间。两座石像双臂和双手的位置都和智者石像相同。第三尊石像呈怪异的鱼形特征，深水稻埋没了它的脖子。第四尊孤零零地站在山脊上，凝视着遥远的山脉。

令人沮丧的是，无人知晓这些巨石的底细——的确是一无所知。是谁创造了他们？什么时候创造的？为了什么？一切都是谜。

霍比特人、龙和洪水

从巴达河谷出发，我们沿着公路做了一次长途旅行，前往南苏拉威西的托拉雅——这里所有的旅行都很漫长。苏拉威西岛是世界上第十一个大岛，我们在这个地区花了两天。有一种令人毛骨悚然的死者崇拜仪式，每年都把死者的尸体挖出来一次，为他们穿上新衣服，梳理他们腐朽的头发，收拾干净他们的棺木，然后重新安葬他们。死者栩栩如生的肖像也摆在高高的悬崖峭壁上由岩石挖掘成的寺庙之中，洞穴里塞满了骨头。

我们来这里不是为了看死者，而是为了看巨石。但是因为这里是托拉雅，这里的巨石都与死者有关，这与世界上其他地区——事实上，是印度尼西亚的其他地区——不同。这里的巨石不是遥远而被遗忘了的遗迹，而是一个功能齐全的活生生的现有崇拜的一部分。我们参观了包里巴林西，这个地方充斥着一群高大的针状石柱，可以毫不费力地移植到欧洲十多个地点中的任何一个，它们的年代可以信心十足地确定为 5000 岁以上。然而，包里巴林西只有两百年的历史。

这里最古老的巨石是在 1817 年竖立起来的。其中的每一块都是一位已故托拉赞先人的墓碑。新石柱仍然在不断开采，每年都在增加。那些用安山岩削成的石柱，都是从附近的沉积物中开采出来的，然后用锤子和金属凿子雕凿成形——当地一位长者向我展示了石柱的做法。那些用石灰岩切割而成的柱子，有时达 15 吨重，是从五公里外的采石场运来的。把石柱放在木质滚轮上，数百人轮流拖着滚轮，需要一个多星期，才能把石柱运到现场。

我开始意识到，印尼正是一片古老传统以神奇方式存活下来，并且与遥远的过去一直连接在一起的地方。

等我们到达下一站——弗洛雷斯岛的时候，这种认识更加强烈了。我们驱车从托拉雅到望加锡，跑了整整一天才到达那里。我们在望加锡搭上了飞往巴厘岛的飞机，在科莫多经停，转飞恩德。科莫多因为被称为“科莫多巨蜥”的大型肉食性蜥蜴著名，是弗洛雷斯的首

"府"——是一座仅有 6 万人口的城市。最近，弗洛雷斯因为岛上发现了弗洛里斯人的遗体而名声大噪，弗洛里斯人是人类的灭绝物种，成年时站着身高只有 1.1 米（约 3.5 英尺），因此被称为"霍比特人"（the Hobbit）。关于这些生物，我会在后文中表达更多看法。我们在科莫多经停留之后降落在恩德时，我不由自主地想到，印尼真是一个神话般的地方——今天世界上唯一不把龙和霍比特人看作幻想素材而当成科学资料的国家。

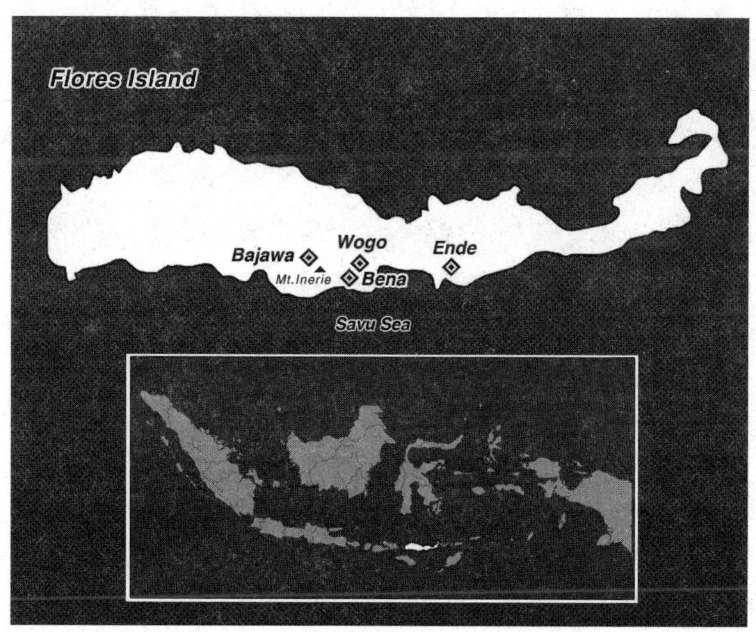

图 70　弗洛雷斯岛屿的区域分布图

弗洛雷斯是迷人的——远在世界的边缘，简单，缺乏许多现代化的便利，但是甜美、温和。我们在巴雅瓦镇安顿下来，在这里待了几天，参观了一些村子，村子里长着整洁的竹子，紧靠巨石纪念碑林，巨石纪念碑林周围分布着茅草房。

在距离巴雅瓦镇大约 16 公里的贝纳村，可以隐隐约约地看见远处的萨武海和伊内列山，88 岁的可敬长者带着我们四处走了走。村子里有两排相互平行的房子，房子很高大，茅草屋顶的横截面呈三角形，这是该地区的特点。房子们被一块又长又宽的公共区域分隔开来，公共区域里布满了品种繁多的石柱和石棚。如同托拉雅的石柱一样，如果说它们是欧洲新石器时代地层出土的文物，并不显得格格不入。约瑟夫告诉我们，石棚不是墓葬（通常欧洲也是这种情况），而是村子里每个不同氏族成员使用的祭坛。不时有人把祭品放在墓石支架上祭祀已故的先人，巨石的作用是与逝者沟通，连接超自然领域和世俗世界。

这种观念没有与基督教完全融合，基督教也是这里日常生活的一部分。的确，在村子的尽头就有一个圣母玛利亚神殿。约瑟夫告诉我们，在他年轻时，人们还在建石棚和石柱，而现在不再这么做了，这个传统正在消亡。可是，当我问他巨石崇拜的起源时，他给我讲了一个不平常的故事。

他说："我们的祖先是大约 12000 年前，一场大洪水期间，乘船来到这里的。"事实上，似乎整个村子的布局就是为了纪念那艘船。那艘船的驱动不是船帆，而是一台"发动机"。约瑟夫带着我参观了一个巨石房间，大体位于村子的中部，象征原来那艘船的"发动机室"的位置。我问他，所有的巨石都是从哪里来的，他告诉我，它们都是祖先利用特殊"法力"从 20 公里外的伊内列山的山坡移动到这个地方的。他补充说："一位美国学者，确切地说是史密斯教授，已经证实了这个故事。"

提到一个身份，我始终都无法相信的外国研究者的名字，引起了我的注意。照我的看法，整个故事可能根本不是出自土著人之口，而是外面的人编造的，甚至只是一种臆想，然而约瑟夫却认为是事实。当然，我们在弗洛雷斯的其他巨石村里再没有听到过同样的故事。例如，在活果巴鲁，长辈们谈到了一个名叫“达克”的巨人，这人非常巨大，大得曾经单枪匹马把巨石群从伊内列山山坡上搬下来。

不过，所有这些讲述的共通之处似乎都有一种敬畏和魔法的气息。

南海皇后

离开弗洛雷斯，我们从恩德出发，在巴厘岛的登巴萨飞经停，飞往苏门答腊城市巨港，然后由东向西横穿苏门答腊南，在陆上跑了两天。这一次，我们的重点还是巨石，但我们看到的大部分巨石呈现的都是印度教和佛教艺术的影响，形式都是巨大的人物和拟人化人物的塑像，因此肯定不是史前文物。直到走到帕加拉兰城附近山上的咖啡种植园，我们才发现了真正有趣的东西——许多巨大的巨石地下室（见照片），其中一些巨石地下室用红赭石和黑木炭等醒目的颜色描绘了旋涡状图案，旋涡之中可以看出动物形象的端倪。

这里的巨石地下室没有测过年代，但英格兰的西肯尼特龙巴罗或布列塔尼半岛卡纳克的加伏里尼斯等类似石室测定过，历史在5000年以上，法国和西班牙的彩绘洞穴历史更长，例如肖韦的历史可以追溯到33000年以前。苏门答腊彩绘（见照片）与欧洲南部的彩绘有很多共同点，从内行的角度看，这些彩绘具有“内视”模式的特点，表明画家是经验丰富的巫师，正在描绘意识深度改变的状态下看到的景象，这种景象可能是迷幻植物或真菌引起的[36]。

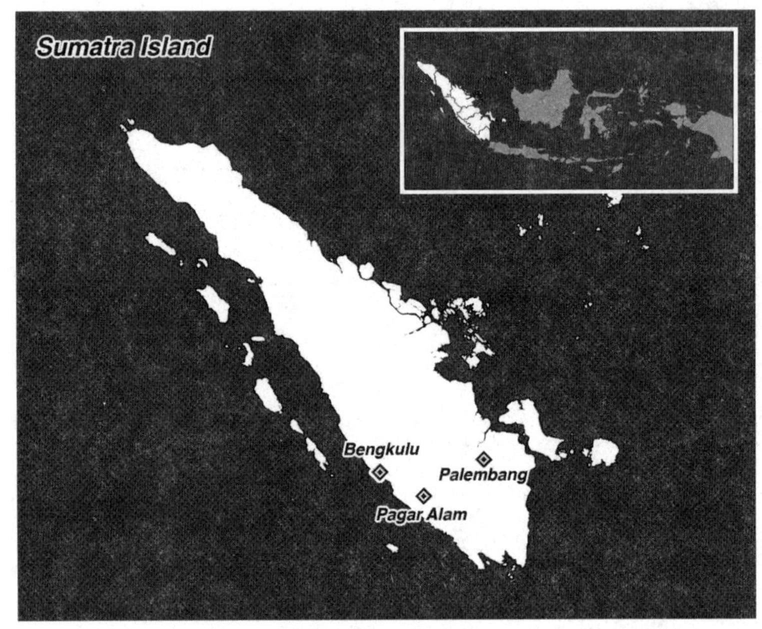

图 71　苏门答腊岛的区域分布图

我们驱车前往朋古鲁市，然后从那飞往雅加达，爪哇岛上那座庞大的不断蔓延的印尼首都。雅加达就像一条巨大的章鱼，一旦它那堵塞的道路像章鱼的触角一样纠缠上了你，要想摆脱非常难。但是，当天晚上晚些时候，我们最终到达了下一个目的地，爪哇西南海岸的皮拉布安拉图，面朝印度洋。我们只是在这过个夜——早上我们会前往另一个内陆巨石遗址——结果，皮拉布安拉图（意思是“女王的港湾”）凭借本身的特点引起了我们的兴趣。事实上，我们所住的萨穆德拉海滩酒店有一个不准任何人预订的房间——308 室，因为这个房间是为南海皇后永久保留的。南海皇后是一位好心的海仙或女神，统治着一座被淹没的城市，偶尔会出现在陆地上与凡间的人类互动。

很显然，我对淹没的城市，尤其是印度尼西亚周围淹没的城市，很感兴趣。这些淹没的城市曾经都是地质学家称之为巽他大陆的某块巨大大陆的一部分。这块巨大的大陆连接着东南亚的其余部分，直到大约 11600 年前都露在水面以上。当海平面在新仙女木末期灾难性地上涨的时候，这一地区失去了更多可居住的土地，包括一块巨大的低洼平原，几乎比地球上其他任何地方都适合居住[37]。虽然时间已接近午夜，我还是坚持要去参观一下 308 室。308 室经过了完全装修，布置得像皇家闺房，墙上画满了南海皇后尼雅依·拉拉·琪杜那富于想象力的绘画。

这是一个浪漫的故事，天知道，也许真有这么回事。当然，不试图揭开人类文明的神秘起源，就可以忽视巽他大陆的快速沉没。在洪水来临之前，巽他大陆土地肥沃，存在四个主要河流系统，那里有着良好的浇灌条件[38]。事实上，正是因为这一点，另外还有一个原因，大约 11600 年前，确切地说，是柏拉图给出的亚特兰蒂斯的沉没时间之前，发生了多次洪水泛滥，所以，同行的地质学家丹尼·那塔威查雅认为印尼是亚特兰蒂斯[39]，并且花了大量精力研究巴东火山的那座巨石金字塔。

巴东火山在我们的北面，距离这里 120 公里。我第一次参观那里是在 2013 年 12 月（具体叙述见第二章），我们打算在结束此次行程的时候返回那里。不过，在此之前，我们还想再去一个地方。这个地方名叫德高格德，在曾库克村附近，位于皮拉布安拉图以北 20 公里的山里。

早上，我们踏上了另一条印尼常有的那种有点令人担忧的险峻道

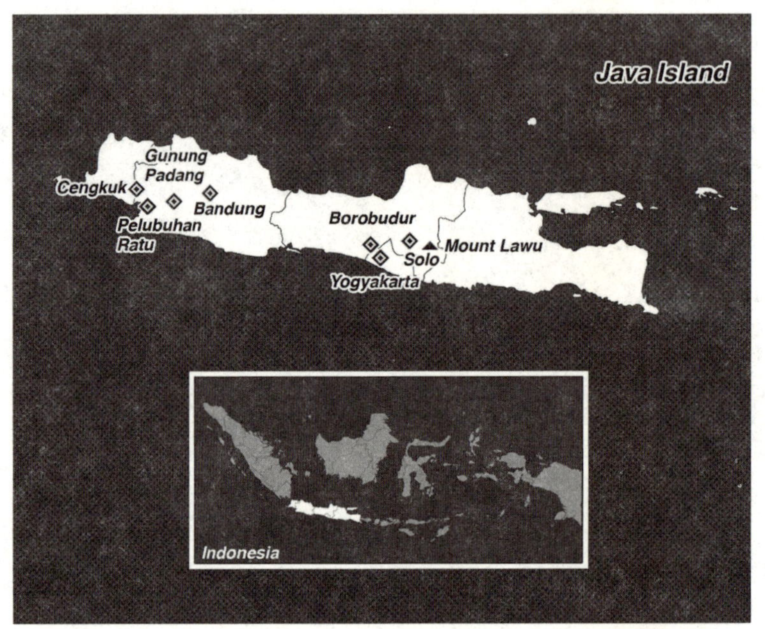

图 72 爪哇岛的区域分布图

路，但我们再一次不虚此行。我们的汽车一直走到无路可走为止，然后下车步行了很长一段路，先通过了香蕉种植园中的一个村庄，再进入了一个相当茂密的森林，最终来到一个神秘的林间空地。空地上有一根巨大的中央石柱，侧面已经成形，像方尖碑一样尖尖的，直直地伸出地面达3米。从桑莎·拂朵所拍的照片看，这根巨石柱周围环绕着一圈较小的石柱，有的倒下了，有的仍然站着，周围还有大量进一步加工的石头，其中许多上面刻有杯状凹图案，与土耳其喀喇汗王朝的杯状凹非常类似。

德高格德一直是某些粗略发掘的主题，其年代似乎没有明确共识。巨石本身被当作史前遗迹——“好几千岁了”，但到底有几千年，似乎没有人知道——之后还有侵入地层，其中发现的陶器和历史文物，只有几百年的历史。当然，这些遗址的位置靠近现在人类的定居点（而且受其影响）。其中最反常的一个发现是一个小石像（见照片）。考古学家在没有很好理由的情况下，假设它是印度教湿婆神的象征，但它身上没有任何与我曾经看到过的湿婆的任何图像存在相似之处——至少我眼睛看到的是这样——它看起来更像是一个粗劣加工过的古埃及雕像，双手交叉，戴着独特的头饰。

主流考古学不相信古埃及人到达过印度尼西亚，所以，从来没有人考虑过这种可能性。然而，埃及令人信服的证据表明，早在法老时代，就曾经有过远距离海洋航行——例如，鉴定年份在公元前 1070 年和公元 395 年之间的九个木乃伊证明了可卡因和烟草的存在，而之前人们认为，在哥伦布时代之前的旧世界，美洲本土植物中一直没有可卡因和烟草[40]。

S·巴拉巴诺瓦、F·保时捷和 W·皮尔西格的这些结论一直不为其他学者所认可。他们认为，古埃及长途海上航行是先验不可能的。例如，埃及古物学者约翰·贝恩斯认为："认为埃及人应该去过美洲的想法是完全荒谬的……我也不认识花时间在这些领域开展研究的任何人，因为没有人能看出这些领域对这个问题有任何真正意义。"[41]然而依我看，贝恩斯这一评论更加清楚地表明，埃及古物学本身存在深层次的问题，考古学普遍存在问题，而不是巴拉巴诺瓦等人有实际根据的事实认定有问题。考古学过于拘泥于某一个刚性参照系，拘泥于什么可能，什么不可能，而往往会忽略、回避或嘲笑挑战这种参照系的证据。在涉及冰河时代失落的文明时也是如此。冰河时代失落的文明除了认为先验不可能之外，也在没有充分理由的情况下，又一次被摒弃了。

同时，由于巴拉巴诺瓦结论的正确性后来得到了证明[42]，所以——我们必须假定——古埃及人的航程的确远至美洲，我认为没有理由忽视他们存在向另外一个方向——向东朝印度尼西亚航行的可能性。事实上，在澳大利亚悉尼东部（见照片）以北，戈斯福德镇附近的一片荒芜的地方，已经发现了古埃及象形文字——虽然这再一次遭到了非议。我曾有机会研究了这些符号本身，但并不认同主流看法，主流看法认为，可以轻易地把他们视为二十世纪的骗局而不予考虑。相反，近期（2014 年 10 月）象形文字专家穆罕默德·易卜拉欣和优素福·阿卜杜勒·哈基姆·阿吾彦的字形解密得出了如下结论：

> 戈斯福德字形不仅合乎逻辑，文士们还准确地使用了几种古老的象形文字和语法变化，而至关紧要的是，直到 2012 年，在埃及象形文字的文本记载中都没有出现语法变化，这直接斥驳了所有长期“骗局”论。所采用的象形文字的具体样式还提供了一种语言学时间框架，即至少 2500 年前，在澳大利亚就有埃及人存在，而翻译文本更加详细，确定了古代文士的名字和职业。[43]

我不是说这种情况已成定论，戈斯福德字形可能会也可能不会是一个骗局，解决这个问题还需要更多努力。但我的观点是，正统考古学家以先验假设为由否定过去发生的事情，拒绝对过去的确发生过的事情进行广泛调查，这种学术是浅薄的。因此，在我看来，我们不应该简单地排除古埃及人可能不仅已到达美洲，而且还到达了印尼和澳大利亚的可能性，我们应该问问自己，这样的航程为什么会发生，发生在什么样的时间跨度。我尤其想知道，《埃德夫神庙建筑文本》强烈表达的东方某个地方是诸神被淹没的祖国这一传统，有没有可能与这个谜有关。

具体而言就是，这个一度是东南亚大陆的一部分，在冰河时代末期灾难性海平面上升过程中分解成 13000 多个岛屿的印度尼西亚——特别是拥有 45 座活火山的爪哇——在古埃人的头脑中一直与“火之岛”相关吗？R·T·朗德尔·克拉克为何把“火岛”描述为“超越地平线的神秘的起源地[44]？”

这个“火之岛”就是与我们在第十一章已经看到的那个凤凰从此处出发远行，把生死攸关的魔法精髓带到赫利奥波利斯的长途旅程的起点——地球的象征性中心和肚脐吗[45]？

火之岛与埃德夫的太阳神荷露斯直接相关[46]，圣人图特——“智慧之主”为男女诸神建立了神殿[47]？

正统考古学的流毒

我们 2014 年印尼之旅的最后一站把我们带回了巴东火山，那座神秘的金字塔。好长时间，人们都认为那是一座天然山丘，以至于地质学家丹尼·那塔威查雅通过坚定的努力引起了世界的关注。这一点我就不再叙述了，因为我已经在第二章介绍给读者了。

我们已经看到，巴东火山阶地最高处引人瞩目的柱状玄武岩巨石遗址只是其漫长故事中的最新插曲；我们也知道，丹尼及其团队如何利用地震层析成像、探地雷达以及其他遥感技术，探明人造结构深入地面以下达几十米之深。对这些地下结构实施了岩心钻探，取出了原产地无可挑剔的有机物质，古碳测定日期向前延伸，最终到达了

22000 余年前——最后一个冰河时代结束之前。根据猜测（依据正统的考古模型），当时我们的祖先应该一直是原始狩猎采集者，没有大规模建设和创造工程壮举的能力。值得玩味地说，我在第二章已经介绍过了，遥感设备标记出，在金字塔深处，似乎存在三个密室。三个密室呈直线排列，形状极其规则，因此，不可能是天然产物。其中最大一个密室，深度在 21.3 米和 27.4 米之间（70 英尺至 90 英尺）。根据测量，其尺寸大约为 13.7 米（45 英尺）×9.1 米（30 英尺）×5.5 米（18 英尺）[48]。

2014 年 6 月初，我们访问巴东火山期间，挖掘工作仍然在考古学家们的反对下无法进行，但到 8 月份，继印尼当时的总统苏西洛·班邦·尤多约诺果断介入之后，丹尼及其团队终于得以开始第一个短暂挖掘了。然而遗憾的是，在苏西洛总统 2014 年 10 月结束第二个任期下台之后，这项工作很快被叫停。他的继任者佐科威总统对这个项目没有显示出同样的兴趣和热情，这也许是因为万隆考古中心主任德士丽·香提的极力反对造成的。德士丽·香提 2014 年 9 月底发起了对巴东火山发掘的公开抨击，她抱怨他们没有采用考古项目通常采用的标准方法。“我还没有去现场。”她说，“但我可以根据照片判断出来，考古挖掘方法不应该以那种方式开展。”[49] 此外，她之所以反对，还因为已经分配给这项工程的资金——她觉得，这笔资金应该划归自己的部门[50]。

读者可以根据第二章回忆一下，2014 年 10 月初，丹尼曾经热情洋溢地给我写了这样一封信：

研究一直进展得非常顺利。过去几个星期，我们又在巨石遗址的正上方挖掘出了三个地点，给地下结构提供了更多证据和细节。我们已经在出土文物中发现了更多石头文物。现在，巨石遗址下方存在金字塔状结构，这一点已经一清二楚了。即使是非专业人士，如果他们亲自过来看看，理解起来也不会太难。我们已经发现，在 5-7 米厚的土壤下面，埋藏着某种开放式大厅，但我们还没有进入主室。我们的钻井工作现在正在接近巨石遗址中部密室的疑似位置（根据地下地球物理资料判断）。[51]

仅仅几天之后，丹尼给我发了封邮件，告诉我总统宝座易主，钻探和发掘被迫停了下来。尽管如此，第一次时间不长即被迫中断的挖掘工作还是取得了重要成果。正如丹尼在他写给我的信件中所证实的，即使他们有时间挖掘出所有地层中相对年轻的地层——巨石遗址下的第二个人造柱状岩石层——射碳测定日期也是公元前 5200 年（即 7200 年以前，比埃及吉萨金字塔正统测定年代早近 3000 年），而且原来的遥感和岩心钻探工作有可靠的迹象表明，其下存在更古老的地层[52]。总之，现在大家有目共睹的是，巴东火山极其古老，远非考古学家几十年来一直坚持的 3000 年历史。因此，即使是他们之中反对最强烈的人，也开始重新构建该遗址的评估框架，把它称为“一个巨大的台阶形墓地，是该群岛最大的巨石文化的一部分”[53]。

在这本书的写作过程中，我与丹尼一直保持着联系。2015 年 1 月 14 日，他在发给我的电子邮件中向我透露了一个令人失望的消息，进一步开展实地考察的申请仍未获得批准。他写道：“我们仍在等待新政府对巴东火山国家工作组继续开展工作做出指示。”他补充说，他对过渡期间“由市政工程、旅游部门和其他……”在巴东火山开展建设活动感到担忧，“他们没有明确的计划 / 设计，也不和我们协商，所以他们正在摧毁这个遗址”。但他仍持乐观态度，他和自己的团队不久就会得到允许继续进行发掘工作。如果真是这样，他说：“到 2015 年底，我希望了解有关第二层（7000 年的建筑物）的更多东西，并且开始了解第三层（1 万年之前）的情况。”[54]

2015 年 3 月 10 日，我又收到了丹尼的来信。最值得庆幸的是，他在信中只是说，从他 1 月 14 日发出最后一封邮件以来，事情一直没有进展：

新组建的“文化部”还没有成立国家工作组。我们仍然在等待，希望新文化部对巴东火山研究能抱着良好的态度。[55]

时间会证明一切，但事情感觉有些不妙，随着《上帝的魔法师》的出版，我担心，正统考古学的阴魂可能会再次抢占上风。在这种阴魂笼罩之下，似乎形成了一种深思熟虑的战略，阻止我们了解过去的真相。在巴东火山，在年代大约 7000 年前至 1 万年前的地层之下，是更古老的人工建筑物地层。这些地层既尚未发掘又未经过勘探，只利用岩芯钻探和遥感设备做过识别，但是可以追溯到新仙女木事件的灾难性事件之前（12800 年前到 11600 年前）并深入到上一个冰河时期。上一个冰河时期，失落的文明仍然繁荣——我们只能通过神话和传说以及幸存者的作品了解失落的文明，因为幸存者们曾试图重建“从前的神的世界”。

作为该文明可能在其中进化并发育成熟的心脏地带，印度尼西亚必须置身于地球上任何最合理的候选地名单之中。认识到这一点，包括丹尼·那塔威查雅和雅利锡奥·桑托斯教授在内的许多严肃的研究者已经提出了证据，证明柏拉图关于大西洋中亚特兰蒂斯的位置被曲解了[56]。他们所说的所有线索都真实对准了东方，印度洋和太平洋之间那个失落文明的位置——即，恰恰是一度被“被淹没的冰期”巽他大陆占据的地方，其中印尼岛屿仍然遗留下来的残余部分。主流考古学仍然固执地不肯承认以任何名称建立的任何失落文明的概念，不论人们认为它位于西方还是东方。然而，在我看来，围绕印尼早已有了足够多古老的“极其奇异的事件”，令人对这样的思维提出疑问。举几个例子：

• 我以前已经提到，弗洛里斯人，即“霍比特人”，很可能是与我们完全不同的人种，是通过历时几万年另外的进化过程生存下来的人种，而我们自己[57]是地球上已经消失的安德特人与丹尼索瓦人的后代。耐人寻味的是，弗洛里斯人灭绝的时间似乎一直在 12000 年前徘徊[58]——这正好是新仙女木世界末日的时间窗口。

• 2014 年 10 月 8 日出版的著名学术期刊《自然》以令人惊讶的语气报道，在印度尼西亚的苏拉威西岛，发现了绘制得精美复杂的洞穴壁画，壁画的年龄至少有 39900 岁，这使该项艺术的古老程度可与在欧洲发现的与之相当的任何东西匹敌，或更加古老——以往欧洲被认为是这种先进的早期象征性特点的唯一故乡[59]。

• 这次，又是《自然》在 2015 年 2 月 12 日发表了在爪哇发现雕刻几何图案的报道，“通常被解释为现代认知和行为的象征”，其年代可追溯到五十万年前——这比人们想象的地球上解剖学意义上的现代人首次出现的时间早了 30 万年[60]。

如果像这样改写人类历史的证据在印尼一直未被发现，那么，还有多少东西仍然有待发现呢？为什么考古学家下次挥动“铲子”不会翻出前所未有的尚未识别的文明呢？假如由于冰河时代结束末期，海平面上升了100多米，致使这里整个地区遭受了地形上的巨大损失，那么，一切都是有可能的。这就是巴东火山之所以非常重要的原因。而最重要的，或许是那个巨大的密室，那个地面穿透雷达和其他遥感技术确定的，深深地躺在背斜顶之下70英尺至90英尺之间的金字塔内的巨大密室。

那是这个失落文明的“档案库”吗？

又是一个谜，只有时间才能解答……

火焰山与灰烬之山

巴东火山不是我们2014年6月研究之旅的真正结束。在重新探索了那个令人神往的遗址之后，在其古老、醇厚又略带困惑的气氛的吸引之下，我们比以往任何时候都更清楚地明白了，它至今仍然被热爱和敬畏它的当地人民称为“闪电之山”的原因。于是，我和桑莎返回了该地区的首府万隆，第二天在那里乘火车旅行了七个小时前往爪哇中部的城市日惹，我们要在传说中的婆罗浮屠佛教寺院盘桓几日。

在火车上的旅程是……有趣的，旅途看到了无边的景色，稻田、群山、绿树绽放着无限生机，友好忙碌的人们令人喜悦。我们到达日惹正是夜幕降临的时候，第二天早上我们在凌晨4时就起床驱车赶往盘撒克赛土姆布（Punthuk Setumbu）。这里是一个山坡。站在这里，可以俯视婆罗浮屠矗立的山谷。空气并不寒冷——这里从来没有真正寒冷过——但非常清新，我们脚下是无边的黑暗……意料中的黑暗，因为这正是婆罗浮屠吸引人的地方，这片黑暗很快就会被太阳照亮。

太阳升起的速度并不快，光线渗入天空，渐渐照亮了森林茂密的山腹和下面的山谷，展现在我们面前的是远处同样傲视婆罗浮屠的高耸的双火山——仍然活跃着的默拉皮火山（字面意思是“火焰山”）和目前处于休眠状态的默巴布火山（“灰烬之山”）。早上5点左右，地毯般覆盖着谷底的茂密树木开始变得隐约可见，尽管周围笼罩着低低的云雾，一会儿工夫，一股风的气息激起了水雾，让我们第一次看到了那巨大的锯齿状的金字塔形婆罗浮屠。婆罗浮屠之上是高耸入云的佛塔，一根宇宙之轴凌空而上，穿过地球之脐，连接着天地。随着太阳的升起，水雾盘旋着扩散开来，在树木之间缠绕着，卷曲着，在山谷的深部汇聚。而在水雾之上，婆罗浮屠脱颖而出，清晰可见，恰似黎明时分露出的神秘岛屿的一部分。

在接到这个诱人的访问邀请之后，我恨不得马上就赶到那里，但我们今天还另有计划，于是驱车东行，离开日惹，驶往苏腊卡尔塔城（当地居民通常称其为梭罗），然后继续东行，前往另一个巨大的休眠火山——拉武火山。似乎整个爪哇都盘踞着这些沉睡的巨人，过去他们的澎湃赐予了这座岛屿得天独厚的养分，使土壤惊人地葱茏、肥沃、富饶。

我们沿着曲折的山路，蜿蜒向上，穿过闪闪发光的绿色茶园，一直走到一个海拔910米（约2990英尺）的地方，从这里看，火山山峰仍然高高地耸立在我们上方2000多米处。我们到达的地方是个小村庄，丹尼·那塔威查雅曾建议我们在这里看一看，一个相当奇怪和神秘的小寺庙——苏库坎蒂。“这里似乎与印尼不相称。”他告诉我们，“它看起来更像是一座玛雅阶梯形金字塔。”

事实证明，这一点完全正确。读者可以从照片上确认，苏库坎蒂规模虽然比较小，总体外观却与尤卡坦奇琴伊察库库尔坎/羽蛇神的阶梯形金字塔惊人地相似。苏库坎蒂建于十五世纪，正好处在印尼从印度教和佛教向伊斯兰教转换之前。但是，为什么要修建这座神庙，换句话说，为什么要修建一座与印尼风格格格不入的神庙，对于学术界来说，仍然是一个谜。尽管库库尔坎金字塔周围环绕着一座比较古老的建筑，但作为其现世的化身，库库尔坎金字塔被认为在九世纪和十二世纪之间就已建成。因此，数千里的距离和几百年的时间把这两个结构分隔开来，其中一个对另外一直产生任何直接影响的可能性是微乎其微的。但是，在我探查苏库坎蒂期间——苏库坎蒂弥漫着一种神秘的空气，傍晚的雾气盘绕着整个山腰，强化了雾气的影响——我发现自己正在思量，这种相似性是否纯属意外，抑或解释为两个远古同源区域互相影响所致。

信号

当然，这种影响在婆罗浮屠是存在的，婆罗浮屠是一座由160万块火山安山岩构成的金字塔形神庙[61]，修建时间从公元八世纪的最后25年到公元九世纪的前25年，跨越了50年的时间[62]。没有任何铭文，事实上几乎没有任何形式的铭刻[63]。但是毋庸置疑，这是一个佛教纪念碑——这一事实几乎无人置疑，因为其大量精美漂亮的浮雕大部分描述的都是佛的生平故事。在佛教思想里，它被视为——

一座宇宙之山，一个宇宙的神圣翻版，旨在引导朝圣者实现全面教化、菩提，使菩萨成佛——佛教的终极目标——的神圣庙宇……皈依者循着一条通往山顶的道路上山，右肩自始至终朝着纪念碑。随后山路继续指引着皈依者前行……路旁会出现许多画廊，画廊里的嵌板上显示的石雕场景，其中刻画的佛教徒性格鲜明，已得到确认，描绘的是古佛教经文里的故事。[64]

绕着纪念碑顺时针勘查，你会渐渐从地上走到天上，中途经过504尊真人大小的佛像——其中432尊在方形阶梯式平台之上，其余72尊在3个圆形平台上，平台位于顶峰之上，周围是中央大佛塔。另外，我们通过4个浅浮雕画廊计算了正确的朝圣路线，结果表明，路径的方向——

以及走过每个画廊的次数，是由画廊通道每一侧的浮雕决定的。为了按照正确顺序“阅读”每一幅浮雕，信徒们被迫沿顺时针方向绕着画廊转足十圈。这样，每个信徒到达峰顶入口之前会在一尊佛像面前另外经过2160次……[65]

读者会像我当初绕着婆罗浮屠巡游时那样立刻意识到，带着这些数字，我们再一次回忆起了前面几个章节描述的神秘、紧急、通用的数字代码。我们已经注意到，这个代码基于观察岁差现象的困难程度，岁差每72年才显露一度，即2160年才能看到赤道太阳依次进入黄道十二宫的每个星座，利用这种现象，按1:432000的比例尺把吉萨大金字塔制成了一个地球模型。

这种现象同样出现在巴勒贝克，出现在哥贝克力石阵，现在又出现在这里——婆罗浮屠，而且以神话和传统的形式出现在世界各地。而这只能解释为遥远的共同影响在这些地方以这些形式表现的结果——乔治·德·桑蒂拉纳和赫塔·冯·戴程德确定的“几乎令人难以置信的”祖先文明，“第一个敢于认为世界是按数目、重量和测量结果”创造的[66]。

我在这本书的很多地方都提出过，凭我的直觉，这个失落的文明试图向未来——事实上向今天的我们，二十一世纪的我们——发出一个信号，这个信号的载波就是岁差代码。

为了确保信息在漫长的岁月中生存下来，采用了两种不同的保护措施。

第一，它嵌入在神话传说以及数学和建筑规则中，会被接受它们的不同文化传递，并且一次次地修复，从而增强这个信号，允许它成千上万年保持完整无缺。即使经其双手或头脑传递此信号的人们并不理解其中含义和神圣传统的分量，即使人们老得白发苍苍，也会确保继续把它传递下去，并尽自己的最大努力使其免受干扰。

第二，信号以硬件实现的方式被固定在可靠的巨石遗址上。这些遗址有些被隐藏在像吉萨金字塔这样能被清晰地看到的地方，根据“神”典，千百年来，延续下来的文化继续对其起作用和加以完善。另外一些则埋在地下——类似于哥贝克力石阵的时间胶囊，也许就像深埋在巴东火山地下深处的那个神秘密室一样——等待时机来临时重见天日。

“地球上肯定存在彰显其手工艺制品的丰碑。”《赫尔墨斯圣戒》（the Sacred Sermon of Hermes）一书告诉我们，“在循环期更新时，留下朦胧的痕迹”。[67]

G·R·S·米德是诺斯替和赫尔墨斯研究领域的先驱学者。根据他的说法，这些信息是为了把我们的注意力重新引向过去：

引向一个强大的种族致力于智慧成长的时代，他们生活在地球上，以手工作品的形式留下了代表其智慧的伟大丰碑，留下了准备在"复兴时代"重见天日的朦胧痕迹……[68]

米德在这里找到了古老的信念：

曾经存在火和水交替毁灭期与恢复期[69]。在埃及，人们的共同信念……是，最后的毁灭是水和洪水造成的。在洪水来临之前……曾经存在过一个强大的埃及种族，这个种族就是第一个赫尔墨斯种族……有关这个逝去了的、热爱文明的智慧民族，其浩荡工程的一些朦胧痕迹，仍然有待观察……[70]

米德补充道（没有几个现代学者敢这样做）：

我本人强烈倾向于相信这个传说。我有时猜测存在这样的可能性，那就是，其中一个或多个金字塔下面埋藏着在大洪水中幸存下来的一些史前建筑遗迹。[71]

《赫尔墨斯文献》还有更多内容涉及这一主题，而且专门涉及了"图特之书"中的一个提示，关于图特－赫尔墨斯本人的创作以及其目的的提示：

他把自己所知道的都刻在了石头上。但是，虽然把它们刻在了石头上，他却把它们大部分都隐藏了起来，即使口头交流时也只字未提，因此后世的每一代人都可以追寻它们。[72]

智慧之神在自己写出的书里发出了这样的声音，承认自己也是“非永恒的”——因此，也许他不是神，只是一个不免一死的凡人：

《叶圣书》出自我这个凡夫俗子之手，而不是出自一双涂抹了不灭神药的圣人之手……直到上天垂垂老矣，才会产生配得上汝等的生物，在此之前，这片土地上来来回回的人都看不见，也发现不了它……[73]

米德没有为“生物”这个词汇——有时也译作“工具”——提供解释，而沃尔特·斯科特爵士则在他自己编辑的那版《赫尔墨斯文献》中给出了解释。“在经历漫长的时间之后”，他说，这个词的意思是“将会有配得上阅读《赫尔墨斯之书》的人出世”[74]。

那个时代到来了吗？

我们最终配读那些大洪水来临之前隐藏起来的失落智慧之“书”吗？

如果答案是肯定的，那么，他们会说些什么呢？

第八部

结尾

Part Ⅵ

Closure

第十九章 下一个失落的文明？

从遥远的过去流传下来的两千多个关于洪水的神话在许多问题上都出奇的一致，其中一点尤其如此：我们被告知，大灾难不是一个偶然发生的事件，是我们自己的行为导致它降临在人类身上。

我们傲慢而残酷地对待彼此，内心充满浮躁、争斗和邪恶，这激怒了众神。我们不再培育精神世界，不再热爱和照料土地，不再充满敬畏和好奇心地看待宇宙。我们被成功冲昏了头脑，以至忘记了如何适度地维持繁荣。

柏拉图告诉我们，曾经善良慷慨的亚特兰蒂斯人民也是如此，他们昔日的确拥有“一些见识，以智慧和宽容处世和面对变幻莫测的命运”，但成就感使他们变得唯我独尊，陷入极端唯物主义、贪婪和暴力：

> 就目光敏锐的人看来，他们退化的深度是足够清晰的，但对于那些对真正的幸福判断有误的人来说，在追求肆无忌惮的野心和权力的过程中，他们似乎正处在追名逐利的巅峰时期。[1]

如果说曾经有一个社会满足了失落文明的所有神话标准，那么很明显，我们的社会不就是如此？我们污染和忽视偌大的地球花园，蹂躏其资源，滥用海洋和热带雨林；痛苦的地区和宗派冲突使我们彼此仇恨，怀疑；当数以百万计的人们在受苦，我们一贯持袖手旁观、无所作为的态度；我们有无知、狭隘的种族主义和排他主义的宗教；我们忘记了，其实我们所有人都是兄弟姐妹；我们有好战的沙文主义，并以民族、信仰或只是出于简单的贪婪欲望而沉迷于可怕的暴行；唯物主义科学的胜利助长了我们受自尊心驱使，着了魔般地生产和消费物质产品。完全不存在精神这回事，我们只是化学和生物学的意外产物。至少在神话中，这所有的事情对我们并不利。

同时，我们使自己拥有如此先进的技术，它们几乎像魔术，在我们的日常生活中不断被使用。计算机科学，互联网，航空，电视，电信，太空探索，基因工程，核武器，纳米技术，移植手术……这样的例子不胜枚举，但我们当中很少有人能够了解这些技术的哪怕一小部分是如何工作的。随着各种技术层出不穷，人类的精神世界变得枯萎，开始参与“各种形式的犯罪、战争、抢劫和欺诈，以及所有与灵魂本质相悖的事情”[2]。

假设一场大灾难降临在我们面前，这场灾难如此巨大、复杂，铺天盖地，以致高度专业化的科技文明都崩溃掉——崩溃到完全万劫不复的地步。假如这样的情境到来，很可能正是那些最温顺最边缘化的人群——例如，如今居住在亚马逊丛林和卡拉哈里沙漠的狩猎采集者，他们习惯于凑合着过日子，而且他们的生存技能值得仿效——恰恰能够躲过灾难，并在灾难后的时代继续谱写人类的故事。

他们的后代如何在一千年或一万年后还记得我们？打个比方，我们视为常规的那些东西——譬如我们有能力接受 24 小时滚动的电视新闻，听到和看到来自世界各地甚至外太空的声音和图像——会在神话和传统中被追忆吗？正如危地马拉的玛雅人在圣书《波波尔·乌》中这样记载他们的“祖先”：

他们被赋予了智慧；他们可以在一瞬间看得很远；他们能够成功地看到和知晓世界上发生的一切事情。当他们用目光巡视，立即就可以看到周围的一切，于是他们反过来思考天的穹顶和地球圆形的表面。他们如此有智慧，他们的视线达到了森林、湖泊、海洋、山脉和山谷。[3]

然而，与许多似乎能联想起史前先进、失落文明的其他记忆一样，我们知道在适当的时候，“祖先”变得无比傲慢自大，使得众神不禁心生疑问：“难道他们和我们不同？让我们去看一下他们的欲望，因为我们所看到的并不好。”[4]惩罚很快接踵而至——

天空中的迷雾吹入他们的眼睛，笼罩了他们的视线，就像镜子上被吹了一口气。他们的视线感到模糊，只能看到很近很清晰的东西。如此一来，“祖先们”全部的智慧和知识就这样被摧毁。[5]

有趣的是，诸神使我们的祖先束手无措的方式在《波波尔·乌》中有所描述：

大洪水暴发……沉重的树脂从天而降……地球表面变暗，黑雨开始不分昼夜地降落……[6]太阳和月亮都被遮蔽起来……[7]随之而来的是

大量的冰雹、黑雨、雾和难以形容的寒冷……[8]

所有这些现象非常准确地反映了12800年前新仙女木寒冷期伊始折磨地球的那场大灾难的复杂性。我们在第二部分呈现的大量证据表明，许多科学家现在可以肯定，地球曾被一颗巨型彗星的几个大碎片击中。

在我看来，我们需要注意这些描述以及将其组合在一起的细节，无论是从墨西哥、秘鲁、复活节岛、美索不达米亚、古埃及、古代迦南还是土耳其流传下来的信息，都值得留意。我写这本书正是出于这个原因。这很有趣，例如，关于洪水和灾难的背景，《波波尔・乌》中提到了"鱼人"[9]，酷似美索不达米亚的阿普卡尔先哲（"他们长着鱼的身子，但是鱼头下方还连接着另一个头，是人头，人头连接到鱼尾，很像一个人"）[10]。古玛雅人的传说里称，这些鱼人极像阿普卡尔先哲，拥有神奇的力量，并"制造过许多奇迹"[11]。

因此，并不奇怪的是，以古库玛兹[12]为名，出现在《波波尔・乌》中的文明使者羽蛇神竟然会通过墨西哥湾拉文塔上的一个古老的图像展示出来，在那个图像中，羽蛇神手持的袋子或桶与美索不达米亚的浮雕上阿普卡尔先哲手持的物件一模一样。而土耳其的哥贝克力石阵的第43根巨石柱上也有同样的图像。拉文塔是奥尔梅克人神秘的早期文明的中心。奥尔梅克人遗留下蓄着大胡子男人的雕像，雕像上的人看上去一点儿也不像美洲原住民，而像美索不达米亚浮雕和玻利维亚蒂亚瓦纳科的康提基号雕像上显示的蓄着胡子的人像——再次暗示有一群人试图传播世界各地的文化。此外，人们普遍认识到，玛雅人以非凡的天文知识著名，这一非凡的知识体系是由奥尔梅克人传承给他们的，而玛雅历法本身最好被理解为奥尔梅克遗产的一部分。

正如我们在第十五章所见，玛雅历法的一个大周期于 2012 年 12 月 21 日结束，该结束日期标志着冬至日的太阳和银河系的中心 26000 年一次的合点——由于太阳的直径和肉眼天文学的限制，该合点本身并不是跨越 80 年（1960-2040）的一个精确时间。同样，我们看到哥贝克力石阵的第 43 根巨石柱是使用太阳和星座象征来描绘完全相同的时间节点的。

我的直觉是，玛雅历法和哥贝克力石阵的巨石柱都在尝试使用岁差代码向未来传递信息。我透过金字塔和吉萨的大狮身人面像形成的庞大的地址印痕也看到了这一信息的线性特征。使用相同的代码，加之它们与猎户座和狮子座的关系，这些古迹将我们的注意力拉回到 12800-11600 年前的新仙女木期（见第十一章）。

这里的时间并不像哥贝克力石阵的巨石柱和玛雅历法所提供的时间那么精确。碳十四的解析证据意味着上下 150 年的误差必须被允许。换言之，新仙女木彗星——为了方便起见，将其称为“凤凰”——最迟在 12650 年前（即公元前 10635 年）或早在 12950 年前（即公元前 10935 年）击中地球。

半个岁差周期为 12960 年（据索林诺斯报告，特别精确计算的“凤凰”回归时间或为 12954 年[13]），因此我们可以考虑一个时期，从写这本书开始算起的十年之后，即公元 2025 年，直到公元 2325 年这个时期才能被认为是安全的。然而，正如我们所见，玛雅历法和哥贝克力石阵的第 43 根巨石柱的计算更为精确。如果我理解没错的话，我们现在处在危险期，它将一直持续到 2040 年。我想起了第三章里援引的一个奥吉布瓦人讲述的传统：

当有一天，这颗拖着又长又宽尾巴的星星再次降低，它将毁灭世界。这颗彗星被称为“长尾登天星”（Long-Tailed Heavenly Climbing Star）。几千年前，它来到这里一次。就像太阳一样，它的尾巴有辐射和灼人的热量。

这颗彗星彻底烧毁了一切。没有任何东西留下来。这件事发生之前，印第安人已经生活在地球上。但是情况变糟了，很多人放弃追求灵性之路。在彗星到来的很长时间之前，圣灵就警告过他们。巫医告诉大家要做好准备。

地球上的大自然出现了问题……然后，那颗彗星经过这里。它拖着一条又长又宽的尾巴，这条尾巴烧毁了一切。彗星飞行得如此之低，它的尾巴烤焦了大地……彗星使世界完全变了样。自那以后，生存变得很艰难。天气比以前更冷……[14]

在此与全球各地的神话和传统一起暗示彗星有可能上演“大回归”，是否有些危言耸听？

是不是由于我阅读了太多关于古代遗迹和历法，以及遍及所有文化的事实，因此总是带着恐惧和厌恶的情绪去考量彗星，并认为它是厄运和毁灭即将到来的预兆？[15]

我不知道这些问题的正确答案是什么。从个人的角度来看，作为一个慈爱的父亲和祖父，我非常希望没有这样的危险，但是假如有这样的危险，我们却对问题视而不见，假装没有什么可担心且不采取行动，则是愚蠢的。因此，我必须指出，关于这个问题，最前沿的科学与古老的智慧完全一致。

的确存在危险。

历史的根基并不牢靠

关于如何看待人类文明的发展，我们的思考模式正在发生深远的转变。正如第五章末尾提到的，考古学家一直习惯于认为宇宙碰撞——据说每数百万年才发生一回——在很大程度上与晚期智人长达200000年的历史并无关系。当我们认为最后一次巨大的宇宙碰撞是6500万年前小行星撞击地球导致恐龙灭绝这一事件，那么试图将这样一个几乎无法想象规模的宇宙事故以任何方式与更短的“历史”时间框架联系起来几乎没有意义。但是，科学家针对新仙女木事件提出的噩梦般的结果在本书第二部分得到了大量令人信服的证据的支持——即在12800年前，发生了一个巨大的、惊天动地的灭绝级事件。这一事件改变了一切……

首先，这意味着我们所有的学校和高等学府所教授的作为“事实”的历史时间表，从旧石器时代到新石器时代所经历的那些缓慢而痛苦的步骤，农业的发展，第一批城市的兴起，等等——简言之，考古学关于文明的起源已得出的所有结论——都是基于错误的基础。现在，我们知道自从恐龙灭绝以来，现有的历史范式并没有包括一场最大的灾难，因此除了“错误的”，还能用什么其他的词汇拿来形容现有的历史？此外，这场灾难出现在一段非常特殊和非常近的时期，即12800至11600年前的新仙女木期，随之而来的是土耳其哥贝克力石阵出现的第一批文明的迹象，再后来这些文明的迹象又出现在世界各地的其他许多地方。

考古学家现在认识到，文明生活中的这些早期实践正好发生在新仙女木事件之后，但不考虑造成新仙女木事件的宇宙碰撞所释放出巨大的全球创伤和破坏才是学术上的真正失误。更糟糕的是，未能投入片刻的时间去考虑这样的可能性，即人类的历史——甚至史前古物的伟大文明——有可能因为这些宇宙碰撞、洪水、黑雨、天空一片黑暗的时期以及接踵而至的难以言表的寒冷而从历史记录上被抹去。

假如我们的文明遭受过一系列巨大的冲击，我们是否能够生存下去？

所有的迹象表明，我们无法生存。在我看来，这就是人们日益认识到新仙女木彗星使考古学家们至少不再进一步轻蔑“亚特兰蒂斯”，以及关于失落的冰河时代的那些流传到我们手上的其他传闻的原因。他们不再极尽所能地驳斥、轻视和调侃神话、奇异的古迹，以及人类历史上一大段被遗忘的其他诱人的线索和蛛丝马迹。他们意识到，12800 年前彗星撞击的证据要求利用全部的科学资源对这些神秘的事物进行彻底调查。

动机？

在实施这样的调查之前，需要克服很大的阻力。出于同样的原因，詹姆斯·肯尼特、艾伦·韦斯特、理查德·费尔斯通及其他新仙女木事件的主要研究人员面临着来自他们那些持“均变论”思想的同事们施加的阻力。正如肯尼特所观察，新仙女木事件挑战了多个领域的现有范式——不仅涉及考古学，还包括生物学、古海洋学、古气候学和冲击动力学[16]。

当一个人提出的新证据得罪了许多持不同意见的人，那么势必遭到反对。然而，学术权力之争是一回事，关于一个威胁到人类未来的真正存在的危险，仅仅因为认识到它的存在而要求一些学者放弃一贯奉行的立场以免我们所有人被这种危险蒙在鼓里又是另一回事。

这似乎卷入了意识形态的攻击，伪装成真正的批评，对肯尼特、韦斯特、费尔斯通等人的工作进行攻击——正如我们本书第二部分内容所见，这些攻击曾多次被大力反驳。可以预见的是，只要缺乏远见的地方主义在科学领域依旧盛行，这类攻击就会继续存在，全然压倒新证据。

这不仅是一场学术领域的争夺战，事实上更像一个隐藏令人不快的真相的阴谋。在编纂《上帝的魔法师》一书的过程中，我与艾伦·韦斯特通过电子邮件进行了很多交流，因为我想要核对事实，而他是新仙女木事件学术论文通讯作者中的一员。我们的讨论变得相当广泛，有一次他写道：

> 我想，你的新书将向更多的观众揭示彗星假说，这非常有利于我们的地球，因为这个具有冲击力的话题不仅仅是过去的有趣历史。新仙女木事件是毁灭性的，如今比其更小的彗星可能会摧毁一个城市、地区或国家，这一点已经更为频繁地得到美国宇航局和欧洲航天局的公开承认，并且越来越多的人也对此有了更多的意识。[17]

关于彗星撞击这一显然刻意压制的话题，尤其是新仙女木事件，我给韦斯特回复的电子邮件如下：

> 这些年来，我一次又一次地看到灾变论思想是如何被粗劣地对待的。我想，我不应该惊讶于评论家们如此一致的敌视态度。他们扭曲事实，不断地为彗星理论鼓吹最新的“安魂曲”——事实上根本不是安魂曲，而只是宣传！尽管如此，我不禁感到有些古怪的是，评论家

似乎都在刻意忽略他们已经提出的重要证据，目的是产生类似“研究对屠杀猛犸象的影响提出怀疑”这样的标题，或者说像“撞击理论对于叙利亚遗址而言已然过时”这样的事情，而事实上这个理论根本没有“过时”！

难道仅仅因为他们迫切希望这个世界是一个安全且可预测的地方，因此通过在论文中捏造事实来实现自己的愿望？抑或他们的工作中还有一些其他动机？[18]

韦斯特的答复是耐人寻味的：

这当然是一个方面。有一个评论家对我这样抱怨道：“如果你是对的，我们将不得不重新编写教科书！”仿佛这是一件坏事……但奇怪的是，我们一些最毒舌的评论家都与美国宇航局和政府有关联。美国宇航局的某位职员告诉我，对撞击理论带来的威胁持反对态度在美国宇航局已是根深蒂固，直到现如今才慢慢开始改变。几十年前，当美国宇航局已经明显认识到小行星和彗星是严重的威胁时，其员工应政府高级官员的指示淡化这种危险。政府担心民众会对太空陨石感到“恐慌”，进而要求采取行动。而美国宇航局对此无法做任何事情，因此不想承认这一点。此外，试图减轻撞击理论的危害会使美国宇航局用尽本该投入其他地方的资金。[19]

黑暗中的旅行者

早在 1990 年，在新仙女木彗星撞击的任何物理及地质证据被发现之前，天体物理学家维克托·克鲁勃和天文学家比尔·纳皮尔就对以下观点发出了警告：

> 对于人类事务而言，宇宙是一个无害的背景。学术界对这一观点表示赞同，教会和各州也十分乐意对此表示支持。[20]

克鲁勃和纳皮尔早在1990年就有先见之明地认为以上这个观点是危险的，其危险之处在于该观点“将人类放在比鸵鸟略高的位置，等待着恐龙的命运”[21]。

从“学术界”一些成员对新仙女木事件的反应可以看出，以上这个观点与克鲁勃和纳皮尔所谓的“宇宙安全的巨大幻觉”[22]在当今世界仍具有强大的力量。关于人类的过去，真相远不止岌岌可危。在新仙女木事件之于人类的真正意义上，克鲁勃和纳皮尔的调查结果与肯尼特、韦斯特、费尔斯通的调查结果令人心寒地趋于一致。

若要正确理解这种趋于一致的意味，有必要回顾克鲁勃和纳皮尔等人在20世纪80年代和90年代的发现——记住，这些发现完全独立于肯尼特、韦斯特、费尔斯通的团队对新仙女木事件后期所做的工作。简而言之，正如我在第十一章已经指出的，这些发现的重点很有可能是我们还无法处理12800年至11600年前改变地球表面的彗星。克鲁勃和纳皮尔的工作，加上已故的弗雷德·霍伊尔爵士与身为数学家和天文学家的钱德拉·维克拉马辛教授所做的贡献，已经提出了一个令人不寒而栗的可能性，即新仙女木彗星本身只是一个更巨大的彗星其中的一个碎片——直径或许长达100公里——于30000年前进入太阳系，被太阳捕获并投入环地球轨道。它在接下来的10000年里保持相对完好，然后大约在20000年前，它沿其轨道经历了一场大规模的“破裂事件”，这使得它从一个对世界具有致命且潜在杀伤力的物体转变成多个直径从5公里逐渐下降至1公里甚至更小的物体，每个碎片仍然能够造成全球性灾难[23]。

所有的证据表明，正是这种规模的几个碎片于12800年前撞击地球，造成了新仙女木事件[24]，11600年前，具有同样巨大影响力的碎片流再次撞击地球，新仙女木事件结束[25]。最后，我们终将在未来再次遭遇剩下的碎片撞击地球事件[26]。“这种独特的星体碎片——”克鲁勃和纳皮尔写道，“无疑是地球目前面对的最大的撞击危险。”[27]

金牛座流星群，之所以这样称谓是因为它产生的“流星雨”在地面的观察者看来仿佛源于金牛座。金牛座流星群是原始巨型彗星发生破碎时产生的最为熟悉和最为人知的产物。流星群完全跨越地球的轨道——超过3亿公里的距离——将其分割成两个地方，使地球每年必须在轨道上通过两次：第一次出现在六月下旬至七月初（此时“流星雨”是看不见的，因为它们出现在白天）；继而出现在十月下旬至十一月，此时会上演壮观的“万圣节烟花”[28]。由于地球每天沿其轨道运行超过250万公里，每一段行程要花12天，因此显而易见的是，金牛座流星群的“宽度”或“厚度”至少为3000万公里。事实上，在这两个时期地球遭遇的可以被设想为一种“管”状的陨石碎片——有点像一个巨大的甜甜圈，几何术语称这样的形状为一个“环面”。

“流星雨”是无害的——无非是微小的流星在大气中燃烧，我们为什么要关注它？以大约50颗为例，天文学家目前已经发现了独特且独立的流星群——狮子座流星雨、英仙座流星雨、仙女座流星雨等等。答案是，在大多数情况下没有危险，也无需恐惧。由于它们所包含的大多数颗粒实际上非常微小，因此对地球并未构成威胁。

但金牛座流星群的情况完全不同。正如克鲁勃、纳皮尔、霍伊尔和维克拉马辛已经证明的，金牛座流星群里满是其他更大规模的物质，有时可见，有时笼罩在厚厚的阴云中，并且所有这些物质以惊人的速度在太空中飞行，通常年复一年，一年两次，极有规律地与地球的轨道相交。金牛座流星雨的成员当中，最大且最致命的是恩克彗星，据估计其直径约有5公里。恩克彗星并不孤单，克鲁勃和纳皮尔写道：

> 大约有一二百颗直径超过1公里的小行星在金牛座流星群的轨道内运行。看起来很明显的是，我们看到的是一个极其巨大的彗星破裂的碎片。这种破裂一定发生在两三万年前，否则这些小行星只会在内行星系统扩散，而不会被辨认为流星群。[29]

除了恩克彗星，金牛座流星群里至少还有两个其他彗星——一个名叫鲁德尼基，其直径也被认为约有5公里；另一个名为欧尔加陶，直径约为1.5公里[30]。这颗极暗的越地抛射体最初被认为是小行星，它在望远镜中是可见的，有不稳定和释放气态物质的迹象，大多数天文学家认为这是一颗处在苏醒过程中的惰性彗星[31]。恩克彗星本身被认为已经处于惰性状态很长时间，直到它突然活跃了起来，并被天文学家们于1876年首次看见[32]。现在它被人们理解为在延展的周期内在惰性和不稳定状态之间定期轮换。

克鲁勃和纳皮尔的研究令天文学家们信服，恩克彗星有一个尚未被发现的同伴正在金牛座流星群的中心位置运行[33]。天文学家们认为，这个物体是颗彗星，体积异乎寻常，就像恩克彗星和欧尔加陶彗星一样，它有时——在很长的时期内——“自闭”。当沥青状的焦油在星体释放气体的过程中从内部持续沸腾并变得丰富，以至形成一个厚厚的硬壳涂满了彗核整个表面——或许有几千年之久[34]，就会发生这种情况。在炽热的“彗发（稀薄、模糊、暂时的气状物质）”和彗尾消失，并且看似惰性的星体以每秒数十公里的速度无声地在太空中穿行之后，彗星的表面归于沉寂。但在彗核的中心，活动仍在继续，并逐渐加剧压力。就像一个没有释放阀的过热锅炉，彗星最终从内部爆炸，分解成可以成为独立彗星的碎片，每一个碎片都可以对地球产生威胁。

计算表明，金牛座流星群中心这个看不见的星体的直径可能长达 30 公里[35]。此外，研究者认为很可能还伴有其他大型碎片。据贝加莫大学埃米利奥·斯皮蒂卡托教授讲述——

暂行的轨道参数可以被估算。据预测，在不久的将来（大约 2030 年），地球将再次穿越包含碎片的那部分环面，这一遭遇在过去已经明显地影响到人类。[36]

重生

当然，玛雅历法和哥贝克力石阵的第 43 根巨石柱都指示 2030 年是危险的一年。6500 万年前，导致恐龙灭绝的小行星的直径只有 10 公里，但它引发了全球大爆炸的理论，并永远地改变了世界。直径为 30 公里的物体的撞击——至少——意味着我们所知的文明的末日，甚至可能是地球上全人类的末日。其后果的严重程度要远远大于 12800 年前新仙女木事件带来的伤害，比当今世界储存的所有核装置组合的爆发力还要强一千倍，将使我们变成一个患上失忆症的物种，不得不像一个对以前的事物没有任何记忆的孩子那样重新开始。

然而，情况并非必须如此。首先，宇宙或许会宽恕我们。想象一下，穿越那个环面有点像蒙着眼睛徒步穿越一条六车道的高速公路。幸运的是，路面上的交通并不拥挤，所以虽然你不得不一年穿越两次这条高速公路，但通常不会与其他车辆撞上。使穿越更危险的是大货车和其他大型车辆倾向于聚集在一堆这个事实。克鲁勃和纳皮尔所做的计算就是要发出一个警告，即现在和未来几十年，我们在穿越高速公路的时候与一些非常险恶的“车水马龙”相撞的风险会大大增加。

在 12800 至 11600 年前发生的一系列碰撞的证据，以及导致金牛座流星群产生的巨型彗星碎片的证据应该引起我们的关注。我们不仅面对几百万年才会发生一次的事件，而且要研究仍然在历史时间框架内展开的灾难性过程。

即便如此，我们也不必放弃希望，不要浪费宝贵的生命去悲观厌世。虽然我相信冰河时期的文明曾蓬勃发展，并且已经掌握了对远古文明而言似乎像魔术般的先进科学，但我不认为这种文明会遵循我们自己独特的技术发展路径。这条路径有许多负面影响，但它赋予了我们失落的文明显然缺乏的能力——尤其是有能力介入我们眼前的宇宙环境，以及引开或摧毁威胁人类生存的小行星和彗星。

我们要认识到，毕竟全人类都是一个物种，一个大家庭，因此不要以“上帝”“国家”或政治意识形态为名，或出于自私贪婪的想法将精力浪费在凶残的纷争上，而是在我们生活的各个方面用爱与和谐取代恐惧和动乱，以此确保人类的未来。若要做到这一点，我们必须学会仰望宇宙，驱逐仇恨和猜疑，集中所有的资源、智慧和人才竭力救赎人类。

总之，我们必须唤醒意识，它是充满神秘感的华丽礼物。除此之外，还要认识到不能再多一刻地浪费这种意识。

这也是玛雅历法的预示——当今活着的人们将发现自己处在人类意识进入新时代的门槛上。假如我们能够让这个时代诞生，那么防止新仙女木彗星的残留碎片毁灭地球将是一件容易的事。在此过程中，我们将会发现，或许是12000多年来的第一次，自己真正是谁。

这是我们的选择。

它一直以来都是选择问题。

除了我们自己，其他任何一切都不是阻碍。

附　　录

Appendices

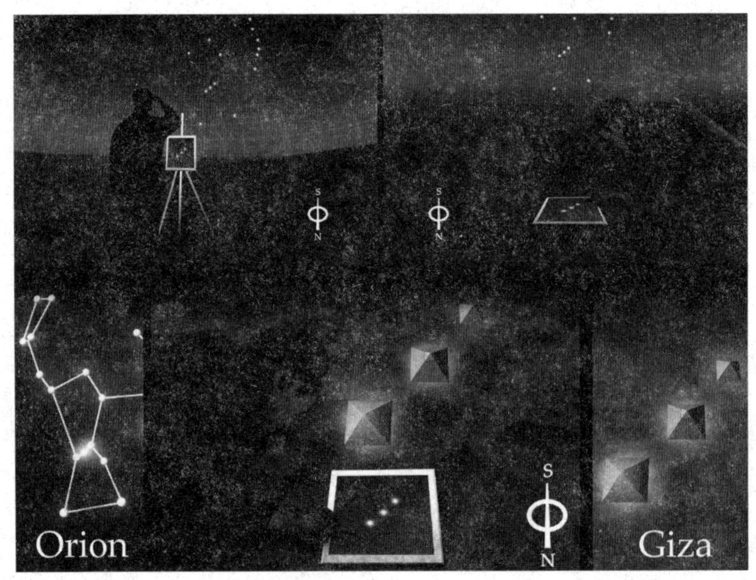

图 73　猎户座的对应关系并不是“颠倒的”。如果我们只是把它看作一件艺术作品——为三座金字塔做的一幅画（或三维模型），然后以最自然的方式把这幅画（或模型）摆放在面前——我们会发现，它的确与地面上三座金字塔的位置完全匹配 / 对应。

附录
猎户座的对应关系并不是颠倒的

现代天文学家将天空看作是头顶上方的一个弧形的穹顶。因此，图中的绘画者向南仰望猎户座，发现猎户座的“腰带三星”可以由地面上的三座金字塔来表示。最低的那颗星由胡夫金字塔表示，中间的那颗星由哈夫拉金字塔（第二个金字塔）表示，最高的那颗星由门卡乌拉金字塔（第三个金字塔，也是最小的金字塔。最高的星星在视觉上最小，也是三颗星星当中亮度最暗的）。

现在，地面上的胡夫金字塔在三个金字塔当中处于最北端，第二个金字塔处于中间，第三个金字塔处于最南端。一些天文学家表示反对，例如洛杉矶格里菲思天文台的埃德·克虏伯，因为他们认为天空是头顶上方的一个弧形的穹顶。如果以这种方式看待天空，那么最高的那颗星星——由孟卡拉金字塔代表的那颗星星——实际上处在最北端（记住我们是向南仰望，天空被想象成弧形，因此你看得越高，越接近天空的北极，图中的北极就在绘画者的身后）。由胡夫金字塔代表的最低的那颗星星，实际上处在最南端。但在地面上，胡夫金字塔是最北端的金字塔，孟卡拉金字塔处在最南端。因此，克虏伯博士认为猎户座的对应关系是“颠倒的”。

如果我们只是把上图看作一件艺术作品——为三座金字塔做的一

幅画（或三维模型），然后以最自然的方式把这幅画（或模型）摆放在面前——我们会发现，它的确与地面上的三座金字塔的位置完全匹配/对应。

参考文献

第一章

1. 土耳其语中的Göbek一词的意思是肚脐、肚子。请参阅克劳斯·施密特所著的《哥贝克力石阵——安纳托利亚东南部的石器时期圣所》第88页，柏林黑色金属出版社2011出版。亦可访问http://www.ancient.eu/article/234/，及http://archive.archaeology.org/0811/abstracts/turkey.html。

2. 或称“肚皮山”。请参阅克劳斯·施密特所著的《哥贝克力石阵——安纳托利亚东南部的石器时期圣所》第88页，同前。

3. 葛瑞姆·汉卡克于2013年7月和8月在哥贝克力石阵采访克劳斯·施密特博士兼教授。后文所有施密特教授的话都引自该次采访。

4. 请参阅约翰·安东尼奥·韦斯特所著的《天空之蛇》，纽约哈珀与罗出版公司1979年出版。

5. 同前对克劳斯·施密特的采访，另见克劳斯·施密特所著的《哥贝克力石阵——石器时期圣所之聚焦于雕像与高凸浮雕的挖掘新成果》，收录于2010年史前档案第三十七册，第243页。

6. 请参阅克劳斯·施密特所著的《哥贝克力石阵——安纳托利亚东南部的石器时期圣所》第245页，同前。

7. 请参阅胡安·安东尼奥·贝尔蒙特发表于《宇宙学》杂志的文章，2010 年第 9 期，第 2052-2062 页。

8. 请参阅本书第十四章。

9. 作者的朋友安德鲁·柯林斯在其著作中阐述了这些拟人化的老鹰形象，请参阅其作品《哥贝克力石阵：诸神的起源》第 99 页，佛蒙特 Bear & Co. 出版社 2014 年出版，作者为本书写了前言。

10. 更多有关围合 H 挖掘的详情，请参阅《2014 哥贝克力石阵新闻信件》，第 5-7 页，德国考古研究所出版。查阅 PDF 版，请访问：http://www.dainst.org/documents/10180/123677/Newsletter+G%C3%B6bekli+Tepe+Ausgabe+1-2014。

11. 请参阅克劳斯·施密特所著的《哥贝克力石阵——安纳托利亚东南部的石器时期圣所》第 242 页，同前。

12. 施密特在其著作中阐释了这些观点，请参阅《哥贝克力石阵——安纳托利亚东南部的石器时期圣所》第 243 页，同前。

13. 请参见尼尔·鲍德温所著的《羽蛇传说：墨西哥神传》第 17 页，纽约公众事务出版社 1998 年出版。

14. 请参阅葛瑞姆·汉卡克所著的《上帝的指纹》第 130 页。伦敦威廉·海涅曼出版社 1995 年出版。

15. 请参阅尼尔·鲍德温所著的《羽蛇传说：墨西哥神传》第 17 页，同前。

16. 请参阅杰拉尔德·P·韦布吕格与约翰·M·克山姆（编辑）合著的《贝罗索斯和马涅托：古美索不达米亚和埃及当地传统》第 44 页，密歇根大学出版社 1999 年出版。

17. 引自本诺·兰茨贝格尔著作，《三论集苏美尔人》一书的“三论集苏美尔人二：美索不达米亚文明的起源”部分第 174 页，洛杉矶 Udena 出版社出版；请参阅《贝罗索斯和马涅托：古美索不达米亚和埃及当地传统》第 17 页和第 44 页，同前；请参阅斯蒂芬妮·达利所著的《美索不达米亚神话》第 182-183 页和第 328 页，牛津大学出版社 1990 年出版；请参阅杰里米·布莱克与安东尼·格林（编辑）合著的《美索不达米亚诸神、恶魔和符号》第 41 页、第 82-83 页和第 163-164 页，伦敦大英博物馆出版社 1992 年出版。

18. 请参阅约翰·贝尔霍斯特所著的《墨西哥及中美洲神话》第 161 页，纽约威廉·摩洛出版社 1990 年出版。

19. 请参阅《北美洲古代遗产》第 268 页，伊格内修斯·唐纳里在其著作《亚特兰蒂斯：上古世界》第 165 页引用，多佛出版公司 1976 年再版。

20. 请参阅西尔韦纳斯·格里斯沃尔德·莫利所著的《玛雅象形文字研究介绍》第 16-17 页，纽约多佛出版公司 1975 年出版。

21. 请参阅约翰·贝尔霍斯特所著的《墨西哥及中美洲神话》第 161 页，同前。

22. 请参阅西尔韦纳斯·格里斯沃尔德·莫利所著的《玛雅象形文字研究介绍》第 16-17 页，同前。

23. 请参阅请葛瑞姆·汉卡克所著的《上帝的指纹》第 517 页注释 16，同前。

24. 请参阅柏拉图所著的《蒂迈欧篇和克里提亚斯篇》第 36 页，伦敦企鹅经典出版社 1977 年出版。

第二章

1. 请参阅《新科学家》杂志，2013 年 10 月 5 日出版的关于哥贝克力石阵的封面故事，题名为《真正的黎明：文明比我们想象的更古老更神秘》。

2. 请参阅柏拉图的《蒂迈欧篇和克里提亚斯篇》第 36 页，同前。

3. 源自 2014 年 10 月 2 日，D・H・纳特韦德伽伽博士寄给 G・汉考克的电子邮件。

4. 请参阅 D・H・纳特韦德伽伽博士著写的《柏拉图从不撒谎：印尼的亚特兰蒂斯》，雅加达的 Booknesia 出版社于 2013 年出版。

5. 索奇和作者相识多年，应邀于 2013 年 12 月 5 至 7 日在万隆举行的"全球汇节日和文化会议"上发表论文（会议主要致力于对巴东山的讨论）。对巴东山的一次专业的实地考察报告被安排作为会议的组成部分，纳特韦德伽伽博士在其中分享了他的调查结果。

6. 请参阅《上帝的指纹》第 420 页之后的报道，同前。

7. R・M・修奇博士的《印尼失落的冰期文明的实例》，载于《 亚特兰蒂斯的升起杂志》2014 年第 3 月 - 4 月期，第 41 页之后。

8. "我经常收到人们的来信，咨询我关于他们未发表的想法。"爱因斯坦写道，"不用说，这些想法很少具有科学的有效性。然而，正是哈普古德先生的第一封信让我震惊。他的想法很新颖，非常朴素，而且——如果它继续得到证实的话——对关系到地球表面历史的一切都非常重要。"摘自阿尔伯特・爱因斯坦为查尔斯・H・哈普古德的《移动的地壳：破解地球科学基本问题的钥匙》所写的前言，第 1 页之后，纽约万神殿书籍出版社 1958 年出版。

第三章

1.《考古天文学：考古天文学》中心期刊，第八卷，期刊号 1-4，1985 年 1 月至 12 月，99 页。

2. 请参阅托尔·康威主编的《地球与天空：美国本土民间传说中的宇宙视野》，新墨西哥大学出版社，阿尔伯克基，1992 年出版，243-244 页。

3. 请参阅 W·乌尔非和 W·布拉滕斯伯格在 2010 年 9 月 26 日发布的《arXiv: 1009.578vl》中撰写的题为“与更新世极移模型有关的传统”一文，24 页。

4. 请参阅托尔·康威主编的《地球与天空：美国本土民间传说中的宇宙视野》，同前，246 页。

5. 援引理查德·费尔斯通，艾伦·韦斯特和西蒙·沃里克 - 史密斯合著的《宇宙灾难的循环：人类文明史中的洪水、火灾和饥荒》第 152-153 页。本书于 2006 年由佛蒙特州罗切斯特市的 Bear & Co. 公司出版。

6. 同上。

7. 巨河狸，其平均长度约 1.9 米（约 6 英尺），它可以成长到 2.2 米（约 7 英尺）。它是更新世北美最大的啮齿动物，也是已知的最大的河狸。

8. 请参阅理查德·埃尔德什和阿方索·奥尔蒂斯合著的《美洲印第安人的神话传说》第 181 页，纽约万神殿出版社，1984 年出版。

9. 请参阅玛莎·道格拉斯·哈里斯著写的《考伊琴印第安人的历史和民间传说》第 11-12 页，不列颠哥伦比亚省维多利亚市，殖民主义印刷及出版公司 1901 年出版。

10. 同上。

11. 请参阅艾拉・E・克拉克著写的《太平洋西北地区的印第安人传说》第 161-162 页，加州大学出版社，1953 年出版。

12. 请参阅理查德・埃尔德什和阿方索・奥尔蒂斯合著的《美洲印第安人的神话传说》第 474 页，纽约万神殿出版社，1984 年出版。

13. 请参阅《新拉鲁斯神话百科全书》第 426 页，保罗・哈姆林出版公司于 1989 年在伦敦出版。

14. 请参阅 J.G. 弗雷泽爵士著写的《旧约中的民间传说：研究比较宗教学，传说和法律》第 111-112 页，伦敦麦克米伦出版社 1923 年出版。

15. 请参阅《新拉鲁斯神话百科全书》第 431 页，同前。

16. 参考 http://www.firstpeople.us/FP-Html-Legends/AlgonquinFloodMyth-Algonquin.html。

17. 源自林德编撰的《达科塔州历史》，转引自《亚特兰蒂斯：远古世界》第 117 页。

18. 如需进一步探讨，请参阅盖尔・J・伍德赛德获得自然资源学院荣誉学士学位所提出的部分要求，于 2008 年 5 月 28 日所写的一篇学术报告，题为“将原住民的口述历史和科学研究作比对，得出在密苏拉洪水期间和之后原住民居住的历史证据：向俄勒冈州立大学优异生院提交的一篇学术报告”。伍德赛德的结论是：“与实际的地质资料做比较，分布在洪水地区的原住民所共享的口述历史给出了洪水区域的原住民人口居住和生存的证据。”

19. 卡尔森的网站是 www.sacredgeometryinternational.com。

20. 请参阅 J・哈林・毕捷写的题为“华盛顿州东部的通道疤地

形”一文，刊登在1928年7月发行的《地理评论》第3期第18卷第446页。

21. 请参阅约翰·苏尼车森著写的《毕捷的洪水：一个反叛的地质学家不同凡响的故事与世界上最大的洪水》第17页，西雅图北美野人图书公司，2008年出版。

22. 同上，请参阅第33页。

23. 同上，请参阅第39页。

24. 同上，请参阅第43页。

25. 同上，请参阅第79-80页。

26. 同上，请参阅第110页。

27. 同上，请参阅第126页。

28. 同上。

29. 请参阅J·哈林·毕捷写的题为“哥伦比亚高原的通道疤地形”一文，刊登在1923年11-12月发行的《地质学期刊》第8期第31卷第621-622页。

30. 同上，请参阅第649页。

31. 请参阅约翰·苏尼车森著写的《毕捷的洪水：一个反叛的地质学家不同凡响的故事与世界上最大的洪水》第131页。西雅图北美野人图书公司，2008年出版。

32. 请参阅大卫·阿尔特著写的《米苏拉冰湖及其巨大的洪水》第17页，蒙大拿州米苏拉市的大山新闻出版公司2001年出版。

33. 同上。请参阅《米苏拉冰湖及其巨大的洪水》第17页。

34. 同上。请参阅《米苏拉冰湖及其巨大的洪水》第35页。

35. 请参阅J·哈林·毕捷撰写的《通道疤地形不远处的斯波坎洪

水》一文，刊登在1925年出版的《地质学杂志》第2-3月刊第98页。

36. 引自斯蒂芬·杰·古尔德写的《疤地大辩论》，刊登在1978年出版的《自然历史》第8-9月刊第12-18页。

37. 引自维克多·R·贝克撰写的《斯波坎洪水争议与火星外流浚道》一文，该文刊登在1978年12月22日发表的《科学》期刊第202卷，4734号，第1252页。

38. 引自斯蒂芬·杰·古尔德撰写的《疤地大辩论》一文，同前。

39. 引自约翰·苏尼车森著写的《毕捷的洪水：一个反叛的地质学家不同凡响的故事与世界上最大的洪水》第192页，同前。

40. 同前。

41. 同前。

42. 同前。

43. 同前。

44. 毕捷援引维克多·R·贝克撰写的《斯波坎洪水争议与火星外流浚道》一文第1252-1253页，同前。

45. 同前。

46. 维克多·R·贝克撰写的《斯波坎洪水争议与火星外流浚道》一文第1253页，同前。

47. 毕捷援引维克多·R. 贝克撰写的《斯波坎洪水争论：历史背景和哲学思考》一文，该文由伦敦地质学会于2008年刊登在《特别出版物》第301卷第47页。

48. 毕捷等人发表在《美国地质学会通报》第67页和第957页上的一句话，引自维克多·R·贝克撰写的《斯波坎洪水争议与火星外流浚道》一文，1249页。

49. 请参阅 J·哈林·毕捷撰写的《通道疤地形不远处的斯波坎洪水之第二部》一文，刊登在 1925 年出版的《地质学杂志》第 4-5 月刊第 259 页。

50. 毕捷为 1927 年 1 月在华盛顿地质学会的宣讲准备的大纲，引自约翰·苏尼车森著写的《毕捷的洪水：一个反叛的地质学家不同凡响的故事与世界上最大的洪水》第 185 页，同前。

51. 请参阅约翰·苏尼车森著写的《毕捷的洪水：一个反叛的地质学家不同凡响的故事与世界上最大的洪水》第 206 页，同前。

52.《美国地质学会通报》1930 年 3 月 1 日发表的一篇摘要，题为“米苏拉湖与斯波坎洪水”，引自约翰·苏尼车森著写的《毕捷的洪水：一个反叛的地质学家不同凡响的故事与世界上最大的洪水》第 185 页，同前。

53. 请参阅 J·哈林·毕捷写的一篇题为“大古力”的学术论文，由美国地理学会于 1932 年发表，引自约翰·苏尼车森著写的《毕捷的洪水：一个反叛的地质学家不同凡响的故事与世界上最大的洪水》第 210 页，同前。

54. 引自约翰·苏尼车森著写的《毕捷的洪水：一个反叛的地质学家不同凡响的故事与世界上最大的洪水》第 222 页，同前。

55. 同上。第 222-223 页。

56. 请参阅毕捷的论文《华盛顿的通道疤地形》一文第 53 页，引自《毕捷的洪水：一个反叛的地质学家不同凡响的故事与世界上最大的洪水》第 227 页，同前。

57. 请参阅约翰·苏尼车森著写的《毕捷的洪水：一个反叛的地质学家不同凡响的故事与世界上最大的洪水》第 229 页，同前。

58. 请参阅斯蒂芬·杰·古尔德写的《疤地大辩论》第59页，同前。

59. 请参阅约翰·苏尼车森著写的《毕捷的洪水：一个反叛的地质学家不同凡响的故事与世界上最大的洪水》第231页，同前。

60. 请参阅 http://en.wikipedia.org/wiki/J_Harlen_Bretz。

61. 请参阅J·哈林·毕捷写的《米苏拉湖的洪水与通道疤地形》一文，刊登在1966年九月出版的《地质学期刊》第77卷第5期第510-511页。

62. 请参阅维克多·R·贝克撰写的《斯波坎洪水争议与火星外流竣道》一文第46页，同前。

63. 请参阅J·哈林·毕捷写的题为“哥伦比亚高原的通道疤地形”一文第649页，同前。

64. J·哈林·毕捷写的“介绍J·哈林·毕捷荣获的彭罗斯奖章：回应”一文，此文刊登在《美国地质学会通报》第二部分第1095页。

65. 例如，可参阅1995年发表在《俄勒冈地质学》第57卷第3期第51-66页上由詹姆斯·E·奥康纳、戴维·A·约翰逊等人编写的《在通道疤地形不远处》一文；又见赫拉尔多·贝尼托和吉姆·E·奥康纳撰写的《哥伦比亚河流域末次冰期的米苏拉洪水的数量与规模》一文，此文于2003年发表在《美国地质学会通报》第624-638页；以及理查德·B·小威特写的《大约四十次末次冰期米苏拉冰川湖突发性洪水穿过南华盛顿》，此文于1980年十一月刊登在《地质学期刊》第88卷第6期第653-679页。

66. 维克多·R·贝克在采访约翰·苏尼车森时说的话。请参阅约翰·苏尼车森著写的《毕捷的洪水：一个反叛的地质学家不同凡响的故事与世界上最大的洪水》第251-252页，同前。

67. 请参阅大卫・阿尔特著写的《米苏拉冰湖及其巨大的洪水》第25页，同前。

68. 请参阅托马斯・J・克劳利和杰拉尔德・R・诺斯合著的《古气候学》第62页，牛津大学出版社1991年出版。

69. 请参阅劳伦斯・盖伊・施特劳斯等人合著的《冰河世纪末期的人类》第66页和第86页，普雷纳姆出版社1996年出版。准确来说，新仙女木事件是欧洲一段寒冷期的术语，虽然这段寒冷期是全球性的。因此，其他地方也会用别的术语来形容这一段寒冷期，但新仙女木事件也是一个通用术语。

70. 请参阅托马斯・J・克劳利和杰拉尔德・R・诺斯合著的《古气候学》第63页，同前。

71. 亚当斯和奥特给新仙女木寒冷期定义的开始时间是12800年前，结束时间是11400年前。请参阅1999年出版的《当代人类学》第40卷第73-77页。

72. 请参阅劳伦斯・盖伊・施特劳斯等人合著的《冰河世纪末期的人类》第86页，同前。

73. 请参阅葛瑞姆・汉卡克著写的《上帝的魔岛：冰河时代被洪水淹没的王国》第194-195页，企鹅出版社2002年出版。

第四章

1. 请参阅《太平洋西北部的哥伦比亚河的玄武岩地层》一文，载于《美国地质调查》，http://or.water.usgs.gov/projs_dir/crbg/。

2. J・哈林・毕捷的《哥伦比亚高原的槽形疤地》，载于《地质学报》第31卷第8期，第637 – 638页。

3. 同上，第 622 页。

4. 请参阅兰德尔·卡尔森的《我的灾变论之旅》，http://www.sacredgeometryinternational.com/journey-catastrophism。

5. 同上。

6. 兰德尔·卡尔森在本章后面的全部语录，均摘自 2014 年 9 到 10 月间，在研究之旅中作者对他进行的采访。

7. 该数据由《纽约州地质调查》所确认，请参阅 http://www.nysm.nysed.gov/nysgs/experience/sites/niagara/。

8. 艾拉·E·克拉克的《太平洋西北部的印第安传说》，伯克利的加州大学出版社 2003 年出版，第 71 页。

9. 请参阅维基百科，http://en.wikipedia.org/wiki/Lake_Chelan。

10. 参见埃里克·钱尼的《从由昆西到奇兰再到韦纳奇的洪水、河流、断层、冰川、黄金和洪岩》，载于西北地质学会《实地考察指南》第 24 期，2009 年 6 月 13-14 日出版，第 18 页（http://www.nwgs.org/field_trip_guides/floods，_flows_faults.pdf）。“注意房屋上空山坡上‘CRBG’的巨型怪物”。“CRBG”是哥伦比亚河玄武岩层的缩写，是一个厚层的第三纪中新世玄武岩序列，在距今 1700 至 600 万年期间覆盖了俄勒冈州北部、华盛顿东部和爱达荷州西部（http://or.water.usgs.gov/projs_dir / crbg/）。

11. 参见 http://www.wvc.edu/directory/departments/earthsciences/2014NAGT- PNWFieldTrips.pdf。

12. 兰德尔的“1200 英尺”这一数据在 D·K·诺曼和 J·M·罗洛夫的《哥伦比亚河峡谷地质的自助游》一文中得到证实，该文载于地质与地球资源华盛顿分部的《非机密档案报道》2004年第7期，2004年3月出版，第3页："搁浅在山坡上的冰川漂砾证明，流经位于华盛顿－俄勒冈州边界的哥伦比亚河的瓦卢拉缺口的洪峰约1200英尺（约365米）。洪水沿哥伦比亚峡谷奔流而下，清除了所有土壤和乱石，导致大峡谷被拓宽，一直到俄勒冈州的大峡谷，水面海拔高达1000英尺（约300米）。当它到达皇冠角的时候，最后一波洪水的表面已下降到海拔约600英尺（约180米）。"

13. 参见葛瑞姆·汉卡克在《上帝的指纹》一书中的讨论，同前，第46页之后。

第五章

1. 见基南·李的《蒙大拿州卡马斯草原灾害性洪水的特点》一书，科罗拉多州戈尔登市科罗拉多矿业学院地质工程系，2009年出版，第4和第5页。

2. 同上，第5页。

3. 见查尔斯·R·坎齐等人的《跨越三大洲的纳米金刚石富集层与距今12800日历年的宇宙大撞击相符》，载于《地质学报》第122卷第5期（2014年9月出版），第475-505页。

4. 参阅 http://phys.org/news/2014-08-year-old-nanodiamonds-multiple-continents.html，

以及维特克等人的《通古斯卡河、K/T边界和新仙女木边界地层的纳米金刚石及碳徽球》，该论文发表于美国地球物理学联合会2009年秋季会议（http://adsabs.harvard.edu/abs/2009AGUFMPP31D1392W）。

5. 见希瑟·普林格尔发表在2007年5月22日的《新科学家》杂

志上的文章，http://www.newscientist.com/article/dn11909-did-a-comet-wipe-out-prehistoric-americans.html#.VJqZ88AgA。

6. 同上。

7. 同上。

8. 同上。

9. 同上。

10. 同上。

11. 见理查德·费尔斯通等人的《促成巨型动物灭绝和新仙女木降温的12900年前的外星撞击证据》一文，载《美国国家科学院院刊》第104卷第41期，2007年10月9日出版，第16016页。

12. 同上，第16016页。

13. 同上，第16020页。

14. 与之平行的是苏梅克-列维9号彗星，它分裂成多个碎片，在1994年击中了木星，产生了相当惊人的撞击后果。

15. 见R·B·费尔斯通等人的《促成巨型动物灭绝和新仙女木降温的12900年前的外星撞击证据》一文，同前，第16020页。

16. 同上，第16020页。

17. 同上。

18. 同上。

19. 同上，第16020-16021页。

20. 同上，第16021页。

21. 同上，第16020页。

22. 见http://en.wikipedia.org/wiki/Tsar_Bomba。

23. 见http://www.edwardmuller.com/right17.htm。

24. 见 D · J · 肯尼特等人的文章，载于《第四纪的科学回顾》第27卷的第27-28个问题，2008年12月出版，第2530-2545页。

25. 见道格拉斯 · 肯尼特等人的文章，载于《美国国家科学院院刊》第106卷第31期，2009年8月4日版，第12623-12628页。

26. 见安德烈 · 库尔巴托夫等人的文章，载于《冰川学杂志》第56卷第199期，2010年出版，第749-59页。

27. 见 W · M · 内皮尔的文章，载于《英国皇家天文学会月度通知》第405卷第3期，2010年7月1日出版，第1901-1906页。在线阅读完整论文请参见

http://mnras.oxfordjournals.org/content/405/3/1901.full.pdf+html？ sid=19fd6cae-61a0-45bd-827B-9f4eb877fd39，

PDF 格式文本下载地址：http://arxiv.org/pdf/1003.0744.pdf。

28. 见威廉 · 马哈尼等人的文章，载于《沉积地质学》第231期（2010年），第31-40页。

29. 见穆斯塔法 · 法耶克等人的文章，载于《地球和行星科学快报》第319-320期，2011年11月22日上传，2012年1月21日可在线阅读，第251-258页。

30. 见伊莎贝尔 · 艾斯雷得 - 阿尔坎塔拉等人的文章，载于《美国国家科学院院刊》第109卷第13期，2012年3月27日出版，第E738-747页。

31. 见特德 · E · 邦奇等人的文章，载于《美国国家科学院院刊》第109卷第28期，2012年6月出版，第E1903-1912页。

32. 见米凯尔 · I · 彼塔亦夫等人的文章，载于《美国国家科学院

院刊》第110卷第32期，2013年8月6日出版，第12917-12920页。

33. 见威廉·C·马哈尼等人的文章，载于《地质学报》第121卷第4期，2013年年7月出版，第309-325页。

34. 见查尔斯·R·坎齐等人的《跨越三大洲的纳米金刚石富集层与距今12800日历年的大宇宙冲击相符》，同前，第475页。

35. 见博斯罗夫等人的《反对新仙女木撞击事件的论点和论据》，载于《地球物理学专著系列198》的《气候、地貌和文明》，美国地球物理联合会，2012年出版，第21页。

36. 见尼古拉斯·品特等人的《新仙女木撞击假说：一支安魂曲》，载于《地球科学回顾》第106卷，议题3-4，2011年6月出版，第247 - 264页。

37. 见博斯罗夫等人的《反对新仙女木撞击事件的论点和论据》，同35，第21页。

38. 见詹姆斯·H·维特可等人的《12800年前跨越四大洲的1千万吨撞击球粒的沉积证据》，载于《美国国家科学院院刊》，2013年6月4日出版，第2089页。

39. 同上，第2089页。

40. 见马尔科姆·A·勒孔特等人的《对来自不同的新仙女木撞击假说调查的有争议的微球粒结果进行的独立评价》，载于《美国国家科学院院刊》第109卷第44期，2012年10月30日出版，第E2960-2969页。

41. 同上，第E2960和第E2969页。

42. 见詹姆斯·H·维特可等人的《12800年前跨越四大洲的1千万吨撞击球粒的沉积证据》，同前，第2089页。

43. 同上，第 2089 页。

44. 同上，第 2088-2089 页。

45. 同上，第 2096 页。

46. 同上。

47. 援引自罗伯特·库齐格的《12900 年前一颗彗星真的杀了猛犸象吗？》，载于《国家地理》杂志，2013 年 9 月 10 日出版，见 http://news.nationalgeographic.com/news/2013/09/130910-comet-impact-mammoths-climate-younger-dryas-quebec-science/）。

48. 同上。

49. 同上。

50. 见卡斯米克·图斯克的《在绝望的洞穴里，品特抓起一把铁锹》一文。见 http://cosmictusk.com/nicholas-pinter-southern-illinois/comment-page-2/。

51. 见 P·提等人的《叙利亚北部更新世和全新世考古遗址的矿渣液滴的人类活动起源》，载《考古学科学》杂志第 54 期（2015 年版），第 193-209 页。

52. 同上，第 193 页。

53.《课题研究给杀死猛犸的宇宙撞击投下疑问》，载于 2015 年 1 月 6 日的《加州大学戴维斯分校的新闻和信息》，见 http://news.ucdavis.edu/search/news_detail.lasso？ id=11117。

54. 见葛瑞姆·汉卡克与艾伦·维斯特之间的个人通信。2015 年 3 月 18 日维斯特寄给汉卡克的电子邮件。

55. 见查尔斯·R·坎齐等人的《跨越三大洲的纳米金刚石富集层

与距今12800日历年的宇宙大撞击相符》，同前。

56. 同上，详见第477-478页。

57. 援引自罗伯特·库齐格的《12900年前一颗彗星真的杀了猛犸象吗？》，载于《国家地理》杂志，2013年9月10日出版，同前。

58. 参见马克·波思拉夫等人的《有缺陷的规则产生受污染的样品和无法确认的结果》，《美国国家科学院院刊》第110卷第18期，2013年4月30出版；马尔科姆·A·勒孔特等人给这一议题的回应：《给波思拉夫的回复：验证调查有效性的前期研究被忽略》。又见安内利斯·万·霍塞尔等人的《阿勒罗德新仙女木边界地层的宇宙撞击或自然火灾：一个关系到年代与标定的问题》，载于《美国国家科学院院刊》第110卷第14期，2013年10月8日出版。詹姆斯·H·维特科等人对同一问题的回应：《回复万·霍塞尔等人：与荷兰新仙女木边界地层的纳米金刚石相关的撞击》。又见大卫·L·梅尔策等人的《年代学证据不支持广泛分布的含有宇宙撞击标志物的地层与其被定于12800年前的标志物处于同一时期的断言》，载于《美国国家科学院院刊》，2014年5月12日出版。作者收到艾伦·维斯特的通知（2015年3月18日，艾伦·维斯特寄给葛瑞姆·汉卡克的电子邮件），一篇由27位作者参与的给梅尔策等人的回应论文正在筹备中，篇名暂定为“贝叶斯年代分析与距今12820至12740年的四大洲的新仙女木边界地层在年代上相符”，并将很快提交。在同一封电子邮件中，维斯特指出有一个要点需要补充到已出版的相关年代中（2015年3月18日）：“在新仙女木边界地层（简称YDB地层，下同）中，我们发现了高温代理，包括发现于所有撞击事件中的一组代理之一的纳米金刚石。证据是普遍存在的——我们的YDB地层考古遗址扩大到跨越四大洲的十多个国家（北美、南美、欧洲和亚洲）。在两篇论文中，维特科等人和坎齐等人报道了高分辨率放射性碳测定出的十几个年代，YDB 地层平均为 12800±100 日历年前。在统计学上，这意味着所有这些遗址里的 YDB 地层都可能是同一天沉积下来的——它不能证明它确实是这样的，但它显示出它可能是这样的。然而，即使这些日期是直接来自于 YDB 地层，并且在统计学上也是相同的，梅尔策等人却由于这些日期不同而给予了否定。这样的否定是根本站不住脚的。”

59. 见查尔斯·R·坎齐等的《跨越三大洲的纳米金刚石富集层》同前，第 501 页。

60. 援引自俄勒冈州的吉姆·巴洛的《爆炸的彗星留下了纳米金刚石的痕迹吗？》，载于《未来性：研究来自一流大学的新闻》，见 http://www.futurity.org/comet-nanodiamonds-climate-change-755662/。另见查尔斯·R·坎齐等人的《跨越三大洲的纳米金刚石富集层与距今 12800 日历年的宇宙大撞击相符》，同前，第 476 页。

61. 转引朱莉·科恩的《纳米金刚石是永恒的：UCSB（通用控制器系统总线）教授的一项研究细查了来自三大洲多个位置的有 13000 年历史的纳米金刚石》，载于《当下》，加州大学圣巴巴拉分校，2014 年 8 月 28 日出版。见 http://www.news.ucsb.edu/2014/014368/nanodiamonds-are-forever。

62. 见查尔斯·R·坎齐等人的《跨越三大洲的纳米金刚石富集层与距今 12800 日历年的宇宙大撞击相符》，同前，第 498-499 页。

63. 转引朱莉·科恩的《纳米金刚石是永恒的：UCSB（通用控制器系统总线）教授的一项研究细查了来自三大洲多个位置的有 13000

年历史的纳米金刚石》，同前。

64. 同上。

第六章

1. 见特洛伊·霍尔康等人的《安大略湖的小型凸缘式凹陷：是一种撞击坑吗？》一文，载于《五大湖区研究》杂志，第27卷第4期，2001年出版，第510-517页。

2. 见伊恩·斯普纳等人的《血溪构造的识别：加拿大新斯科舍省西南地区的一个可能的撞击坑》，载于《陨石与行星科学》杂志，2009年出版，第44卷第8期，第1293-1202页。

3. 见 http://en.wikipedia.org/wiki/Corossol_crater。

4. 见M·D·希金斯等人的《测海学和岩石学证据：加拿大圣劳伦斯海湾R 一个年轻的（更新世）4公里直径的撞击坑》，发布于2011年3月7-11日在德克萨斯州兀兰举行的第42届“月球与行星科学大会”，月球与行星学院（LPI）文献第1608卷，第1504页。

5. 见查尔斯·R·坎齐等人的《跨越三大洲的纳米金刚石富集层与距今12800口历年的宇宙大撞击相符》，载于《地质学报》第122卷第5期（2014年9月出版），第475页。

6. 吴英哲等人的《新仙女木边界地区的小球体和磁颗粒物的成因和物源》一文，载于《美国国家科学院院刊》，2013年9月17日出版，第E3557页。可在线阅读：http://www.pnas.org/content/110/38/E3557.full.pdf+html。

7. 见穆库尔·夏尔马引自贝基·奥斯金的《使地球变冷的古代流星坠毁在加拿大附近吗？》一文，http://www.livescience.

com/39362-younger-dryas-meteor-quebec.html。

8. 参阅 W・C・马哈尼等人的《来自委内瑞拉安第斯山西北部的外星撞击证据：黑垫之谜》，《地形学》第 116 卷（2010 年出版），第 54 页。

9. 见约翰・肖等人的《沟槽疤地：回到毕捷》，载于《地质学》杂志，1999 年 7 月出版，第 27 卷第 7 期，第 605-608 页。例如，第 605 页："我们提供的证据表明，在沉积记录里仅记录了一次近期的威斯康星州大洪水，而且米苏拉冰川湖盆地的沉积是独立于沟槽地带沉积之外的。"对于肖教授的工作及其提出的关键证据的内涵的进一步讨论和阐述，见葛瑞姆・汉卡克的《地下世界》，同前，第三章。

10. 见五郎小松、宫本英秋等人对《沟槽疤地：回到毕捷》的评论和回复，载于《地质学》杂志，2000 年 6 月版，第 28 卷第 573-574 页。

11. 见吉姆・奥康纳和维克托・贝克的《米苏拉冰川湖尖峰流量的量级和涵义》一文，载于《美国地质学会学报》，1992 年出版，第 104 卷第 3 期，第 278 页。

12. 见美国地质调查局的《华盛顿东部的沟槽疤地》的米苏拉湖部分，http://www.cr.nps.gov/history/online_books/geology/publications/inf/72-2/sec3.htm。

13. 见 C・沃伦・亨特的《哥伦比亚河流系统的洪水泛滥地形》一文，载于《加拿大石油地质学公报》第 25 卷，第 3 期第 472 页。

14. 见菲奥娜・特威德、安德鲁・罗素的《冰川湖的形成和突然排放的控制：对于灾难性特征的涵义》，载于《自然地理的进展》1999 年 3 月版，第 23 卷第 1 期第 91 页。工程地质学家彼得・詹姆斯在《大规模的米苏拉洪水：另一种理由》中表述了关于冰坝具有2000多英里长、7英里高的完整性的保留意见，载于《全球构造通讯中的新概念》2008年9月版，第48期第5-23页。

15.C·沃伦·亨特的《哥伦比亚河流系统的洪水泛滥地形》，同前，第468页和第472页。

16.同上，第473页。

17.同上。

18.同上，又见C·沃伦·亨特的《威斯康星最后一次冰层推进的灾难性终结：在阿尔伯塔省和爱达荷州的观察结果》，《加拿大石油地质学公报》第25卷第3期，第456-467页。彼得·詹姆斯在《大规模的米苏拉洪水》中，还提出了海水的大规模入侵，并与假定的地极迁移相联系，参见第17页。

19.见C·沃伦·亨特的《暴力的环境：阅读铸入石头里的大灾难》，艾伯塔省极地出版社1990年出版，第137页。

20.同上，第118-119页。

21.同上，第119页。

22.同上。

23.同上。

24.同上，第119-120页。

25.同上，第120页。

26.见费尔斯通、维斯特、肯尼特等人的《促成12900年前巨型动物灭绝和新仙女木降温事件的彗星撞击证据》，同参考文献第五章，第16020页。

27.见亨利·T·穆林斯和E·T·欣奇利的《纽约五指湖的侵蚀

和填充：对劳伦冰盖冰消期的意义》，载于《地质》第17卷第7期，1989年7月出版，第622-625页。

28. 见朱利安·B·默顿，马克·D·贝特曼等人的《从阿加西湖到北冰洋的新仙女木洪水暴发路径的识别》一文，载于《大自然》第464卷（第7289期），2010年4月出版，第740页。

29. 见阿兰·康德伦和彼得·温莎的《融水路径与新仙女木》一文，载于《美国国家科学院院刊》（PNAS），2012年12月4日出版，第109卷第49期，第19930页。

30. 见詹姆斯·泰勒的《北冰洋的淡水注入对触发新仙女木降温的重要性》一文，载于《美国国家科学院院刊》（PNAS），第109卷第49期，2012年12月4日出版，第19880页。另参见克劳德·H·马塞尔，珍妮·马卡利等人的《北极海冰源的地球化学和和示踪同位素，特别关注新仙女木时期》，第四纪科学评论（2013），第6页。

31. 见S·J·费伊得尔的《新仙女木事件的神秘开始》，载于《国际第四纪》第242期（2011年版），第263页。

32. 见安德烈亚斯·斯奇米特勒，约翰·C·H·蒋和西尼·R·赫明的《海洋的经向翻转环流介绍》一文，出自安德烈亚斯·斯奇米特勒等人所著的《海洋环流：机制与影响——经向翻转的过去和未来的变化》，载于《地球物理学专着系列》第173期，2007年版，第1页（2013年3月在线19公布）。

33. 同上。

34.S·J·费伊得尔的《新仙女木事件的神秘开始》，同前，第264页。

35. 理查德·费尔斯通、艾伦·维斯特，Z·雷韦等人的《新仙女木事件撞击地层的分析》，西伯利亚联邦大学《工程与技术》杂志，第 3（1）卷，2010 年版，第 30-62 页（第 23 页的 PDF 见 http://www.osti.gov/scitech/servlets/purl/1023385/）。

36. 同上。

37. 见 J·泰勒·费思和托德·A·苏罗维尔的《北美更新世哺乳动物的同步灭绝》，载于《美国国家科学院院刊》（PNAS），第 106 卷第 49 期，2009 年 12 月 8 日版，第 20641 页。35 属的 16 种生物的最后出现日期安全降落在 13800 和 11400 年前——即非常密切的聚集在新仙女木时期周围。“灭绝的年代学分析表明，抽样误差可以解释在更新世末期缺乏剩余的 19 属物种的最后出现日期”。换句话说北美更新世哺乳动物的灭绝是“一种同步事件”。

38. 同上，第 20641 页。

39. 见 S·J·费伊得尔的《新仙女木的神秘开始》，同前，第 264 页。

40. 见 D·G·安德森、A·C·古德意尔、詹姆斯·肯尼特、A·维斯特的《新仙女木事件早期可能的人口下降的多条证据链》，载于《国际第四纪》第 242 卷第 2 期，2011 年 10 月 15 日版，第 570-583 页。

41. 见 S·古普塔、J·S·科利尔、A·帕尔默－费尔盖特、G·波特等人的《英吉利海峡陆架峡谷系统的特大洪水的成因》，载于《大自然》第 448 卷，2007 年 7 月 19 日版，第 342-345 页。

42. 见 T·J·伊斯特布鲁克、约翰·戈斯等人的《全球同步的气候事件的证据：冰川的宇宙暴露年代》一文，载于唐·伊斯特布鲁克的《循证气候科学》一书，爱思唯尔出版公司，2011 年 8 月出版，第 2 章第 54 页。

43. 这些可能性的进一步讨论，见 W · C · 马哈尼、V · 卡姆等人的《来自委内瑞拉安第斯山西北部的外星撞击证据：黑垫之谜》一文，同前，第 54 页。以及威廉 · 马哈尼、莱斯利 · 凯泽等人的《来自北安第斯山黑垫的新证据支持 12800 年前的宇宙撞击》，载于《地质学报》第 121 卷第 4 期（2013 年 7 月出版），第 317 页。

44. 见弗雷德 · 霍伊尔爵士的《宇宙的成因和宗教的起源》一书，韦克菲尔德罗得岛州和伦敦的莫耶 · 贝尔公司，1993 年，第 28-29 页。又见佛瑞德 · 豪埃尔和全德瓦 · 维克拉姆辛的《火星上的生命？宇宙的遗产？》，布里斯托尔临床新闻有限公司，1997 年出版，第 176-717 页。

45. 见弗雷德 · 霍伊尔爵士的《宇宙的成因和宗教的起源》一书，同前，第 29 页。

46. 见杰弗里 · P · 塞维林豪斯等的《从极地冰层的热分馏气体测定新仙女木末期气候突变时间》一文，载于《大自然》第 391 卷（1998 年 1 月 8 日版），第 141 页。

47. 见 W · 丹斯加德等人的《新仙女木事件的突然终止》一文，《大自然》第 339 卷，1989 年 6 月 15 日版，第 532 页。

48. 见奥利弗 · 布拉奎兹等人的《自 11700 日历年以来的亚高山带树木，现代林业的起源、扩张和改变》一文，载于《全新世》（2009 年出版），第 143 页。

49. 见保罗 · 卡拉拉等人的《晚更新世所指示的美国蒙大拿州西北部山区的冰川消退》，载于《极和高山研究》第 18 卷第 3 期，1986 年版，第 317 页。

50. 见沃尔特 · 斯科特和爱德的《赫密斯文集：包含赫耳墨斯 · 特

里斯墨吉斯忒斯的宗教哲学教义的古希腊与拉丁圣著》，载于《阿斯克勒庇俄斯》第三部，波士顿香巴拉出版社，1993 年出版，第 345-347 页。

第七章

1. 已故的迈阿密大学教授塞萨尔·埃米利亚尼，是瑞典的维加奖和美国国家科学院院刊设立的阿加西奖得主，他主要研究海平面的上升，他给了一些数据："形成疤地的洪水使海平面非常迅速地从负 100 米上升到负 80 米。到了 12000 年前，超过百分之五十的冰回到了海洋，这时海平面已经上升到负 60 米。"这里所提及的负 100 米、负 80 米和负 60 米是和今天的海平面相比较。所以，在形成哥伦比亚高原疤地的洪水暴发之前，海平面比如今要低 100 米，洪水之后，海平面比如今低 60 米，也就是惊人地上升了 40 米或 131 英尺。请参阅塞萨尔·埃米利亚尼著写的《地球：宇宙学、地质学、生命与环境的演化》第 543 页，剑桥大学出版社，1995 年出版。

2. 请参阅特德·E·班驰、理查德·费尔斯通、艾伦·维斯特、詹姆斯·肯尼特等人发表在《美国国家科学院院刊》上的题为"非常高温冲击的熔融产品作为 12900 年前宇宙的空中爆炸和冲击的证据"的论文，该论文于 2012 年 6 月出版。又见坎齐等人写的《跨越三大洲的纳米金刚石富集层与距今 12800 日历年的宇宙大撞击相符》一文，该文刊登在《地质学报》第 122 卷第 5 期（2014 年 9 月出版）第 476 页。

3. 请参阅特德·E·班驰、理查德·费尔斯通、艾伦·维斯特、詹姆斯·肯尼特等人发表在《美国国家科学院院刊》上的题为"非常高温冲击的熔融产品作为 12900 年前宇宙的空中爆炸和冲击的证据"的论文，同上。

4. 请参阅百科全书《伊朗篇》，“琐罗亚斯德II：综合调查”，请访问http://www.iranicaon line.org/articles/zoroaster-ii-general-survey。

5. 同上。

6. 同上。

7. 同上。

8. 请参阅R·C·策纳著写的《琐罗亚斯德教的黎明和黄昏》第135页，伦敦的费尔德与尼科尔森出版社，1961年出版。书中这样写道：“伊摩的黄金时代，他挖掘瓦拉、地下撤退，以及他重新出现，使人们重新居住在地球上，这整个故事一定属于非常古老的伊朗民间传说，琐罗亚斯德教的教义完全没有论及于此。”

9. 请参阅由J·达米泰斯特和H·L·米尔斯翻译，F·马克思·穆勒编辑的圣书《阿维斯陀》第一部第5页，该书于1990年由新德里的大西洋出版社和发行商重印。

10. 同上，见第11页。

11. 同上。

12. 同上，见13页。

13. 同上。

14. 由弗兰克·布朗和约翰·弗利格尔在2005年2月17日的《自然》中报道。另请参阅2005年12月17日发布的《科学美国人》杂志，请访问http://www.scientificamerican.com/article/fossil-reanalysis-pushes/。

15. 在黄金时代，“土地上有大量的青草可供牛群食用：现在有流淌的洪水，融化的冰雪，似乎是世界上幸福的乐土……”请参阅由J·达米泰斯特和H·L·米尔斯翻译，F·马克思·穆勒编辑的圣书《阿维斯陀》第一部第16页，同上。又见R·C·策纳著写的《琐罗亚斯德教的黎明和黄昏》第92-93页这样写道：“王者伊摩来自优美的牧场，他是地球上诞生的最辉煌的人，就像太阳注视着众生。在他的统治期间，他使野兽和人类永生，使水和植物永不枯竭，食物取之不尽，用之不竭。在伊摩统治期间，没有寒冷，也没有炎热，没有年老，也没有死亡，没有疾病……”在伊摩的黄金时代，所有的人都是永生的，并享有永久的青春，整整持续了一千多年。

16. 请参阅由J·达米泰斯特和H·L·米尔斯翻译，F·马克思·穆勒编辑的圣书《阿维斯陀》第一部第15-18页，同上。

17. 请参阅由E·W·韦斯特翻译，F·马克思·穆勒编辑的《巴列维文本》第一部第17页，该书于1990年由新德里的大西洋出版社和发行商重印。

18. 请参阅由J·达米泰斯特和H·L·米尔斯翻译，F·马克思·穆勒编辑的圣书《阿维斯陀》第一部第5页，同上。

19. 引自洛克曼亚·巴尔·甘格达尔·提拉克著写的《吠陀经中的北极之家》第254页，该书于2011年由阿克图斯媒体重印。

20. 请参阅由E·W·韦斯特翻译，F·马克思·穆勒编辑的《巴列维文本》第一部第17页注释5，同上。

21. 请参阅由J·达米泰斯特和H·L·米尔斯翻译，F·马克思·穆勒编辑的圣书《阿维斯陀》第一部第18页，同上。

22. 同上。

23. 同上，请参阅第20页。又见达米泰斯特翻译的（1898年）

美国版《辟邪经》第 14 页，该书于 1995 年重印，由约瑟夫・彼得森编辑。

24. 请参阅 R・C・策纳著写的《琐罗亚斯德教的黎明和黄昏》第 135 页，同上。

25. 请参阅由 J・达米泰斯特和 H・L・米尔斯翻译，F・马克思・穆勒编辑的圣书《阿维斯陀》第一部第 17 页，同上。

26. 同上。

27. 同上，见第 20 页。

28. 同上，见注释 5。

29. 同上，见注释 4。

30. 请参阅百科全书《伊朗篇》，关于“贾姆施德 I”，请访问 http://www.iranicaonline.org/articles/jamsid-i，关于“贾姆施德II”，请访问http://www.iranicaonline.org/articles/jamsid-ii。

31. 请参阅由 E・W・韦斯特翻译，F・马克思・穆勒编辑的《巴列维文本》第一部第 26 页，同上。

32. 请参阅迪莉娅・戈茨、西尔韦纳斯・G・莫利、阿德里安・李柯尼斯翻译的《波波尔乌：古代危地马拉的奎室玛雅人的圣书》第 178 页，俄克拉荷马出版社 1991 年出版。

33. 同上，见第 93 页。

34. 请参阅约翰・比尔霍斯特著写的《墨西哥和中美洲的神话》第 41 页，纽约的奎尔 / 威廉・莫罗出版社于 1990 年出版。

35. 请参阅 J・埃里克・汤普森著写的《玛雅历史和宗教》第 333 页，俄克拉荷马大学出版社 1990 年出版。

36. 请参阅《圣经・创世记》第六章第 19–20 页。

37. 请参阅《圣经·创世记》第六章第 16 页。

38. 请参阅路易·金斯堡著写的《犹太人传说》第一卷第 162 页，美国犹太出版学会 1988 年出版。

39. 同上。

40. 请参阅奥马尔·德米尔著写的《卡帕多西亚：历史的摇篮》第 70 页（第 12 次修订版）。

41. 请访问 http://en.wikipedia.org/wiki/Derinkuyu_%28underground_city%29。

42. 请参阅 2014 年 12 月 28 日的《自由报每日新闻》，请访问 http://www.hurriyetdailynews.com/massive-ancient-underground-city-discovered-in-turkeys-nevsehir-aspx ?PageID=238&NID=76196&NewsCatID=375。又见 2014 年 12 月 31 日的《独立报》，请访问 http://www.independent.co.uk/news/world/middle-east/vast-5000-yearold-underground-city-discovered-in-turkeys-cappadocia-region-9951911.html。

43. 请参见 2014 年 12 月 31 日的《独立报》中的报告，同前。

44. 请参阅《土耳其：孤独星球》第 478 页，2013 年出版。

45. 请访问 http://en.wikipedia.org/wiki/Derinkuyu_%28underground_city%29。

46. 请参阅奥马尔·德米尔著写的《卡帕多西亚：历史的摇篮》第 61 页（第 9 次修订版）。

47. 同上，见第 70 页。

48. 同上，见第 60 页。

49. 同上。

50. 同上，见第 59 页。

51. 同上，见第 61 页。

52. 请参阅 R · C · 策纳著写的《琐罗亚斯德教的黎明和黄昏》第 135 页，同上。

第八章

1.《创世记 6: 7》。

2.《创世记 6: 8–21》。

3.《创世记 6: 19–20》。

4.《创世记 8: 3》。

5.《创世记 8: 4》。

6.《创世记 8: 13–17》。

7.《创世记 8: 13–17》。

8.《创世记 9: 1–7》。

9. 例如，见《耶利米书 51: 27》；又见《以赛亚书 37: 38》；《两个国王 19: 37》。

10. 阿尔缅 · 阿谢尔和泰瑞尔 · 麦纳斯安 · 亚舍尔合著，《亚拉拉特人民》第 241 页，书中浪出版公司 2009 年出版。

11. 查尔斯 · 伯尼和大卫 · 马歇尔 · 郎合著，《山上的民族：古亚拉拉特山和高加索地区》第 127 页，英国凤凰出版社 1971 年出版。另见艾米丽 · 库尔特著写的《古代近东》第二卷第 550 页，劳特利奇出版社于 1995 年出版。

12. 同上，第 17 页。

13. 阿尔缅 · 阿谢尔和泰瑞尔 · 麦纳斯安 · 亚舍尔合著，《亚拉拉特人民》，同上。

14. 摩西·霍仁纳齐著，《亚美尼亚人的历史》第 72 页和 82 页，美国大篷车图书公司 2006 年出版。哈伊克也被拼写为 Hayk，据说是托格玛赫的儿子。托格玛赫是提拉斯之子，提拉斯是歌篾之子，而歌篾是诺亚的儿子雅弗之子。

15. 阿拉·S·艾沃肯和阿罗·约翰·莫瑟宪合著，《亚美尼亚：历史之旅》第 47 页，加利福尼亚电力出版社 1998 年出版。另见阿尔缅·阿谢尔和泰瑞尔·麦纳斯安·亚舍尔合著的《亚拉拉特人民》第 284-285 页。

16. 请访问 http://www.armenian-genocide.org/genocidefaq.html。

17. 请访问https://www.youtube.com/watch？ v=ahoFlLh2Y3E。

18. 请访问https://www.youtube.com/all_comments？ v=ahoFlLh2Y3E。

19. 引自威廉·福克纳 1951 年的小说《修女安魂曲》。

20. 此处是指形成哥伦比亚高原通道疤地形的洪水。请参阅塞萨尔·埃米利亚尼著写的《行星地球：宇宙、地质、生命与环境的演化》第 543 页，英国剑桥大学出版社 1995 年出版。

21. 塞萨尔·埃米利亚尼从芝加哥大学获得博士学位。他在芝加哥大学开创了深海沉积物的同位素分析，以此来研究地球过去的气候条件。后来，他又转而去迈阿密大学继续进行同位素研究，并领导一些探险队在海上考察。他是瑞典维加奖章和美国国家科学院阿加西奖章的获得者。

22. 埃米利亚尼编撰，《地球和行星科学快报》第 41 期（1978 年）第 159 页，阿姆斯特丹爱思唯尔科技出版公司出版。

23. 例如，请参阅卡尔 · W · 卢化义著写的《哥贝克力石阵在石器时代的宗教》第 101 页，特瑞普胡德出版公司 2013 年出版。

24. 约里斯 · 皮特斯和克劳斯 · 施密特于 2004 年发表在《动物人类学》期刊上题为“前陶器新石器时代土耳其东南部的哥贝克力石阵象征世界里的动物”一文第 204-205 页。

25. 卡尔 · W · 卢化义著写的《哥贝克力石阵在石器时代的宗教》第 100-2 页。

26.《创世记 9: 1》。

27. 约里斯 · 皮特斯和克劳斯 · 施密特于 2004 年发表在《动物人类学》期刊上题为“前陶器新石器时代土耳其东南部的哥贝克力石阵象征世界里的动物”一文第 206-208 页。

28. 塞缪尔 · 诺亚 · 克莱默著，《苏美尔人：他们的历史、文化及个性》第 33 页，芝加哥大学出版社，1963 年出版。

29. 请访问 http://www.penn.museum/collections/object/97591。

30. 请访问 http://www.schoyencollection.com/literature-collection/sumerian-flood-story-ms-3026。

31. 塞缪尔 · 诺亚 · 克莱默著，《历史开始于苏美尔》第 148 页，宾夕法尼亚大学出版社，1991 年出版。

32. 塞缪尔 · 诺亚 · 克莱默著，《历史开始于苏美尔》第 148 页，同上。

33. 请访问 http://www.penn.museum/collections/object/97591。

34. 请访问 http://www.schoyencollection.com/literature-collection /sumerian-literature-collection/sumerian-flood-story-ms-3026。

35. 同上。另见欧文 · 芬克尔著写的《诺亚方舟》第 91 页，伦敦：

霍德和斯托顿出版社，2014 年出版。

36. 塞缪尔·诺亚·克莱默著，《历史开始于苏美尔》第 149 页，同上。

37. 同上，第 149 页。

38. 同上。另见威廉·哈罗编撰的《楔形文字研究期刊》第 61 页第 23 卷和第 61 卷，1970 年出版。

39. 转引自塞缪尔·诺亚·克莱默著，《历史开始于苏美尔》第 149-151 页，同前。

40. 同上，第 151 页。

41. 同上。

42. 请访问 http://www.schoyencollection.com/literature-collection/sumerian-literature-collection/sumerian-flood-story-ms-3026。另请参阅欧文·芬克尔著写的《诺亚方舟》第 91 页。

43. 塞缪尔·诺亚·克莱默著，《历史开始于苏美尔》第 151 页，同上。

44. 同上，第 152 页。

45. 同上。

46. 同上。

47. 同上，第 152-153 页。

48. 同上，第 153 页。

49. 同上，第 148 页。

50. 见杰拉德·P·维布鲁格赫和约翰·M·威克沙姆合著的《贝罗索斯和曼内托》第 15 页上的讨论，密歇根大学出版社，1999 年出版。

51. 本诺·兰斯博哲写的《三论苏美尔人》中“关于苏美尔人的三篇论文 II：美索不达米亚文明的开端”一文第 174 页。洛杉矶乌缇娜出版社；另见《贝罗索斯和曼内托》第 17、44 页，同上；斯蒂芬妮斯·达利著，《美索不达米亚神话》第 182-183 页，第 328 页；杰里米·布莱克和安东尼·格林合著，《美索不达米亚的诸神、恶魔和符号象征》第 41、82、163-164 页。伦敦大英博物馆出版社，1992 年出版。

52.《贝罗索斯和曼内托》第 43 页，同上。

53. 同上，第 44 页。

54. 乔治·史密斯著，《迦勒底人的创世学说》第 33 页。伦敦桑普森洛出版公司，1880 年出版。

55.《贝罗索斯和曼内托》第 26、34 页，同上。另见乔治·史密斯著，《迦勒底人的创世学说》第 32 页，同上。

56. 阿马尔·阿纳斯发表在《伪经研究期刊》上的《论看守者的由来：上古美索不达米亚人的智慧与犹太传统的比较研究》一文，见 285 页。

57. 同上。

58. 同上。

59. 同上。另见乔纳斯·C·格林菲尔德发表在《犹太季评》第 10 页第 76 卷的《智慧七柱（箴言 9:1）：误译》一文。

60. 同上，见第 281 页《多种美索不达米亚科学技术在意识形态上被认为起源于大洪水之前的先哲》一文。

61. 埃里卡·莱纳写的 1961 年刊登在《东方学报 NS30》第 10 页的《古希腊七贤之病因学神话》一文。

62. 乔纳斯·C·格林菲尔德发表在《犹太季评》第15页第76卷的《智慧七柱（箴言9:1）：误译》一文。

63. 阿马尔·安努斯发表在《伪经研究期刊》上的《论看守者的由来：上古美索不达米亚人的智慧与犹太传统的比较研究》一文，见第289页。

64. 乔纳斯·C·格林菲尔德发表在《犹太季评》第16页第76卷的《智慧七柱（箴言9:1）：误译》一文。

65. 阿马尔·安努斯发表在《伪经研究期刊》上的《论看守者的由来：上古美索不达米亚人的智慧与犹太传统的比较研究》一文，见第289页。

66. 同上，见第283页。另见W·G·兰伯特写的《祖先，作者和经典》一文，1957年刊登在《楔形文字研究期刊》第8-9页第11卷第一期。

67. 杰里米·布莱克和安东尼·格林合著，《美索不达米亚的诸神、恶魔和符号象征》第46页，同上。

68. 阿马尔·安努斯发表在《伪经研究期刊》上的《论看守者的由来：上古美索不达米亚人的智慧与犹太传统的比较研究》一文，见第293页。

69. 杰里米·布莱克和安东尼·格林合著，《美索不达米亚的诸神、恶魔和符号象征》第46页。

70. 同上，见第170页。

71. 阿马尔·安努斯发表在《伪经研究期刊》上的《论看守者的由来：上古美索不达米亚人的智慧与犹太传统的比较研究》一文，见第293页。

72. 杰里米・布莱克和安东尼・格林合著,《美索不达米亚的诸神、恶魔和符号象征》第 171 页。

73. 阿马尔・安努斯发表在《伪经研究期刊》上的《论看守者的由来:上古美索不达米亚人的智慧与犹太传统的比较研究》一文,见第 293 页。

74. 安妮・特拉福德・基尔默写的《圣经中的拿非利人在美索不达米亚所对应的人物》一文,引自 E・W・康拉德和 E・G・牛因合著的《语言与文本的视角:纪念弗兰西斯的散文与诗歌》第 41 页。

75. 杰里米・布莱克和安东尼・格林合著,《美索不达米亚的诸神、恶魔和符号象征》第 75 页。

76. 阿马尔・安努斯发表在《伪经研究期刊》上的《论看守者的由来:上古美索不达米亚人的智慧与犹太传统的比较研究》一文,见第 314 页。

77. 阿马尔・安努斯发表在《伪经研究期刊》上的《论看守者的由来:上古美索不达米亚人的智慧与犹太传统的比较研究》一文,见第 287 页。

78. 杰里米・布莱克和安东尼・格林合著,《美索不达米亚的诸神、恶魔和符号象征》第 76 页。

79. 同上,见第 75、76 页。另见格温多林・里克著,《近东神话》第 4-6 页,劳特利奇出版社,1998 年出版。

80. 请参阅《吉尔伽美什史诗》第 108 页。伦敦企鹅经典出版社,1988 年出版。

81. 例如,见杰里米・布莱克和安东尼・格林合著,《美索不达米亚的诸神、恶魔和符号象征》第 84 页。

82.《贝罗索斯和曼内托》第 49-50 页，同上。

83. 在《吉尔伽美什史诗》中，从洪水逃生的幸存者名叫乌特那皮什提。正如大英博物馆中东部助理总监欧文·芬克尔所解释："齐苏德拉这个名字非常适合一个不朽的抗洪英雄，因为在苏美尔它的含义有长寿的意味。而《吉尔伽美什史诗》中对应的抗洪英雄的名字是乌特那皮什提，具有大致类似的意思。事实上，我们不能肯定这个巴比伦名字是否是苏美尔人翻译的结果。"请参阅欧文·芬克尔著写的《诺亚方舟》第 92 页。

84.《吉尔伽美什史诗》第 111 页，同上。

85.《贝罗索斯和曼内托》第 50 页，同上。

86. 阿马尔·安努斯发表在《伪经研究期刊》上的《论看守者的由来：上古美索不达米亚人的智慧与犹太传统的比较研究》一文，见第 282 页。另见安妮·特拉福德·基尔默写的《圣经中的拿非利人在美索不达米亚所对应的人物》一文第 43 页，同上。

87. 安妮·特拉福德·基尔默写的《圣经中的拿非利人在美索不达米亚所对应的人物》一文第 39-40 页，同上。

88. 阿马尔·安努斯发表在《伪经研究期刊》上的《论看守者的由来：上古美索不达米亚人的智慧与犹太传统的比较研究》一文，见第 295 页。

89. 请参阅珍妮特·C·芬克写的题为《尼尼微巴比伦文本：大英图书馆的图书项目报告》一文。

第九章

1. 见约翰·贝恩斯和米尔·马利克的《古埃及的阿特拉斯》一

文，载于《时代生活图书》，1990年出版，第76页。

2. 同上。内围墙和外围墙始于古王国时期，外围墙的外层始于第一中间期（公元前2134至前2040年）。残留的其他一些构造已经追溯到第二中间期（公元前1640年至前1532年）以及新王国时期（公元前1550年至前1070年）。

3. 见E·A·伊丽莎白·雷蒙德的《埃及神庙的神话起源》，曼彻斯特大学出版社，1969年出版，第8页。

4. 同上，第151页："我们一直在分析的神话情景揭开了起源于另一个地方的传统……"。

5. 同上，第55、90、105、274页。

6. 同上，第55页。

7. 同上，第109、113 - 114、127页。

8. 同上，参见第19页"猎鹰的船员"。另请参见第27页、177页、180页、181页、187页，伊德富文本通篇都反复提到船员和航海。因此，在第180页"谢布提伍起航了……"，第187页"他们被认为已经航行到原始世界的另一边"。

9. 同上，第190页。

10. 同上，第274页，"他们远航经过原始时代的无人区，并建立了另一片神圣的领域"。

11. 同上，第122页。

12. 同上，第134页。

13. 同上，第106-107页。

14. 同上，第44页、第258页，"在艾得夫，我们只有文献片段。很多选择性的记录来自埃及神庙的重大历史"。已知最近的古埃及象形文字铭文来自菲莱的伊希斯神庙，始于公元 394 年。已知最近的民众涂鸦也是在那里被发现，可追溯到公元 425 年。“尽管对象形文字的认知持续超越这一时间，但它的任何记录都还没有被发现。”约翰·安东尼西的《古埃及旅行者的钥匙》，伦敦哈拉普·哥伦布出版社，1987 年出版，第 426 页。

15. 见霍华德·维斯的《1837 年在吉萨金字塔开展的工作，一份进入上埃及的远航记录》，伦敦摄政街詹姆斯·弗雷泽出版社，1840 年出版第 1 卷，第 67-68 页。

16. 美索不达米亚和埃及年代表是众所周知的。关于秘鲁，请参见露丝·沙迪·索利斯等人的《卡拉尔：美洲最古老的文明》，苏沛专属博物馆股份有限公司，2009 年出版。

17. 见柏拉图的《蒂迈欧篇和克里底亚斯篇》，载于《企鹅经典》，1977 年出版，第 36 页。

18. 同上，第 34-38 页。

19. 见 J·格温·格里菲思的《亚特兰蒂斯、埃及与其他文选》，加的夫威尔士大学出版社，1991 年出版，第 3-30 页。

20. 见米里亚姆·利什特海姆的《古埃及文献》第 1 卷《古王国和中王国》，加州大学出版社，1975 年出版，第 211 页。

21. 同上，第 212-213 页。

22. 同上，第 215 页，注释 3。

23. 见玛格丽特·布松的《古埃及的百科全书》，载于《文件里的事实》一书，纽约牛津大学，1991 年出版，第 130 页。

24. 同上。

25. 同上。

26. 见米里亚姆·利什特海姆的《古埃及文献》，同前，第213页。

27. 同上，第214页。

28. 同上。

29. 见本杰明·乔伊特所译柏拉图的《克里底亚篇》，互联网经典档案，见 http://classics.mit.edu/Plato/critias.html。

30. 见柏拉图的《蒂迈欧篇和克里底亚斯篇》，企鹅经典版，同前，第38页。

31. 见J·格温·格里菲思的《亚特兰蒂斯、埃及与其他文选》，同前，第23页。

32. 见 https://egyptsites.wordpress.com/2009/03/03/sa-el-hagar/。

33. 同上。

34. 见E·A·伊丽莎白·雷蒙德的《埃及神庙的神话起源》，同前，第324页。

35. 同上，第213页。

36. 同上，第31页。

37. 同上，第111页。

38. 同上，第142页。

38. 见柏拉图的《蒂迈欧篇和克里底亚斯篇》，同前，《克里底亚斯篇》，第136页。

40. 见E·A·伊丽莎白·雷蒙德的《埃及神庙的神话起源》，同前，第113页。

41. 同上，第109页。

42. 同上，第127页。

43. 见柏拉图的《蒂迈欧篇和克里底亚斯篇》，同前，《蒂迈欧篇》

第 38 页。

44. 同上。

45. 同上，第 35 页。

46. 见 E · A · 伊丽莎白 · 雷蒙德的《埃及神庙的神话起源》，同前，第 19 页。

47. 见 E · W · 维斯特、特朗、F · 马克斯 · 穆勒等人编辑的《巴列维文本》一书，第一部分，重印版，新德里大西洋出版商和发行商，1990 年出版，第 17 页。

48. 见 E · A · 伊丽莎白 · 雷蒙德的《埃及神庙的神话起源》，同前，第 113 页。

49. 同上，第 279 页。

50. 同上，第 113 页。

51. 同上。

52. 见《考古天文学：考古天文学中心杂志》第 8 卷第 1-4 期，1985 年 1-12 月出版，第 99 页。

53. 见托尔康威，雷 · A · 威廉姆森和克莱尔 · R · 花拉等人编辑的《地球和天空》，同前，第 246 页。

54. 见柏拉图的《蒂迈欧篇和克里底亚斯篇》，同前，《蒂迈欧篇》第 38 页。

55. 见伊格内修斯 · 唐纳利的《亚特兰蒂斯：上古世界》，纽约多佛出版公司，1976 年出版，第 23 页。

56. 见柏拉图的《蒂迈欧篇和克里底亚篇》，同前。《蒂迈欧篇》第 37 页。

57. 见本杰明 · 乔伊特所译柏拉图的《克里底亚篇》，互联网经典档案，见 http://classics.mit.edu/Plato/critias.html。

58. 见柏拉图《蒂迈欧篇和克里底亚斯篇》，同前，《克里底亚斯篇》第 138 页。

59. 见 E·A·伊丽莎白·雷蒙德的《埃及神庙的神话起源》，同前，第 37 页。

60. 同上，第 220 页。

61. 同上，第 240 页。

62. 同上，第 198 页。

63. 同上，第 108 页。

64. 同上。

65. 同上，第 109 页。

66. 同上，第 202、323-324 页。

67. 见柏拉图《蒂迈欧篇和克里底亚斯篇》，同前，《蒂迈欧篇》第 38 页。

68. 见 E·A·伊丽莎白·雷蒙德的《埃及神庙的神话起源》，同前，第 171 页，“据说偿还的土地起源于造物主把他的原居地周围的水弄干之后”。参见第 172 页，“偿还的土地这个词是指从水中浮现出来的土地……”

69. 同上，第 162 页。

70. 同上，第 173 页。

71. 同上，第 324 页。

72. 同上，第 194 页。

73. 同上，第 274 页。

74. 同上，第 187 页。

75. 同上，第 274 页。

76. 同上，第 190 页。

77. 同上，第 274 页。

78. 同上，第 190 页。也参见第 33 页。

79. 同上，第 33 页。

80. 同上，第 24 页，“谢布提伍的职责是命名（ = 创造）事物”。也见第 180 页。

81. 同上，第 41 页。

82. 同上，第 28 页。

83. 同上，第 95、96、108、110-111 页。

84. 同上，第 96 页。

85. 同上，第 91 页。

86. 同上，第 92 页。

87. 同上。

88. 同上，第 25、41、289 页。

89. 同上，第 159 页。

90. 同上，如第 28、66、236 页。

91. 同上，第 310-311 页。

92. 同上，第 9 页。

93. 同上，第 48 页。

94. 同上，第 273 页。

95. 见柏拉图的《蒂迈欧篇和克里底亚斯篇》，企鹅经典，同前，《蒂迈欧篇》第 36 页。

96. 同上。

第十章

1. 参见柏拉图的《法律篇》第II卷，载于约翰 · M · 库珀主编的《柏拉图全集》，印第安纳波利斯 / 剑桥的哈克特出版公司，19970 年出版，第 1348 页。

2. 参见葛瑞姆 · 汉卡克所著《上帝的指纹》一书，伦敦威廉 · 海涅曼公司，1995 年出版，第 446 页及其后第 456-458 页。

3. 参见罗伯特 · 包维尔和阿德里安 · 吉尔伯特所著《猎户座之谜》一书，伦敦威廉 · 海涅曼有限公司，1994 年出版。

4. 参见罗伯特 · 包维尔和葛瑞姆 · 汉卡克所著《创世记的守护者》一书，伦敦威廉 · 海涅曼有限公司，1996 年出版。

5. 参见乔治 · 德桑蒂拉纳和赫塔 · 冯 · 戴程德所著《哈姆雷特的磨房》一书里"通过神话来研究人类知识起源及其传播的随笔"，无敌书籍出版社，1977 年出版，1999 年重印，第 59 页。

6. 参见葛瑞姆 · 汉卡克和桑沙 · 法伊阿所著《天堂的镜子》一书里"追寻失落的文明"，伦敦迈克尔 · 约瑟夫出版社，1998 年出版。

7. 同上，参见更多的讨论。

8. 参见保罗 · 德伯尔托利斯，戈兰 · 诺维奇等人所著《坎达（马其顿）古遗址的考古声学分析》，载于 2014 年 12 月 1 - 5 日在斯洛伐举行的"第三届的科学领域高级研究虚拟国际会议"（ARSA-2014）的大会论文集，第 237-251 页，由斯洛伐克共和国日利纳大学的 EDIS 出版机构出版。该论文可在线浏览：https://www.academia.edu/9818666/Archaeoacoustic_analysis_of_the_ancient_site_of_Kanda_Macedonia_._Preliminary_results。

9. 参见 http://www.usbr.gov/lc/hooverdam/History/essays/

artwork.html。

10. 同上。

11. 同上。

12. 参见理查德·盖伊·威尔逊所著《美国的西方现代主义：胡佛水坝》，托马斯·卡特编辑的《美国土地影像》，阿尔伯克基的新墨西哥大学出版社，1997 年出版，第 10 页，转引自《胡佛水坝：偏僻的土地上硕果累累》，见 http://xroads.virginia.edu/~1930s/display/hoover/modern.html。

13. 请访问 https://www.wisdomuniversity.org/Chartres-Overview.htm，“这是沙特尔的魔法和秘密，是大教堂女王之所在。这也是‘天文学’的力量。它闻名于古人，因为它标志着七艺的最终与最高水平。古代西方的七艺是人类已知最古老的不断发展的教学体系，发源于古埃及，由沙特尔大师高度完善细化。神圣的天文学被嵌入沙特尔大教堂的石头和染色玻璃里。它被认为是七艺的最高水平，因为它独自沉思着整个宇宙，并力图领悟所有创造的终极意义和目的。”

14. 参见葛瑞姆·汉卡克所著《上帝的指纹》里的讨论，同前，第 49 章，第 443 页及其后。

15. 参见 E·A·E·雷蒙所著《埃及神庙的神话起源》一书，同前，第九章，第 134 页。

16. 参见迈克尔·A·霍夫曼所著《法老王之前的埃及》一书，迈克尔·奥马拉图书有限公司，1991 年出版，第 89 – 90 页。另请参见卡尔·布兹泽尔所著《埃及的水利文明》一书，芝加哥大学出版社，1876 年出版，第 9 页。

17. 参见葛瑞姆·汉卡克所著《上帝的指纹》一书，同前，第 52

章，第 497 页。

18. 参见波士顿大学的罗伯特·肖赫教授对于斯芬克斯的地质年代的讨论，同上，第 46 章第 420 页及其后。

19. 参见扬尼斯·利里特兹和阿西米纳·凡法斗所写《一些埃及古迹的表面发光年代测定》，载于《文化遗产》杂志（2015 年）第 16 期，第 137 页表 1。

20. 同上，第 134-150 页。

21. 同上，第 134 页。

22. 同上，第 134-150 页。

23. 同上，第 137 页表 1。

24. 同上。

25. 参见罗伯特·肖赫教授的个人电子邮件，2015 年 20 月。

26. 参见扬尼斯·利里特兹和阿西米纳·凡法斗所写《一些埃及古迹的表面发光年代测定》，载于《文化遗产》杂志，同前，第 137 页表 1。

27. 参见罗伯特·肖赫教授的个人电子邮件，2015 年 20 月。

28. 参见扬尼斯·利里特兹和阿西米纳·凡法斗所写《一些埃及古迹的表面发光年代测定》，载于《文化遗产》杂志，同前，第 137 页表 1。

29. 同上。

30. 参见约翰·贝恩斯和米尔·马利克所著《古埃及的阿特拉斯》一书，《时代生活图书系列》，1990 年出版，第 36 页。

31. 参见扬尼斯·利里特兹和阿西米纳·凡法斗所写《一些埃及古迹的表面发光年代测定》，载于《文化遗产杂志》，同前，第 147 页。

32. 同上。

33. 参见E·A·E·雷蒙所著《埃及神庙的神话起源》，同前第187页。

34. 参见托比·A·H·威尔金森所著《早期王朝时代的埃及》，伦敦和纽约的劳特利奇出版社，1999年出版，第325页。

35. 同上，第262页。

36. 同上，第263页。

37. 同上。

38. 同上。

39. 同上，第262页。

40. 雷蒙（《埃及神庙的神话起源》，同前，第263页）最终选择采用塞加拉作为“孟菲斯北部”的候选地，即那本书从天而降的地方。她的逻辑与作者不同。赫伦－内苏特位于北纬29.08度，孟斐斯位于北纬29.84度，塞加拉位于北纬29.87度，吉萨大金字塔位于北纬29.98，而达舒尔位于北纬29.80度。由于数字越大越往北，很明显，我们必须排除赫伦－内苏特和达舒尔：前者位于孟菲斯以南0.76度，后者位于孟菲斯以南0.04度。塞加拉在孟菲斯北部但只差0.03度——如此接近到几乎完全一样的纬度。相比之下，吉萨在孟菲斯以北0.14度，更明显地满足了这一要求。

41. 参见E·A·华莱士·巴奇所著《埃及人的神祇》，芝加哥和伦敦的梅休因公司，1904年出版，1969年由多佛书社重印，第1卷，第467、468、473页等。

42. 参见塞利姆·哈桑所著《狮身人面像：近年考古发掘所揭开的历史》一书，开罗政府出版社，1949年出版，第80页。

43. 参见罗伯特·包维尔和葛瑞姆·汉卡克所著《创世记的守护者》一书里的讨论，同前第43页，第156及其后，第160页及其后等。

44. 参见雷纳·施塔德尔曼所写《吉萨的大狮身人面像》一文，载于扎希·哈瓦斯主编的《十一世纪黎明时的埃及学》(《2000年开罗第八届埃及古物学家国际会议论文集》第一卷：考古学)，开罗的美国大学出版社，2002年出版，第464-469页。

45. 同上，第465页。

46. 参见塞利姆·哈桑所著《狮身人面像：近年考古发掘所揭开的历史》一书，同前，第75页。

47. 同上，第75页。

48. 同上，第76页。

49. 同上，第76、185页。

50. 同上，第76页。

51. 参见詹姆斯·亨利·布雷斯特德所著《埃及古代记录》，乌尔班纳和芝加哥的伊利诺伊新闻分校，2001年出版，第2卷，第323页。

52. 同上。

53. 同上，第320、324页。

54. 参见塞利姆·哈桑所著《狮身人面像：近年考古发掘所揭开的历史》一书，同前，第76页。

55. 参见加斯顿·马伯乐所著《文明的曙光》，伦敦SPCK出版社，1894年出版，第366页。

56. 参见加斯顿·马伯乐所著《埃及考古学指南》，纽约帕特南的子孙出版社，1914年出版，第74页。

57. 参见塞利姆·哈桑所著《狮身人面像：近年考古发掘所揭开的

历史》一书，同前，第 222 页。

58. 库存石碑表的全文翻译，请参见詹姆斯·亨利·布雷斯特德所著《埃及的古代记录》一书，同前，第 1 卷，第 83-85 页。又见塞利姆·哈桑所著《狮身人面像：近年考古发掘所揭开的历史》一书，同前，第 222-227 页。

59. 参见塞利姆·哈桑所著《狮身人面像：近年考古发掘所揭开的历史》，同前，第 225 页。

60. 见 http://www.guardians.net/hawass/khafre.htm。

61. 见 http://en.wikipedia.org/wiki/Khafra#Valley_Temple。

62. 归属于哈夫拉的所谓的“祭庙”。斯蒂芬·夸克教授寄给葛瑞姆·汉卡克的电子邮件，2015 年 4 月 2 日。

63. 参见 I·E·S·爱德华兹所著《埃及的金字塔》一书，载《鹈鹕丛书》，1947 年出版，1949 年重印，第 107 页及其后。

64. 同上，第 109 页。

65. 参见 I·E·S·爱德华兹所著《埃及的金字塔》一书，企鹅出版社，1993 年出版，第 124 页。着重强调。

66. 参见凯瑟·A·巴德（主编）的《古埃及考古百科全书》，劳特利奇出版社，1999 年出版，第 342-345 页。

67. 参见布雷斯特德所著《埃及的古代记录》一书，同前，第 2 卷，第 320-132 页，注释 b。

68. 参见亨利·法兰克福所著《王权与神祇》，芝加哥和伦敦的芝加哥大学出版社，1948 年出版，1978 年再版，第 148 页。

69. 参见威廉·马修·弗林德斯·皮特里的《孟斐斯 I》，《阿普里伊的宫殿（孟斐斯 II）》，及《麦登与斐孟斯 III》，剑桥大学出版社，

2013年出版，第43页。

70. 参见塞利姆·哈桑所著《狮身人面像：近年考古发掘所揭开的历史》一书，同前，第222-224页。

71. 同上，第224-225页。

72. 同上，第223页。

73. 同上。

74. 例如西藏。西藏的“thokcha”（天铁）是由陨铁制成，“thokcha是由两个单词组成的词，‘thog’是‘上面，最初或霹雳’的意思，‘lcags’意思是铁或金属。‘thokcha’的意义因此可以被指定为‘最初的或原始的铁’或‘霹雳铁’”见http://en.wikipedia.org/wiki/Thokcha。

75. 参见E·A·E·雷蒙所著《埃及神庙的神话起源》，同前，第10页。

76. 同上，第8-10页、第18页。

第十一章

1. 柏拉图所著《蒂迈欧篇和克里底亚斯篇》，载于《企鹅经典》，同前，第35-36页。

2. E·A·伊丽莎白·雷蒙德所著《埃及神庙的神话起源》，同前，第285页。

3. 这个概念已经被一些埃及古物学者所接受，他们提出，“前王朝和/或早期王朝的建筑材料已经在创建金字塔平台时被清除掉”。见埃及学家塞丽娜·洛夫“石头、祖先和金字塔：调查前金字塔时代的孟斐斯景观”一文，载于米罗斯拉夫·巴塔（主编）的《古王国艺术与考古学，在布拉格举行的会议论文集》，2004 年 5 月 31 日至 6 月 4 日，布拉格市捷克埃及学学院，2006 年出版，第 216 页。

4. E・A・伊丽莎白・雷蒙德所著《埃及神庙的神话起源》，同前，第 327 页。

5.1993 年 1 月 27 日写给罗伯特・鲍威尔的信，引述于罗伯特・鲍威尔与葛瑞姆・汉卡克所著《创世记的守护神》，同前，第 200 页和第 333 页注释 11。

6. E・A・E・雷蒙德所著《埃及神庙的神话起源》，同前，第 59 页。

7. 同上，第 9 页。

8.E・A・沃利斯・巴奇所著《古埃及的咒语》，伦敦凯根・保罗，特伦奇，特吕布纳有限公司，1901 年出版，纽约多佛，1971 年再版，第 143 页。

9. 转引自约翰・格里夫斯所著《金字塔线架模型：或为埃及金字塔的说明书？》，伦敦乔治・巴杰出版社，1646 年出版，由巴尔的摩市罗伯特・林哈特出版社再版，第 96 页。

10. 同上。

11. 同上。

12. 同上。

13.I・E・S・艾德华兹所著《埃及金字塔》，1947 年出版，同前，第 134 页。

14. 米里亚姆・利什特海姆所著《古埃及文献》第 1 卷，同前，第 218–219 页。

15.I・E・S・艾德华兹所著《埃及金字塔》，1993 年出版，同前，第286页。

16. F·W·格林，《埃及考古学》杂志，第十六卷，1930年出版，第33页。

17.A·H·加德纳的《埃及考古学》杂志，第十一卷，1925年出版，第2-5页。

18.E·A·E·雷蒙德所著《埃及神庙的神话起源》，同前，第77页。

19. 同上，第112页。

20. 见罗伯特·鲍威尔与葛瑞姆·汉卡克在《创世记的守护神》里的讨论，同前，第13、108、192、193-196页。

21.R·A·史瓦勒·德·鲁比兹所著《神圣的科学》，佛蒙特州罗切斯特市"内在传统"出版社，1988年出版，第104页。

22. 同上，第111页。

23. 沃尔特·斯科特爵士（主编和翻译）《赫密斯文集》，波士顿香巴拉出版社，1993年出版，第343页。

24. 见希尔维亚·克兰斯顿（主编）《轮回：凤凰火之谜》书中的讨论，帕萨迪纳市神智大学出版社，1998年出版，第114页及以后。

25.R·T·伦德·克拉克的《凤凰的起源》，载于《英国伯明翰大学历史》杂志（1949-1950年），第17页，"本本石和本努鸟一定来自同一个词根'本'。这两个词都是派生的，所以我们不能说一个产生于另一个。鸟和石头——如果石头产生于鸟——连在了一起"。

26. 亨利·法兰克福所著《王权与神》，芝加哥大学出版社，1978年出版，第153-154页。

27. 如见E·A·沃利斯·巴奇的《埃及象形文字字典》，伦敦约翰·默里出版社，1920年出版，纽约多佛出版公司，1978年再版，第217页。

28. 罗伯特·鲍威尔的《埃及学讨论》第十四卷，1989年出版。

29. PT1652，转引自R·T·伦德·克拉克的《凤凰的起源》，同前，第14页。

30. E·A·沃利斯·巴奇的《埃及象形文字字典》，同前，第1卷，第217页。

31. R·T·伦德·克拉克的《凤凰的起源》，同前，第15页。

32. 同上，第18页。

33. 葛瑞姆·汉卡克的《失落的约柜》，伦敦威廉·海涅曼有限公司出版社，1992年出版，第67-69页。

34. 梅纳赫姆·哈兰所著《古代以色列的神殿和神殿服务》，牛津大学克拉伦登出版社出版，印第安纳州威诺纳湖出版社，1985年再版，第246页。

35. 见艾玛·荣格和玛丽－路易丝·冯·弗朗兹所著《圣杯传说》中的讨论，伦敦共同创业出版社，1986年出版，第148页，脚注28。

36. 珍妮弗·魏斯伍德（主编）《秘境的地图》，伦敦协会出版社，1987年出版，第74页。

37. 同上。

38.W·H·罗舍尔所著《古希腊古罗马神话词典》，1884年出版，引用于艾玛·荣格和玛丽－路易丝·冯·弗朗兹的《圣杯传说》，同前，第148页。

39. 同上，第14-16页。

40. R·T·伦德·克拉克所著《古埃及神话与象征》，伦敦泰晤士和哈德逊出版社，1991 年出版，第 246-247 页。

41. 同上。

42. 埃尔默·G·苏尔的《凤凰》中的“拉潭修斯的小结”，载于《民间传说》第 87 卷第 1 部（1976 版），第 30 页。

43. E·V·H·肯尼利引述于西尔维亚·克兰斯顿（主编）《凤凰火之谜》，同前，第 18 页。

44. R·T·伦德·克拉克的《凤凰的起源》，同前，第 1 页；埃尔默·G·苏尔的《凤凰》，同前，第 31 页；R·范·登·布鲁克的《早期古典基督教传统中的凤凰神话》，E·J·布里尔出版社，1972 年出版，第 68-72 页。

45. R·T·伦德·克拉克的《凤凰的起源》，同前，第 1 页；杰拉尔德·梅西的《自然成因》第 2 卷，巴尔的摩市黑色经典出版社，1998 年（重印版），第 340 页。

46. R·尼霍夫的《拉比文学里的凤凰神话》，载于《哈佛神学评论》，第 89 卷第 3 期（1996 年 7 月），第 252 页。

47. R·范·登·布鲁克的《早期古典基督教传统中的凤凰神话》，同前，第 73 页。

48. 见葛瑞姆·汉卡克所著《上帝的指纹》，同前，第 28 至 32 章。

49. 乔治·德·桑提拉纳和赫塔·冯·戴程德所著《哈姆雷特的石磨》，同前，第 32 面。

50. R·范·登·布鲁克的《凤凰神话》，同前，第 73-74 页。

51. 维克多·克鲁伯和比尔·纳皮尔的《宇宙的冬季》，伦敦巴兹尔·布莱克威尔出版社，1990 年出版，第 150-153 页。

52. W·M·纳皮尔的《旧石器时代的灭绝和金牛座情结》，载于《皇家天文学会月报》第405卷第3期，2010年3月3日版，第1901-1906页。

53. 维克多·克鲁伯引述于《星期日独立报》，1997年3月30日版。

第十二章

1. 到底是谁应为谋杀负责，在笔者写作的当下，尚没有令人满意的确切结果。什叶派激进分子和政治团体、真主党的五名高级成员被联合国法庭起诉。真主党则指责以色列。此外还有人怀疑叙利亚总统巴沙尔·阿萨德直接牵涉其中。更多例证请访问：

http://www.bbc.co.uk/news/world-middle-east-13972350

http://www.bbc.co.uk/news/world-middle-east-25749185

http://www.jpost.com/Middle-East/Special-Lebanon-Court-permits-prosecutorto-bring-evidence-against-Assad-in-Hariri-case-381986

http://www.thenational.ae/world/lebanon/probe-into-hariris-assassination-to-focuson-al-assad

2. 包括2006年以色列突击队的一次袭击，请参考：

http://www.foxnews.com/story/2006/08/02/israeli-commandos-raid-hezbollah-hideout-inbaalbek-hospital/

http://www.reuters.com/article/2013/04/26/us-syria-crisis-hezbollah-idUSBRE93P09720130426

有关2013年6月的巴勒贝克导弹袭击事件，请参考：

http://www.ynetnews.com/articles/0，7340，L-4386949，

00.html

http://www.arabtoday.net/home/also-in-the-news/syrian-missiles-reach-lebanons-baalbek.html

3. 有关所罗门圣殿和圣殿山后续建设的历史，请参阅葛瑞姆·汉卡克所著的《符号与印章》第 14 章，同前。

4. 安德烈亚斯·J·M·克洛普和丹尼尔·罗曼所写《赫利奥波利斯（巴勒贝克）和耶路撒冷的寺庙施工技术对比》中的“大师，看看那些石头的大小！看看那些建筑的大小”，参阅《黎凡特》第 43 卷，2011 年第一期，42-43 页，黎凡特英国研究理事会出版。

5. 参阅丹·巴哈特所著的《卡尔塔的耶路撒冷历史地图》第 30 页，1989 年于耶路撒冷卡尔塔出版。

6. 讨论请参阅葛瑞姆·汉卡克所著《符号与印章》，第 5 章，第 91-92 页，同前。

7. 同前，第 95 页。

8. 视频请访问：https://www.youtube.com/watch？ v=LCFGjSgTzo0（从约 1 分 30 秒开始）

照片请访问：

http://survincity.com/2012/07/megaliths-of-israel-the-foundation-of-the-temple/

http://earthbeforeflood.com/megalithic_blocks_on_the_temple_mount_in_jerusalem.html

9. 请参阅安德烈亚斯·J·M·克洛普和丹尼尔·罗曼所写的《大师，看那些石头的大小》，同前。

10. 请参阅塞利姆·哈桑所著《伟大的狮身人面像和它的秘密：

近期发掘启发下的历史研究（1936年至1937年在吉萨的发掘，第八卷）》第267页，开罗政府新闻出版。

11. 同前第264至266页。

12. 同前，第49页。

13. 同前。

14. 同前，第256页。

15. 同前。

16. 请参阅克里斯蒂安·齐维耶－科什在2011年于洛杉矶出版的《加州大学洛杉矶分校的埃及古物学百科全书》第5页中写到的“埃及的外国神祇”。注：在引用段落中，齐维耶－科什使用了Harmachis，是希腊形式的古埃及地平线上的荷露斯，但作者采取将其简单称作地平线上的荷露斯，以避免名称上进一步的混乱。

17. 同前，第6页。

18. 请参阅N·怀亚特所著的《乌加里特宗教经文》第378页及后文，1998年由谢菲尔德文献出版社出版。

19. 请参阅雅各布斯·凡·戴克所著《迦南神霍隆与他在埃及的祭仪》，冈比亚107（1989），第61页。发表于1985年8月26日至9月1日的慕尼黑第四届国际埃及学会议。Pdf文档请访问：http://www.jacobusvandijk.nl/docs/GM_107.pdf。

20. 请参阅N·怀亚特所著的《乌加里特宗教经文》第385页，同前。

21. 同前，第386页。

22. 请参阅妮娜·基底亚所著《巴勒贝克：太阳之城赫利奥波利斯》第5页，1975年由达尔－厄马什雷克出版商于贝鲁特出版。另见迈克尔·M·阿鲁夫所著《巴勒贝克的历史》第38页，1951年由美国新闻出版社出版，以及弗里德里希·拉格特所著《巴勒贝克》第16页，1980年由伦敦查图与温达斯书局出版。

23. 请参阅克里斯蒂安·齐维耶－科什所著的《埃及的外国神祇》，同前，第2-4页，以及图4。另见塞利姆·哈桑所著《伟大的狮身人面像和它的秘密：近期发掘启发下的历史研究（1936年至1937年在吉萨的发掘，第八卷）》第278页。

24. 请参阅弗里德里希·拉格特所著《巴勒贝克》第16页，同前。

25. 请参阅大卫·格雷纳（译），希罗多德所著的《历史》第二册第132页及后文，1987由芝加哥大学出版社于伦敦出版。

26. 请参阅弗里德里希·拉格特所著《巴勒贝克》第20页，同前。

27. 同前。

28. 同前，第16-17页和第72页。

29. 在迈克尔·M·阿鲁夫所著的《巴勒贝克的历史》第65页被引用，同前。

30. 同前。

31. 同前，在第66页被引用。

32. 请参阅弗里德里希·拉格特所著《巴勒贝克》第27页，同前。

33. 请参阅迈克尔·M·阿鲁夫所著的《巴勒贝克的历史》第69-70页，同前。

34. 同前，第71页。

35. 同前。

36. 同前，第71-72页。

37. 同前，第73页。

38. 同前，第 74 页。

39. 请参阅戴尔·厄普顿所写的《从巴勒贝克开始：诺亚、所罗门、萨拉丁和建筑历史的流动性》第 458 页，发表于美国建筑史学家协会杂志，第 68 卷，第 4 期（2009 年 12 月）。

40. 请参阅迈克尔·M·阿鲁夫所著的《巴勒贝克的历史》第 86 页，同前。

41. 请参阅戴尔·厄普顿所写的《从巴勒贝克开始》，同前，第 459-460 页。“有种说法，说巴勒贝克从深层上讲属于欧洲，罗马文化，即‘西方’的基础的产物，在二十世纪头几年的德国考古发掘界挖出了我们今天所指的巴勒贝克时，这种说法进入了学术文献。”

42. 请参阅玛格丽特·凡·伊思和劳斯·海特（编辑）的《巴勒贝克 - 赫利奥波利斯：万年城市史》，2014 年由萨韦尔纳·菲利普·冯有限公司出版。

43. 请参阅玛格丽特·凡·伊思在《黎巴嫩考古和建筑公告》（BAAL）第四卷第 113 页中的《巴勒贝克 / 赫利奥波利斯：2002-2005 年的考古学和建筑学研究结果》，其中的“朱庇特遗迹大庭院的深槽清理的首批考古结果”，2008 年在布鲁特出版。另见丹尼尔·罗曼在《2010 在线考古公告》特别卷 / 海报区 2，第 29 页的《阔步迈向纪念性建筑：朱庇特庇护所巴勒贝克 / 赫利奥波利斯的建筑》当中所写的“巴勒贝克玄机……自从前陶器石器时期就开始持续存在”。

44. 参阅蒂莫西·霍根所著的《进入联结的链条：探索神秘传统与将他们的联结之物》第 238-239 页和 242-245 页，2012 年出版。

45. 有关在巴勒贝克对墨丘利的崇拜，请参阅妮娜·基底亚所著《巴勒贝克：赫利奥波利斯》第 28、29、30、33、36、37、45、

54、55页，同前。有关透特·赫尔墨斯的关联，请参阅加思·佛登所著的《埃及赫尔墨斯》，1987年剑桥大学出版社出版，以及帕特里克·博伊兰所著的《透特：埃及的赫尔墨斯》，1987年芝加哥战神出版社出版。

46. 请参阅妮娜·基底亚所著《巴勒贝克：赫利奥波利斯》第54页，同前。

47. 请参阅哈图那·卡拉亚恩所写的《巴勒贝克与贝卡谷地遗迹笔记》第53页，同前。

48. 请参阅妮娜·基底亚所著《巴勒贝克：赫利奥波利斯》第30页，同前。

49. 一块被认定为来自朱庇特神庙平台北角的碎片。作者见过它，这块360吨重的石头应该就是基督教的，也被芭芭拉·乔伊·奥布莱恩写进了《发光之物》第272页，2001年赛伦塞斯特石竹出版有限公司出版。

50. 请参阅迈克尔·M·阿鲁夫所著的《巴勒贝克的历史》第85–86页，同前。

51. 同前，第85页。

52. 请参阅乔治·德桑蒂拉纳和赫塔·冯·戴程德所著的《哈姆雷特的石磨》第162页，同前。

53. 丹尼尔·罗曼在后来的通信（2015年2月8日的邮件）中给出的长度和高度，另见迈克尔·M·阿鲁夫所著的《巴勒贝克的历史》第86–87页，给出了与长度与高度相差无几的宽度。

54. 作者很感谢建筑家和考古学家丹尼尔·罗曼在后来的通信（2015年2月8日）中给他解释这些细节之处。

55. 戴尔·厄普顿所写的《从巴勒贝克开始》，同前，当中的“几乎没有现存的古代书面文件，保存下来的书面材料都是在这些建筑建成几百年后写下的。根本没有证据能够告诉我们，比如，是谁下令建造、承担费用，或设计了这一整体建筑的哪些部分”。

56. 丹尼尔·罗曼将这一墙体的设计建造描述为《大步迈向纪念性建筑》中的“妄自尊大”，同前，第 28 页。

57. 请参阅安德烈亚斯·J·M·克洛普和丹尼尔·罗曼所写的《大师请看看那些石头的大小》第 38 页，同前。

58. 同前，第 39 页。

59. 同前。

60. 同前，第 38 页。

61. 同前，第 44 页。

62. 请参阅丹尼尔·罗曼所写的《大步迈向纪念性建筑》第 29 页，同前。

63. 请参阅丹尼尔·罗曼所写的《大师请看看那些石头的大小》第 39 页，同前。

64.2015 年 2 月 8 日与丹尼尔·罗曼的私人通信。

65. 请参阅让·皮埃尔·亚当所写的《巴勒贝克巨石牌坊：巨石的运输与修建》第 52 页，出版于叙利亚（1977）。

第十三章

1.H·格利扬所著的《贝鲁特博物馆的公告》第二十二章（1969）第 151 页，“巨石牌坊上的雕刻和巴勒贝克神庙的施工史相关问题”。

2. 丹尼尔·罗曼在 2009 年 5 月科特布斯举办的第三次建筑史国际

会议上发表的《罗马建筑图纸及其赫利黎巴嫩奥波利斯/巴勒贝克建筑的意义》。

3. 丹尼尔·罗曼在《2010年在线考古公告》的特别卷/海报区2第28页发表的《阔步迈向纪念性建筑：朱庇特庇护所巴勒贝克/赫利奥波利斯的建筑》。

4. 见 http://dictionary.reference.com/browse/podium？ s=t。

5. 同上。

6. 见 http://dictionary.reference.com/browse/stereobate？ s=t。

7. 同上。

8. 见 http://en.wikipedia.org/wiki/Crepidoma。

9. 与丹尼尔·罗曼的个人通信，2015年2月9日的邮件："罗马人非常务实。"

10.H·格利扬的《巨石牌坊上的雕刻和巴勒贝克神庙的施工史相关问题》，同前，引书第151-2页。

11. 见 http://www.jasoncolavito.com/blog/ancient-astronauts-at-baalbek。对于他自称边缘科学和历史修正主义的真相揭露者，请参看杰森科维托的传记，见 http://www.jasoncolavito.com/biography.html。

12. 见 https://gilgamesh42.wordpress.com/about/。

13. 见 https://gilgamesh42.wordpress.com/2013/04/25/moving-the-stones-ofbaalbek-the-wonders-of-roman-engineering/。阿代尔的全部观点是，巨石牌坊下的三块巨石"是另外作为巨石山墙基石的令人印象深刻的石头。虽然没有巨石山墙的规模，但基础机构中的每一个石块都相当大。在它们下方发现了一部分石柱段。该石柱段的大小与朱庇特神庙所使用的石柱相对应。所以它很可能是石柱中遗留的或不再有用的一段。由于它位于基石下方，因此肯定是在巨石山墙建起之前就位于那里。此外，在巨石山墙顶部一块巨石上有一幅朱庇特神庙规划图，此神庙是罗马人在已经没有修建必要时修建的。通过巨石山墙中的朱庇特神庙碎片以及顶部的图，我们可以确信巨石山墙的石块是在朱庇特神庙修建的同时被放上去的。因此，通过巨石山墙石块与神庙的同时性，我们可以确定其出自罗马人之手”。

14. 迈克尔·阿鲁夫在其所著的《巴勒贝克的历史》中提到了墙上的这个确切部分，本书引同上，最早出版于1890年七月，到1951年重印了多次。在第98页，他介绍了巨石山墙（“没有任何描述可以确切表达这些巨大石块带给观察者们的眼花缭乱和目瞪口呆”），他还提到：“在这些石块之上，是阿拉伯人的建筑工事，正如已经说到的，石柱的基石、雕刻的装饰和掉下来的碎片，仍然有巴赫拉姆·沙阿时期的雕刻。”

15. 弗里德里希·拉格特所著的《巴勒贝克》第32-3页，1980年查图和温都斯书局出版于伦敦。

16. 例子同上述注8的详细信息，请参阅迈克尔·阿鲁夫在其所著的《巴勒贝克的历史》第85页，及《巴勒贝克的赫利奥波利斯》第36页。

17. 请参阅迈克尔·阿鲁夫在其所著的《巴勒贝克的历史》第86页，同前。

18. 腓尼基人与迦南人的相似性，请参阅杰拉德·赫姆的《腓尼基人》第25页（读书俱乐部协会版），1975年由维克多·格兰茨有限公司出版。

19. 同上，第 83 页。

20. 在特洛伊战争之前。见哈罗德・W・阿特里奇和小罗伯特・A・奥登所著的《斐罗的比布鲁斯：腓尼基历史》第 4 页。

21. 同上，第 1-3 页。

22. 同上，第 53 页。

23. 桑巴迪诺・莫斯卡蒂所著的《腓尼基人的世界》第 66 页，红衣主教/天体图书，出版于 1973 年。

24. E・里士满・霍奇斯（主编）的《科里的腓尼基人、迦太基人、巴比伦人、埃及人及作者里维斯和特纳的古代片段》第 13 页，1876 年出版于伦敦，着重强调。

25. 米丽安・李奇泰姆所著的《古埃及文献》卷三第 148 页，1980 年由洛杉矶伯克利加州大学出版社在伦敦出版。

26. 大卫・厄克特所著的《黎巴嫩（叙利亚山）：一段历史一段日志历》卷 2 第 369 页，1860 年由托马斯・考特利・纽比出版于伦敦。

27. 戴尔・厄普顿发表于《考古史学家协会杂志》第 4 号（2009 年 12 月）第卷 68 第 461 页的《从巴勒贝克开始：诺亚、所罗门、萨拉丁和建筑历史的流动性》。

28. 大卫・厄克特所著的《历史和日志》第 382 页，同前。

29. 同上，第 371 页。

30. 同上。

31. 同上，第 370-3 页。

32. 同上，第 373 页。

33. 同上，第 374-5 页。

34. 同上，第 377 页。

35. 同上，第 376、377、378 页。

36. 同上，第 376 页。

37. 所谓的位于卡拉克的“诺亚的坟墓”，在扎贝卡谷地的边缘的赫勒镇一座清真寺内可见。“坟墓”长 31.9 米（105 英尺），宽 2.7 米（8.7 英尺），高 0.98 米（3.2 英尺）。

38. 转引自大卫·厄克特所著的《历史和日志》第 39-40 页，同前。

39. 同上，第 40 页。

40. 同上，第 41 页。阿拉伯语手稿原文为“在巴勒贝克被发现”。

41. 请参阅让·皮埃尔·亚当所写的《巴勒贝克巨石牌坊：巨石的运输与修建》第 52 页，出版于叙利亚（1977）。

42. 同上，第 31-63 页。

43. 同上，第 54 页。

44. 同上，第 56 页。

45. 同上，第 61 页。

46. 同上。

47. 同上。

48. 弗里德里希·里格特所著的《巴勒贝克》第 114-119 页，同前。

49. 同上，第 119 页。

50. 克里斯汀和芭芭拉·乔伊·奥布莱恩所著的《光昼使者》第 275 页，2001 年伦敦石竹出版有限公司出版于赛伦塞斯特。

51. 让·皮埃尔·亚当所写的《巴勒贝克巨石牌坊》第 62 页，同前。

52. 作者在本章开头描述的所坐的树荫下最南端的石块，在那之上发现了朱庇特神庙山形墙建筑图，上部区域，其石工技术非常清晰。设想中的刘易斯孔应该是在质量中心之上的上表面。既然三块巨石中最大、最重的一块上并没有任何刘易斯孔，那么可以合理假设另外两块上也不会有。

53. 讨论请参阅葛瑞姆·汉卡克所著《符号与印章》，第 5 章，第 302-305 页，2005 年由伦敦企鹅图书出版。

54. 圣彼得堡的 1250 吨巨石是亚当在《巴勒贝克巨石牌坊》第 42 页提到的，同前。另见里格特的《巴勒贝克》第 118-119 页，同前。

55. 请参阅撒迦利亚·西琴所著的《天堂的阶梯》第 241 页，2007 年由伦敦哈珀图书出版（转载版）。

56. 同上，第 235、241 页。

57. 同上，第 310 页。

58. 艾丽芙·巴图曼所著的发表于 2004 年 12 月 18 日《纽约客》上的《巨石的神话》，请访问 http://www.newyorker.com/tech/elements/baalbek-myth-megalith。

59. 让·皮埃尔·亚当所写的《巴勒贝克巨石牌坊》第 52 页，同前。

60. 欧文·M·鲁普雷希特伯杰所著的《林茨考古研究》(1999)，当中的“从采石场到赫利奥波利斯 / 巴勒贝克朱庇特神庙”。

61. 德国考古研究所的数据见 http://www.dainst.org/pressemitteilung/-/asset_publisher/nZcCAiLqg1db/content/libanesisch-deutschesforscherteam-entdeckt-weltweit-gro%C3%9Ften-antiken-steinblock-inbaalbek。

62. 与丹尼尔·罗曼丹的个人书信，丹尼尔·罗曼 2015 年 2 月 8

日发送给葛瑞姆·汉卡克的电子邮件。

63. 与丹尼尔·罗曼丹的个人书信，丹尼尔·罗曼 2015 年 2 月 8 日发送给葛瑞姆·汉卡克的电子邮件。

64. 与丹尼尔·罗曼丹的个人书信，丹尼尔·罗曼 2015 年 2 月 9 日发送给葛瑞姆·汉卡克的电子邮件。

65. 见 http://www.panoramio.com/photo/46982253 和（后视图）http://www.bc.edu/bc_org/avp/cas/fnart/arch/roman/carree02.jpg，详细视图见 http://www.maisoncarree.eu/wp-content/uploads/2012/07/1_1_1_5_DSCN0047-650x487.jpg。

66. 见 https://www.flickr.com/photos/97924400@N00/7421596468/

67. 同上。

68. 与丹尼尔·罗曼丹的个人书信，丹尼尔·罗曼 2015 年 2 月 9 日发送给葛瑞姆·汉卡克的电子邮件。

69. 同上。

70. 与丹尼尔·罗曼丹的个人书信，丹尼尔·罗曼 2015 年 2 月 13 日发送给葛瑞姆·汉卡克的电子邮件。

71. 罗曼提供了以下链接来说明这一点：http://www.unicaen.fr/cireve/rome/pdr_virtuel.php？ virtuel=ultor&numero_image=0。

72. 与丹尼尔·罗曼丹的个人书信，丹尼尔·罗曼 2015 年 2 月 13 日发送给葛瑞姆·汉卡克的电子邮件。

73. 同上。

74. 同上。

75. 标题为“尼哈豪森神庙的平台，个人资料”的图片，来自丹尼尔·克伦克、威利·奇茨施曼（编辑）所著的《1901-1904 德国人员对叙利亚巴勒贝克遗址的罗马神庙的调查及视角》第122–134页，1938年柏林/莱比锡德格鲁伊特出版。

76. 与丹尼尔·罗曼丹的个人书信，丹尼尔·罗曼2015年2月13日发送给葛瑞姆·汉卡克的电子邮件。

第十四章

1. 请参阅约瑟夫·加芬克尔所著《利凡廷南部背景下新石器时代和铜器时代的比布鲁斯》，E·J·贝尔坦伯格和亚历山大.瓦塞所著《新石器革命：以塞浦路斯新发现观点讨论讨论西南亚的新视角（地中海东部地区补充）》，牛轭书籍，2004年，第182页。

2. 读者会想起第一章的内容，克劳斯·施密特教授断言，哥贝克力石阵是在公元前8200年最终废弃并被蓄意埋葬的。

3. 迈克尔·达姆珀，布鲁斯·E·斯坦利（编辑），《中东城市与北非城市：历史百科全书》，2006年，第104页。

4. 同前。

5. 尼娜·基底亚著《比布鲁斯古往今来》，戴尔－马瑞奇出版社，贝鲁特，1971年，第2页。

6. 戴尔·厄普顿著《从巴勒贝克开始：诺亚、所罗门、萨拉丁和建筑历史的流动性》，美国建筑史学家学会杂志，第68卷，第4期（2009年12月），第457页。

7. 同前。

8. 尼娜·基底亚著《巴贝克：赫利奥波利斯——太阳之城》，戴尔－马瑞奇出版社，贝鲁特，1975年，第17页。

9. 戴尔·厄普顿所著《从巴勒贝克开始》。同前，第458页。

10. 同前。

11. 丹尼尔·罗曼,《阔步迈向纪念性:木星庇护巴贝克/赫利奥波利斯的建筑》,考古期刊在线,2010 年,第 28 页。

12. 请参阅《神王与太阳神:古代的新世界统治》,例如,在詹姆斯·贝利的讨论,伦敦霍德与斯托顿出版社,1973年,第36页之后。

13. 见 E·A·瓦利斯·巴奇的论述,《奥西里斯和埃及的复活》,纽约多佛出版公司,1973 年(重印),第一卷。

14. 同前。

15. 同前,第 3 页。

16. 同前,第 4-5 页。

17. 同前,第 5-8 页。

18. 同前,第 93 页。

19. 塞利姆·哈桑,《吉萨发掘》,第一部分第六卷,开罗政府出版社,1946 年,第 11 页。

20. R·O·福克纳(翻译及编辑),《古埃及金字塔文本》,牛津大学出版社,1969 年,阿里斯与菲利普出版社重印本,发言 442,第 147 页。

21. 同前。

22. 同前。

23. 塞利姆·哈桑,《吉萨发掘》,第一部分第六卷,开罗政府出版社,1946 年,第 45 页。

24. 同前。

25. 弗朗西斯·耶茨,《布鲁诺与赫尔墨斯传统》,位于芝加哥和伦敦的芝加哥大学出版社,1979 年,第 49 页之后。

26. 塔玛拉・格林,《月神之城: 哈兰的宗教传统》, 位于莱顿和纽约的E・J・布里尔出版社, 1992年, 第3页。古兰经三次提到拜星教徒是“那本书的臣民”——古兰经5:69。http://www.usc.edu/org/cmje/religious-texts/quran/verses/005-qmt.php#005.069. 尤其详尽, 另请参见古兰经2:62(http://www.usc.edu/org/cmje/religious-texts/quran/verses/002-qmt.php#002.062.)和古兰经22:17(http://www.usc.edu/org/cmje/religious-texts/quran/verses/022-qmt.php#022.017)。

27. 布赖恩・P・哥本哈佛,《赫姆提卡: 希腊赫耳墨斯文集及拉丁文阿斯克勒庇俄斯的新英文翻译及注释导言》, 剑桥大学出版社, 1992年。另请参阅沃尔特・斯科特爵士(编辑和翻译),《赫姆提卡: 古希腊语及拉丁语文集——其中包含归功于赫耳墨斯・特里斯墨吉斯忒斯的宗教或哲学教义》, 波士顿香巴拉出版社, 1993年。

28. 曼弗雷德・勒克尔,《古埃及诸神及符号图解辞典》, 伦敦泰晤士及哈德逊出版社, 1995年, 第121页。另请参阅玛格丽特・本森所著《古埃及百科全书》, 档案出版公司, 纽约, 1991年, 第264页。

29. 迈克尔・贝金特,《从巴比伦的预兆: 占星术和古代美索不达米亚》, 伦敦阿卡纳-企鹅图书, 1994年, 第186页。

30. 哈罗德・W・阿特里奇和罗伯特・A・小奥登,《比布鲁斯城的斐罗: 腓尼基历史》, 华盛顿特区的天主教圣经季刊系列专刊9, 第198期, 第29页。

31. 尼娜・吉德健,《比布鲁斯》, 同前, 第10页。

32. 巴哈特廷・切利克,“喀喇汗土墩: 土耳其乌尔法地区的一个新文化中心”,《文史前献》, 第三十八期(2011年), 第241-53页。

33. 同前，第 242 页。

34. 朱利奥·马格利，“天狼星与哥贝克力石阵巨石围墙的项目”，见 http://arxiv.org/pdf/1307.8397.pdf，2013 年。马格利的论文引起了相当大的关注，并在《新科学家》杂志上的一篇文章进行了讨论，“世界上最古老的为了崇拜天儿狼星而建的神庙”，新科学家，2013 年 8 月 16 日，见 http://www.newscientist.com/article/mg21929303。400-worlds-oldest-temple-built-to-worship-the-dog-star.html#.VOID7b CsXG8，以及其他地方，如 http://www.science20.com/science_20/gobekli_tepe_was_no_laughing_matter-120278。

35. 朱利奥·马格利，“天狼星与哥贝克力石阵巨石围墙的项目”，同前，第 2 页。

36. 同前。

37. 同前。

38. 罗伯特·M·修奇，《被遗忘的文明》，佛蒙特州罗切斯特市内在传统出版社，2012 年，第 54-5 页。

39. 安德鲁·柯林斯，《哥贝克力石阵：诸神的起源》，佛蒙特州罗切斯特市 Bear & Co. 出版社，2014 年，第 81 页之后。

40. 德·劳伦际思·A 和奥罗菲诺·V（2015 年）的《土耳其哥贝克力石阵巨石遗址新的可能出现的天文建筑准线》，《考古发现》，第 3 期，第 40 页。

41. 同前，第 40-50 页。

42. 胡安·安东尼奥·贝尔蒙特，《寻找我们在宇宙中的位置：天文学在古代文化中的作用》，《宇宙学》杂志，第 9 卷，2010 年，第

2055 页。

43. 亚历山大・A・格斯坦,《在古代东方历史背景下黄道带的演变》,《天文学展望》，第 41 卷，第 4 期，1998 年，第 521 页。

44. 同前。另请参阅亚历山大・A・格斯坦,《星座的起源》,《美国科学家》，第 85 卷，第 3 期（1997 年 5—6 月），第 268 页。

45. 迈克尔・A・拉普朋格拉克,《拉斯科洞穴‘公牛大厅’里的昴星团。拉斯科洞穴内的一幅岩画显示了马格德林时期（约公元前 15300）昴宿星团的疏散星团吗？》C・雅谢克和 F・亚特里奥・巴伦德拉（编辑）,《SEAC 第四次会议文集》，萨拉曼卡大学，1997 年，第 217-25 页。

46. 同前。

47. 迈克尔・A・拉普朋格拉克,《旧石器时代的计时员注视着黄道金门》,《地球、月球和行星》，第 85-86 期，2001 年，第 391 页。

48. 同前。

49. 同前，第 401-402 页。

50. 见 http://freebook.fernglas-astronomie.de/ ？ page_id=879。另请参阅 http://www.analemma.de/jupisat.html。作者 2015 年 2 月 17 日发邮件给迈克尔・拉普朋格拉克，2015 年 2 月 18 日收到了回复，邮件证实他指的是他写作《金门黄道》一书里的毕星团和昴星团。他补充说：“关于昴星团和毕星团，重要的是要记住，月球可以在其 18.36 交点周期内通过两个疏散星团：它们距离利用极限位置指示月球轨道的黄道带都只有大约 5° 。这就是两个疏散星团都一直被看得非常重要的原因，也是这道‘门’之所以独特的原因。”

51. 月球的轨道面与黄道面之间的倾斜只有大约 5.1 度。因此，其运动被封闭在相当接近黄道面的空间内，并且始终控制在黄道带星座之内。

52. 胡安・安东尼奥・贝尔蒙特，《寻找我们在宇宙中的位置》，同前，第 2054 页。

53. 同前。

54. 见 http://www.grahamhancock.com/forum/BurleyP1.php。

56. 约翰・梅杰・詹金斯，《2012 年的玛雅宇宙生成学》，佛蒙特州罗切斯特市 Bear & Co. 出版社，1998 年，第 113 页。

56. 在玛雅人的神话里，例如——同前，请参阅第 51 页之后，另请参阅约翰・梅杰・詹金斯所著《2012 年的故事》，纽约的塔彻 / 企鹅出版社，2009 年，第 138 页之后。在印加神话里——例如，请参阅威廉・沙利文所著《印加人的奥秘》，纽约皇冠出版社，1996 年，第 30 页之后。对于日耳曼神话，请见 http://www.germanicmythology.com/ASTRONOMY/MilkyWay2.html。

第十五章

1. 参阅本文图 4、图 5，见 http://www.grahamhancock.com/forum/BurleyP1.php。

2. 尼克・寇勒史崇，《古代黄道星座》，《文化与宇宙》，第 1 卷，第二期，秋 / 冬，1997 年。

3. 吉奥吉奥・得・桑蒂拉纳，赫塔・冯・德克德，《哈姆雷特的轧机》，纳恩帕瑞，波士顿，1969 年，第 216-217 页。

4. E・C・克虏伯，《古天文学探索》，伦敦查托与温达思，1979 年，第 199-200 页。

5. 与保罗·伯利的往来邮件，2015年2月14日至17日。

6. 鲁伯特·格莱多著，《黄道起源》，多佛出版社，2001年，第167页。

7. 参阅凯瑟琳·斯兰斯基的论述，《分类、历史学与纪念典籍》，《楔形文字研究日记52（2000）》第95-114页，第114页示例："将赠地文书范畴化为与神庙有关联的纪念物，而非仅仅作为土地边界的标记，这为我们提供了一个背景，可以将这些物体及材质、文本、可识别的图像面貌与其功能相联系。"

8. 鲁伯特·格莱多著，《黄道起源》，第167页。

9. 参阅本文，例如 http://en.wikipedia.org/wiki/Nebuchadnezzar_。

10. 同前，第167页。

11. 朱利奥·马利，《天狼星与哥贝克力石阵的巨石围墙项目》，见 http://arxiv.org/pdf/1307.8397.pdf，2013年。

12. 更多照片和更详细的描述请参看如下网址：http://traveltoeat.com/babylonian-kudurru-at-the-louvre-2/。另请参阅杰里米·布莱克和安东尼·格林合著的《古代美达米索亚的上帝、恶魔及符号：图解词典》，伦敦大英博物馆出版社，1992年，第16-17页和第113-114页。

13. 约翰·梅杰·詹金斯，《玛雅宇宙演化论》，2012年，佛蒙特州罗彻斯特市Bear & Co. 出版社，1998年，第111页；约翰·梅杰·詹金斯，《银河定心》，佛蒙特州罗彻斯特市Bear & Co. 出版社，1998年，第19页。

14. 约翰·梅杰·詹金斯，《玛雅宇宙演化论》，第107页。

15. 葛瑞姆·汉卡克，《上帝的指纹》，着重参看第21章，"计算世界末日的计算机”。

16. 同前，第 105 页。

17. 最精确的图形见安德鲁・柯林斯所著《哥贝克力石阵：诸神的起源》，佛蒙特州罗切斯特市 Bear & Co. 出版社，2014 年，第 78 页第 9 行。德・劳伦际思・A 和奥罗菲诺・V（2015 年）在下文中也引用了这些图形：“土耳其哥贝克力石阵巨石遗址可能出现的新的天体路线”，《考古发现》，第 3 期，第 40 页。

第十六章

1. 凯・布拉格，《1959 年深度探访土耳其哈兰》，《地中海中部地区 2》（1970 年），第 71–72 页。“可以肯定的是，这个地方早期被占领过。”然而，到目前为止，仅发现了一项考古学证据，即一块大约公元前 5000 年的撒马拉风格陶器，出土于哈兰的古泰尔。

2. 塞顿・劳埃德与威廉・布莱斯，《哈兰》，《安纳托利亚研究》，第一卷（1951 年），第 87 页。

3. 塞利姆・哈桑，《吉萨的出土文物》，第六卷，第一部分，政府新闻，开罗，1946 年，第 45 页。

4. 可追溯到公元 394 年的象形文字铭文，刻在菲莱的伊西斯神庙。最后为人所知的通俗涂鸦实例可追溯到公元 425 年。“即使我们坚信象形文字的时代超越了这个时间，却尚未发现任何记载。”约翰・安东尼奥・韦斯特，《古埃及旅行之钥》，哈拉普・哥伦布，伦敦，1987 年，第 426 页。库尔特・塞丝关于《金字塔经文》的译本，于 1910 年出版，其中阐明了围绕金字塔的星座祭祀；布雷斯特德在其《古埃及宗教与思想发展》引用了塞丝文本中的许多内容；R・O・福克纳的《金字塔经文》选定版直到 1969 年才出版。请参阅 R·O·福克纳的论述，《古埃及金字塔文本》，牛津大学出版社，1969 年，第 5 页。

5. 见 http://jqjacobs.net/blog/gobekli_tepe.html。

6. 塔玛拉·格林，《月亮神之城：哈兰的宗教传统》，E·J·布瑞尔，莱顿，纽约，1992 年，第 25 页。

7. 同前，第 52 页。

8. 同前，第 21 页。

9. 同前。

10. 同前，第 97、121 页。

11. 同前，第 95-97 页。

12. 同前，第 100 页。

13.1985 年挖掘哈兰 Hoyuk 岗陵或古墓的考古学家确信，他们“接近神庙”，但我一直无法找到任何关于其残骸实际发现的后续报道。见 M·欧鲁斯·阿里克等所著，“土耳其近期考古研究”，《安纳托利亚研究》，第 36 卷（1986 年），第 194 页。

14. 参见迈克尔·贝金特，《巴比伦的预兆：占星术和古美索不达米亚》，Arkana，伦敦，1994 年，第 189 页。另见劳伦斯·E·施塔格，“哈兰工程”（芝加哥大学）：http://oi.uchicago.edu/sites/oi.uchicago.edu/files/uploads/shared/docs/ar/81-90/82-83/82-83_Harran.pdf。

15. 例如，参见《土耳其每日新闻》，2012 年 7 月 26 日：http://www.hurriyetdailynews.com/harran-rises-once-more-with-dig.aspx ? pageID=238&nID= 26318；2012 年 9 月 4 日：http://www.hurriyetdailynews.com/ancient-bath-remains-found-in-harran.

aspx？ pageID=238&nID=71288&NewsCatID=375；以及 2012 年 12 月 7 日：http://www.hurriyetdailynews.com/roman-traces-found-in-harran.aspx？ pageID=238&nID=36271&NewsCatID =375。

16. 凯·布拉格，《1959 年土耳其哈兰深度探测》，同前，第 71-72 页。

17. 塞顿·劳埃德与威廉·布莱斯，“哈兰”，同前，第 110 页。

18.《哈兰，文明之城》，T·C·哈兰《总督》（哈兰政府的官方刊物），第 5 页。

19. 塔玛拉·格林，《月亮神之城》，同前，第 183-184 页。亦参见沃尔特·斯科特爵士（编辑与翻译），《赫尔墨斯经文：包含赫耳墨斯·特利斯墨吉斯忒斯宗教与哲学教育的古希腊语和拉丁语著作》，香巴拉，波士顿，1993 年，第 101 页。可在《犹大书》1-14 页看到以诺被视为“亚当之后的第七人”。参见创世记 5:1-32，“亚当的后代”。十个族长依次是亚当、塞特、以挪士、凯南、玛勒列、雅列、以诺、玛士撒拉、拉麦、诺亚（https://www.biblegateway.com/passage/？ search=Genesis+5&version=KJV）。经常把第三个族长以挪士和第七个族长以诺搞混。但是，以挪士没有什么特别的智慧、技能或特质，与此相反，以诺“与上帝同行”（创世记 5:24），“上帝带走他后”就从地球神秘消失了（创世记第 5:24）。希伯来书阐述（希伯来书 11:5）：“出于信任，以诺被带走，使他没有看到死亡，‘因为上帝带走了他，所以人们找不到他’；他被带走之前，曾做了这个见证，因此见悦于上帝。”

20. 创世记 5:19-30。

21. 如参见塔玛拉·格林，《月亮神之城》，同前，第 170 页。

22. 引用同前，第 137 页。

23. 引用同前，第 138 页。

24. 塞利姆 · 哈桑，《吉萨的出土文物》，第六卷，第一部分，同前，第 45 页。值得注意的是，虽然很多学术上的推测被塔玛拉 · 格林发表在其权威专著中，《月亮神之城》，同前，第 106、117 页等，但关于拜星教徒名称起源，她似乎没有意识到自己对塞利姆 · 哈桑提出的优雅解决方案一无所知。

25. 创世记 5:24。亦参见希伯来书 11:5："出于信任，以诺被带走，使他没有看到死亡，'因为上帝带走了他，所以人们找不到他'；他被带走之前，曾做了这个见证，因此见悦于上帝。"

26. 公元前三世纪到公元前二世纪前后。参见 R · H · 查尔斯（翻译），《以诺书》，SPCK，伦敦，1987 年，引言，第 13 页。

27. 作者在《失落的约柜：寻求盟约中失落的约柜》中写了大量关于詹姆斯 · 布鲁斯的文字，主要是他在埃塞俄比亚的旅行和冒险情况，海涅曼，伦敦，1992 年。

28. H · F · D · 斯帕克斯（编），《旧约之次经》，克拉伦登平装书，牛津，1989 年，第 170 页："布鲁斯带回的埃塞俄比亚手稿中包含三本现今被称为'1 以诺书'或'埃塞俄比亚语以诺书'的书稿。其中一个手稿（现今藏于牛津大学图书馆）仅包含'1 以诺书'；第二本（亦藏于牛津大学图书馆）包含'1 以诺书'、约伯记、以赛亚书、'十二先知'、箴言篇、智慧篇、传道书、雅歌和但以理书；第三本（现今藏于巴黎国家图书馆）是第二本的副本。"

29. 肯尼思 · 麦肯齐，《皇家共济会百科全书》，1877 年第一次出版，Aquarian 出版社再版，1987 年，第 201 页。

30. 同前。

31. 同前，第 202 页。

32. 同上，如第 40、114 页等。

33.R · H · 查尔斯（译），《以诺书》，同前，第 37 页。

34. 同前。

35. 同前。

36. 同前，第 31 页。

37. 同前，第 35、37、89 页等。

38. 同前，第 35-36 页。

39. 同前，第 39 页。

40. 同前，第 40 页。

41. 同前，第 39 页。

43. 同前。

43. 同前。

44. 同前，第 34-35 页。

45. 同前，第 46 页。

46. 同前。

47. 同前，第 40 页。

48. 同前。

49. 葛瑞姆 · 汉卡克，《超自然：与人类远古智慧的接触》，世纪出版社，伦敦，2005 年。

50. 值得注意的是，在《以诺书》后面的章节中，在邪恶守望者受到告诫与处罚后，善良的守望者向以诺透露了许多秘密，特别是天文学知识，而邪恶守望者却因泄密受到谴责。例如，参见 R · H · 查尔斯

（译），《以诺书》，同前，第 41 章第 60 页之后，第 71 章第 93 之后，第 72 章第 95 页之后等。也许是因为他获得了使以诺最终从地球上消失——圣经中创世记 5:24 描述的“被上帝带走”的保密知识。

51.R · H · 查尔斯（译），《以诺书》，同前，第 35 页。

52. 例如，参见本文的结尾段落：http://www.dailymail.co.uk/news/ article-2513866/A-GI-Christmas-How-American-soldiers-bearing-gifts-extra-rations-proved-festive-hit-British-families-WWII.html。

53.R · H · 查尔斯（译），《以诺书》，同前，第 37 页。

54. 同前，第 34 页。

55. 同前，第 36 页。

56. 同前，第 35 页。

57. 同前。

58. 同前，第 36 页。

59. 同前，第 37 页。

60. 同前。

61. 同前。

62. 创世记 6:4，詹姆斯国王钦定版。

63. 创世记 6:4，新国际版圣经。

64. 创世记 6:5-8，新国际版圣经。詹姆斯国王钦定版表述如下：“神见人在地上罪恶很大，整天所思想的尽都是恶，神就后悔造人在地上，心中忧伤。神说，我要将所造的人走兽和昆虫以及空中的飞鸟，都从地上除灭，因为我后悔造他们了。唯有诺亚在神眼前蒙恩。”

65. 撒迦利亚 · 西琴，《第十二颗行星》，哈珀，纽约，1976 年，

2007年再版，第171页。公平地讲，不只西琴犯了这种错误，许多真正的圣经学者也犯这种错误。例如，在1985年《犹太季评》中写道，乔纳斯·C·格林菲尔德把巨人描述为“堕落天使”（乔纳斯·C·格林菲尔德，“智慧七柱”，《犹太季评》，新系列，第26卷，第1期，第19页）。同样，在1987年发表的《圣经文学期刊》中的论文中，罗纳德·S·亨德尔告诉我们，“巨人的字面意思是‘堕落的人’……它是词根npl（‘下降’）的被动式形容词形式……在希伯来文圣经中也找到了动词napal及其衍生词的类似用法”（罗纳德·S·亨德尔，“半神与大洪水：解密创世记6:1-4”，《圣经文学期刊》，第106卷，第1期，1987年3月，第22页）。

66. 见http://www.sitchiniswrong.com/nephilim/nephilim.htm。

67. 民数记13:32-33。

68. 见http://www.sitchiniswrong.com/nephilim/nephilim.htm。

69. 同前。

70. 撒迦利亚·西琴，《第十二颗行星》，同前，第257页。

71. 同前，第172页。

72. 同前，第267页。

73.R·H·查尔斯（译），《以诺书》，同前。

74. 同上，例如，7:2和7:4，第35页；9:9，第36页；15:3，第42页。

75. 迈克尔·A·尼布（编），《以诺书：阿拉姆语死海片段之光的新版本》，牛津大学出版社，1979年。

76. 乔治·W·E·尼克斯伯格和詹姆斯·C·万德坎姆，《1以诺书：荷马尼亚译本》，奥格斯堡，明尼阿波利斯市，2012年。

77.R・H・查尔斯（译），《以诺书》，同前，第 36 页。

78. 路加福音 3:36。

79. 见 http://clavisjournal.com/the-shadow-of-harran/。

80.R・H・查尔斯，《禧年书》，SPCK 出版社，伦敦，1927 年，第 71-72 页。

81. 见 http://jqjacobs.net/blog/gobekli_tepe.html。

82. 正如彼得・汤普金斯所论证的，《大金字塔之谜》，哈珀与罗，纽约和伦敦，1978 年，第 101-103 页。

83. 艾纳・帕尔松，《异教徒冰岛的神圣三角》，密米尔，雷克雅未克，1993 年，第 32 页。

84. 同前。

85. 乔治・德・桑蒂拉纳和赫塔・冯・戴程德，《哈姆雷特的石磨：人类知识及其传承调查随笔》，无敌图书公司，1977 年，1999 年再版，第 132 页。

86. 可以在葛瑞姆・汉卡克的书中找到具体的工作方式，《众神的指纹》，威廉・海涅曼公司，伦敦，1995 年，第 434-436 页。

87. 塔玛拉・格林，《月亮神之城》，同前，第 19 页。

88. 见 http://jqjacobs.net/blog/gobekli_tepe.html。

89. 同前。

90. 同前。

91. 同前。

92. 公元 850 年 - 公元 929 年 ——http://www-history.mcs.st-andrews.ac.uk/Biographies/Al-Battani.html。

93. 尼古拉斯・寇勒史崇，“哈兰之星寺”，安娜贝拉・基特森

（编），《历史与占星术：克利欧和乌拉尼·康弗》，昂温，伦敦，1989 年，第 57 页。

94. 见 http://www-history.mcs.st-andrews.ac.uk/Biographies/Al-Battani.html。

95. 见 http://www.physics.csbsju.edu/astro/newcomb/II.6.html。

96. 见 http://www-history.mcs.st-andrews.ac.uk/Biographies/Al-Battani.html。

97. 同前，引自马亚马，"测定太阳运行的轨道（希帕克、托勒密、巴塔尼、哥白尼、第谷·布拉赫）"，《昔日历史的精确科学》，第 53 卷（第 1 期）（1998 年），第 1-49 页。

98. 见 http://www-history.mcs.st-andrews.ac.uk/Biographies/Al-Battani.html。

99. 完整的《科学家传记大辞典》（2008 年），引自 http://www.encyclopedia.com/doc/1G2-2830900300.html。

100. 引自沃尔特·斯科特，《赫尔墨斯经文》，同前，第 105 页。

101. 塔玛拉·格林，《月亮神之城》，同前，第 114 页。

102. 同前，第 12 页。

102. 同前，第 114 页。

104. 沃尔特·斯科特，《赫尔墨斯经文》，同前，第 97-99 页。

105. 作者在《众神的指纹》中描述了马穆在大金字塔中的探索，同前，第 296-299 页。

106. 彼得·汤普金斯，《大金字塔之谜》，同前，第 5 页。

107. 同前，第 6 页。

108. 为了能把曼德恩教派和拜星教徒联系起来，例如，塔玛拉·格林,《月亮神庙》,同前,第103、119、194-195和205页之后。

109.“在必须为某经文命名时,哈兰的异教徒选择了赫尔墨斯来为其命,这一事实证明,公元830年,有一套赫尔墨斯经文汇编藏本非常有名,而且可以在叙利亚读到……这套经文可以从达特、阿斯克勒庇俄斯和阿蒙等与阿拉伯语赫尔墨斯著作的出现推断出来,而且这些哈兰人也长着赫尔墨斯语中的libelli,这是赫尔墨斯语瞳孔的说法。而这些东西可能正在消失,还有一部分传给了我们。九世纪,古希腊哈兰的某些学者最有可能了解赫尔墨斯经文,但赫尔墨斯经文很早以前就有可能已被翻译成了叙利亚语,而且毫无疑问,哈兰人经常能够读到叙利亚语版本……”沃尔特·斯科特,《赫尔墨斯经》,同前,第101-102页。

110.弗朗西斯·A·耶茨,《布鲁诺与赫尔墨斯传统》,芝加哥大学出版社,芝加哥和伦敦,1964年,1979年再版,第12-13页。

111.同前,第13页。

112.这是作者与罗伯特·包维尔共同撰写《护身符》中的主要论点。参见葛瑞姆·汉卡克和罗伯特·包维尔,《护身符:圣城、秘密信仰》,企鹅图书,伦敦,2005年。

113.阿马尔·安努斯:“守望者的起源:美索不达米亚的上古智慧与犹太传统的对比研究”,《圣经研究期刊》,第19卷,第4期(2010年),第283页。

114.同前,第291页。

115.同前,第280-281页。

116.例如,参见同前,第277-320页,安妮·德拉芙考恩·基尔默，“圣经巨人的美索不达米亚副本，”，E·W·康拉德和E·G·纽因（编辑），《论语言与文本：向弗朗西斯·I·安徒生六十大寿献礼之散文与诗歌集》，Eisenbrauns出版社，印第安纳州维尼纳湖，1985年7月28日，第39-44页。同样，也查阅了古埃及金字塔铭文中提到的守望者。例如，参见R·O·福克纳（编辑和翻译）《古埃及的金字塔文本》，牛津大学出版社，1969年，由阿里斯与菲利普公司再版。例如，发言373，第124页和发言667A，第281页。

117. 克劳斯·施密特，哥贝克力石阵：安纳托利亚东南部的石器时代避难所，前东方注册协会出版社，德国柏林，2012年，第191页。

第十七章

1. 见葛瑞姆·汉卡克《上帝的指纹》，伦敦威廉·海涅曼有限公司，1995年出版，第51页。

2. 见葛瑞姆·汉卡克和桑沙·法伊亚《天之镜》，伦敦迈克尔·约瑟夫出版社，1998年出版，第288页。

3. J·奥尔登·梅森《秘鲁的古代文明》，伦敦企鹅图书出版社，1991年出版，第163页：“以前人们相信，采用大小和形状都不规则的巨石筑成的巨石建筑在年代上属于前印加时代……而采用相对大小均匀的石块按照一定的顺序摆放而成的石造建筑，被认为是典型的印加作品。但现在普遍认为，这两种类型的建筑都是由印加人所建，包括萨克塞华曼、奥扬泰坦博、马丘比丘和库斯科在内的库斯科地区的所有伟大的石造建筑和构造，都是如此。”

4. 约翰·海明《征服印加人》，麦克米伦伦敦有限公司，1993

年，第 191 页。

5. J·奥尔登·梅森《秘鲁的古代文明》，伦敦企鹅图书出版社，1991 年，第 163 页。另请参见：

http://www.roughguides.com/destinations/south-america/peru/Cuzco-and-around/inca-sites-near-Cuzco/sacsayhuaman/

http://www.andeantravelweb.com/peru/destinations/Cuzco/sacsayhuaman.html

http://www.world-mysteries.com/mpl_9.htm

http://gosouthamerica.about.com/od/perucuzco/ig/Sacsayhuaman-/Sacsayhuaman-Rock-Wall.htm#step-heading。

6. 有关详情请参阅杰西·加马拉的纪录片《三个世界的宇宙观》，见 http://www.ancient-mysteries-explained.com/archaeology-proofs.html#dvd。

7. 见 http://www.bbc.co.uk/news/science-environment-31664162。

8. A·克鲁泽尔《萨克塞华曼堡垒城墙的材料来源问题》，见 http://isida-project.ucoz.com/publ/my_articles/peru/the_question_of_the_material_origin_of_the_saqsaywaman_.fortress/2-1-0-2。

9. 同上。

10. 同上。

11. 克莱门茨·马卡姆爵士《秘鲁的印加人》，伦敦史密斯与埃德尔有限公司，1911 年出版，第 33 页。

12. 加尔西拉索·德·拉·维加《1539 年至 1616 年，印加人加尔西拉索·德·拉·维加的皇家评论》，俄里翁出版社，1961年出版，第233、235页。

13. 葛瑞姆·汉卡克和桑沙·法伊亚《天之镜》，同前，第285-286页。

14. 见罗伯特·鲍威尔与葛瑞姆·汉卡克所著《创世记的守护神》，伦敦威廉·海涅曼有限公司，1996年出版。

15. 彼得·弗罗斯特《探索库斯科》，秘鲁利马新图像出版社，1989年出版，第63页。

16. 威廉·沙利文《印加人的秘密》，纽约皇冠出版社，1996年出版，第118页。

17. 同上，第119页。

18. 加尔西拉索·德·拉·维加《皇家评论》，同前，第4-5页。

19. 同上，第5-6页。

20. 这个洞穴被当地人称为诺帕·伊格莱西亚。诺帕在克丘亚语和印加语里都是古老的意思，而伊格莱西亚是西班牙语的教堂——因此，是“古老的教堂”。当然，它作为教堂没有任何相关信息，但它是一个古老而神圣的地方，一个古老的圣殿，这是毫无疑问的。主流的解释如下：http://elcomercio.pe/peru/lima/naupa-iglesia-merece-revalorizado-segun-especialistas-noticia-1519677。

21. 见 http://casadelcorregidor.pe/colaboraciones/_biblio_Tantalean.php。

22. 同上。

23.《玻利维亚在蒂亚瓦纳科遗址检测埋藏的金字塔》，见 http://barbaricum.net/news/2334689254286557840 和 http://latino.

foxnews.com/latino/entertainment/2015/03/27/bolivia-detects-buried-pyramid-at-tiahuanaco-site/。

24. 康斯坦丁诺・曼努埃尔・托雷斯，大卫・B・里卜克和阿纳达能德拉《古代南美的致幻植物》，伦敦和纽约海沃氏草本书出版社，2006 年出版，第 35 页及其后。

25. 见马尔蒂・帕斯能、丹尼斯・沙恩和阿尔塞乌・然兹（2009 年）《前哥伦布时期上秘鲁地区的具有几何图形的土方工程：亚马逊西部的复杂社会》，载《古物》杂志第 83 期，第 1084 至 1095 页；然兹等人《借助互联网软件程序搜索亚马逊地质印痕》，载美国地球物理联盟《EOS》周刊第 88 卷，第 21 期，2007 年 5 月 22 日出版，第 226、229 页；卡森等人《前哥伦布亚马逊地区的几何图形土方结构的环境影响》，美国国家科学院院刊，2014 年 7 月 22 日版，第 111 卷，第 29 期，第 10497-10502 页；《亚马逊的古代挖土机》，载《科学》杂志，第 321 卷，2008 年 8 月 29 日，第 1148 页及其后；丹尼斯・沙恩等人《巴西亚马逊西部前哥伦布土方工程的放射性测量时代（公元前 2000-700 年）》《野外考古》杂志，2012 版，第 37 卷第 2 期，第 132 页及其后；安若斯等人《在 WRB 中为亚马逊黑土地（南美洲）的人为表层土所拟定的一种新的诊断层》，2014 年 6 月 8 日至 13 日韩国济州岛第 20 届土壤科学世界代表大会；迈克尔・何肯伯格和爱德华・格斯・内维斯《亚马逊考古学》，载《古物年度回顾》2009 年版，第 38 期，第 251-266 页；何肯伯格等人《亚马逊前哥伦布时期的城市化，人为景观和未来》，载《科学》杂志第 321 卷第 29 期，2008 年 8 月 29 日版，第 1214 页及其后。

26. 加尔西拉索・德・拉・维加，载《皇家评论》，同前，第

132-133 页。

27. 同上，第 384 页。

第十八章

1. 米尔恰·伊利亚德,《永恒回归的神话》，普林斯顿大学出版社，第 16 页。

2. 米尔恰·伊利亚德,《神圣与世俗：宗教的本质》，哈考特出版社，纽约，1987 年，第 44 页。

3. 刘易斯·金兹伯格（主编）,《犹太人传奇》，美国犹太出版协会，费城，1988 年，第一卷，第 12 页。

4. 引自米尔恰·伊利亚德,《神圣与世俗》，同前，第 44 页。

5. 乔治·德·桑蒂拉纳和赫塔·冯·戴程德,《哈姆雷特的石磨：调查人类知识及其传承的随笔》，无敌图书公司，1977 年，1999 年再版，第 57 页。

6.《世界神话百科全书》，保罗·哈姆林，伦敦，1989 年，第 91 页。

7. 肯尼思·麦克利什,《神话》，布卢姆斯伯里，伦敦，1996 年，第 684 页。

8. 托尔·海尔达尔,《复活节岛：解开谜团》，纪念出版社，伦敦，第 77 页；托尔·海尔达尔,《康提基号探险》，Unwin Paperbacks，伦敦，1982 年，第 140、142 页；神父塞巴斯蒂安·英格勒特,《世界中心之岛屿》，罗伯特·黑尔公司，伦敦，1972 年，第 30 页；弗朗西斯,《复活岛之谜》，楼塔出版社，纽约，1968 年，第 16 页。

9. 威廉·沙利文,《印加人的秘密》，皇冠出版社，纽约，1996 年，第 119 页。

10. 托尔·海尔达尔,《康提基号探险》，同前，第 141 页。

11. 大卫·哈彻·奇尔德雷斯报道的《古利莫里亚及太平洋的失落之城》，冒险无限出版社，1988 年，第 313 页。

12. 哈罗德·奥斯本报道的《安第斯山脉的印度人：艾马拉人和盖丘亚人》，劳特利奇与基根·保罗出版社，1952 年，第 64 页。

14. 托尔·海尔达尔,《康提基号探险》，同前，第 140 页。

14. 同前。

15. 同前，第 140 页。

16. 参见作者与海尔达尔对葛瑞姆·汉卡克的采访,《地狱》，迈克尔·约瑟夫出版社，伦敦，2002 年，第 35-36 页。

17. 土耳其语的 Tepemeans 山和“土耳其单词 Göbek 指肚脐或腹部”，克劳斯·施密特,《哥贝克力石阵，安纳托利亚东南部的石器时代避难所》，前东方出版社，柏林，2012 年，第 88 页。亦可参见 https://narinnamkn.wordpress.com/2013/12/04/portasar-or-gobekli-tepe-portasaris-the-old-name-of-what-is-now-called-gobekle-tepe-which-is-a-directtranslation-of-armenian-portasar/andhttp://www.ancient.eu/article/234/ 与 http://archive.archaeology.org/0811/abstracts/turkey.html。

18. 关于复活节岛摩艾石像群考古年代更详细的讨论，请参阅葛瑞姆·汉卡克和桑沙·法伊亚所著《天之镜》，迈克尔·约瑟夫出版社，伦敦，1998 年，第 227-228 页。

19. 塞巴斯蒂安·英格勒特神父,《世界中心之岛屿：复活节岛上的新光》，罗伯特·黑尔公司，伦敦，1970年，第45页。

20. 弗朗西斯，《复活节岛之谜》，同前，第40页。

21. 同前，第41页。

22. 科学新闻，第89卷，第15号，1966年4月9日，第239页。

23. 同前。

24. 同前。

25. 杜克大学海洋实验室的R·孟席斯和德克萨斯州A&M大学海洋实验室的爱德华·钦，《巡航报告，安东·布鲁恩号科考船第11次巡航》，引自http://huttoncommentaries.com/article.php?a_id=59和http://huttoncommentaries.com/article.php?a_id=59#Footnotes。

26. 罗伯特·M·修奇，博士，《被遗忘的文明：过去与未来太阳能爆发的作用》，内部传统出版社，佛蒙特州罗切斯特汕，2012年，第77页。

27. 同前。

28. 见托尔·海尔达尔，《复活节岛：解谜》，Souvenir出版社，伦敦，1989年，第234-235页。

29. 皮特凯恩群岛（面积47平方公里）和甘比尔群岛（面积15.4平方公里）距离很近，前者位于2075公里之外，后者位于2606公里之外，但是对于这些小岛而言，这个距离仍然太远，不足以影响复活节岛接收的泥沙沉淀量。

30. 罗伯特·M·修奇，博士，《被遗忘的文明》，同前，第78-79页。

31. 参见托尔·海尔达尔的讨论，《复活节岛：解谜》，同前，第

80 页之后。

32.Watu Palindo 的译本名为“艺人”，其中大量的网络资源都是虚假的。“魔术师”才是正确的译法。参见埃克斯，《太平洋南部诸岛苏拉威西岛中心的巨石遗迹》，台湾史前文化博物馆的展览，台东出版社，中国台湾，2012 年 3 月 12 日。

33. 研究之旅中和伊克塞姆・凯利之间来往的私人信件。

34. 见 http://www.megalithic.co.uk/article.php？ sid=26496。

35. 伊克塞姆，“巨石遗迹……”，同前。

36. 想要找到有关这种艺术与迷幻经验有关的支持论点，请参阅葛瑞姆・汉卡克所著《超自然：与人类远古智慧的接触》，世纪出版社，伦敦，2005 年。

37. 图巴格斯・萨勒胡德汀，《最后一次冰川推进高峰期和全新世洪水淹没巽他陆架的模型：综述》，《印度尼西亚地球科学杂志》，第一卷，第 2 期，2014 年 8 月，第 99-107 页。

38. 同前，第 102 页。

39. 参见丹尼・希尔曼・纳塔威贾亚，《柏拉图从不撒谎：印度尼西亚的亚特兰蒂斯》，Booknesia 出版社，雅加达，2013 年。

40. 见 http://www.faculty.ucr.edu/~legneref/ethnic/mummy.htm。

41. 引自 http://www.faculty.ucr.edu/~legneref/ethnic/mummy.htm。

42. 见 http://www.faculty.ucr.edu/~legneref/ethnic/mummy.htm。

43. 见 http://wakeup-world.com/2014/10/14/hieroglyphics-experts-declareancient-egyptian-carvings-in-australia-authentic/。

44.R·T·朗德尔·克拉克,《古埃及的神话与象征》,泰晤士与赫德森出版社,伦敦,1959 年,第 222 页。

45. 同前,第 246-247 页。

46. 同前,第 140 页。

47. 帕特里克·博伊兰,《透特:埃及的赫尔墨斯》,伦敦,1922 年,阿瑞斯出版社再版,芝加哥,1987 年,第 155 页。

48. 与丹尼·纳塔威贾亚博士的私人通信。

49.《考古学家猛力抨击巴东火山遗址发掘》,雅加达邮报,2014 年 9 月 24 日:http://www.thejakartapost.com/news/2014/09/24/archaeologists-slam-excavation-gunung-padang-site.html。

50. 同前。

51. 丹尼·希尔曼·纳塔威贾亚发给葛瑞姆·汉卡克的电子邮件,2014 年 2 月。

52. 同前。

53.《考古学家猛烈抨击巴东火山遗址发掘》,雅加达邮报,2014 年 9 月 24 日:http://www.thejakartapost.com/news/2014/09/24/archaeologists-slam-excavation-gunung-padang-site.html。

54. 丹尼·希尔曼·纳塔威贾亚发给葛瑞姆·汉卡克的电子邮件,2015 年 1 月 14 日。

55. 丹尼·希尔曼·纳塔威贾亚发给葛瑞姆·汉卡克的电子邮件,2015 年 3 月 10 日。

56. 丹尼·希尔曼·纳塔威贾亚,《柏拉图从不撒谎》,引用同前,阿里西奥·努涅斯·多斯·桑托斯教授,《亚特兰蒂斯:失落的大陆》,林伍德出版社,美国华盛顿州,2011 年。

57. 迈克尔·卡林顿·韦斯塔韦、阿瑟·C·德宾等,《曼都布拉尔证据支持弗洛勒斯人为独特的物种》，PNAS 杂志，第 112 卷，第 7 期，2015 年 2 月 17 日，第 604-605 页。

58.M·J·莫尔伍德、索亚娜等,《在印尼东部的弗洛勒斯岛上新发现的古人类的文化遗物与年龄》,《自然》(431)，2004 年 10 月 28 日，第 1087-1091 页。

59.M·奥贝尔、A·布鲁姆等,《印度尼西亚苏拉威西岛的更新世洞穴艺术》,《自然》(514)，2014 年 10 月 9 日，第 223-277 页。

60. 约瑟芬·C·A·乔登斯、弗朗西斯·德埃里克等,《爪哇岛特里尼尔的直立人使用贝壳生产和雕刻工具》,《自然》(518)，2015 年 2 月 12 日，第 228-231 页。

61. 菲尔·格拉斯基,《爪哇失落的神庙》，猎户星出版公司，伦敦，1999 年，第 16 页。

62. 路易·戈麦兹和小海勒姆·W·伍德沃德,《婆罗浮屠：一座佛教纪念碑的历史与意义》，伯克利佛学系列丛书，1981 年，第 21 页。

63. 菲尔·格拉斯基,《爪哇失落的神庙》，引自同前，第 17 页。

64. 简·J·鲍尔斯,《婆罗浮屠之谜》，JJB 出版社，曼谷，1985 年，第 1 页和第十四条。

65. 凯撒·沃特、马克·龙、菲特拉·佳亚·伯拿马,《婆罗浮屠：宇宙佛金字塔》，印刷世界有限公司，新德里，2008 年，第 198 页。

66. 乔治·德·桑蒂拉纳和赫塔·冯·戴程德,《哈姆雷特的石磨：人类知识及其传承调查随笔》，极品书籍出版社，1977 年，1999

年再版，第 132 页。

67.G・R・S・米德，《三大赫尔墨斯：希腊神学与智慧研究》，塞缪尔・韦瑟公司，缅因州约克郡海滩，1992 年（重印版一册），《第二卷：现存布道译本与特利斯墨吉斯忒斯文献片段》，第 55 页。

68. 同前。

69. 同前。

70. 同前。

71. 同前。

72. 同前，《第三卷：摘录与片段》，第 60 页。

73. 同前，第 61 页。米德翻译本段如下：“哦圣书！通过我神奇的双手，完美描述永世保存的遗迹！旧天堂产生工具后，土地上的人类才能真正触碰到……”在这里，作者选择沃尔特・斯科特爵士译本中的相同段落——沃尔特・斯科特爵士（编辑与翻译），《赫尔墨斯经文：包含起源于赫耳墨斯・特利斯墨吉斯忒斯的宗教或哲学教育的古希腊语和拉丁语著作》，香巴拉，波士顿，1993 年，第 461 页。

74. 同前，第 461 页，脚注 4。

第十九章

1. 柏拉图著，对话集《蒂迈欧篇》和《克里底亚斯篇》，伦敦企鹅出版社，1977 年出版。请参阅《克里底亚斯篇》第 145 页。

2. 沃尔特・斯科特爵士（翻译并编辑），《赫密斯文集》第 345 页，波士顿香巴拉出版公司，1993 年出版。

3. 迪莉娅・戈茨和西尔韦纳斯・G・莫利编辑，阿德里安・雷西诺斯译，《波波尔・乌：古代基切玛雅人的圣书》第 168 页，俄克拉荷马大学出版社，1991 年出版。

4. 同上，第 169 页。

5. 同上。

6. 同上，第 90 页。

7. 同上，第 93 页。

8. 同上，第 178 页。

9. 同上，第 155 页。

10. 杰拉德・P・维布鲁格赫和约翰・M・威克沙姆合著的《贝罗索斯和曼内托》第 44 页，密歇根大学出版社，1999 年出版。

11. 迪莉娅・戈茨和西尔韦纳斯・G・莫利编辑，阿德里安・雷西诺斯译，《波波尔・乌：古代基切玛雅人的圣书》第 156 页。同上。

12. 同上，第 78 页注释 3。

13. R・T・朗德尔・克拉克著，《凤凰起源》第 1 页。另见杰拉德・梅西著，《自然成因第二卷》第 340 页，巴尔的摩黑色经典出版社，1998 年出版（重印版）。

14.《考古天文学：考古天文学中心公报》第八卷第 99 页，第 1-4 号，1985 年 12 月出版。

15. 格里特・L・华舒亚著，《影响：彗星和小行星的威胁》第 55 页，牛津大学出版社，1996 年出版。另见邓肯・斯蒂尔著，《行迹难料的小行星和会造成世界末日的彗星》第 15 页，约翰・威利父子出版公司，1995 年出版。

16. 引自朱莉・科恩的论文，题为“纳米钻石是永恒的：加州大学圣巴巴拉分校的一位教授通过三大洲的多个位置研究 13000 年前的纳米钻石”，请访问 http://www.news.ucsb.edu/2014/014368/

nanodiamonds-are-forever。

17. 引自与艾伦·韦斯特的个人信件。

18. 同上。

19. 同上。

20. 维克托·克鲁勃和比尔·纳皮尔合著,《宇宙冬季》第 12 页,伦敦布莱克维尔出版社,1990 年出版。

21. 同上,第 12-13 页。

22. 同上。

23.W·M·纳皮尔在《皇家天文学会每月通报》上发表的论文,题为"旧石器时代消亡与金牛座碎片群",若想阅读完整的文章,请访问 http://mnras.oxfordjournals.org/content/405/3/1901.full.pdf+html? sid=19fd6cae-61a0-45bd-827b-9f4eb877fd39。

24. 同上。

25. 新仙女木事件的开始与结束很可能都是由同一巨型彗星的不同碎片所致,请参阅弗雷德·霍伊尔和钱德拉·维克拉马辛著,《火星上的生命?宇宙遗产的案例》第 176-177 页,布里斯托尔临床出版公司,1997 年出版。另请参阅格里特·L·华舒亚著,《影响:彗星和小行星的威胁》第 139 页。

26. 维克托·克鲁勃和比尔·纳皮尔合著,《宇宙冬季》第 244 页。另请参阅邓肯·斯蒂尔著,《行迹难料的小行星和会造成世界末日的彗星》第 132-133 页,同上。

27. 维克托·克鲁勃和比尔·纳皮尔合著,《宇宙冬季》第 153 页,同上。

28. 同上,第 147 页。

29. 同上，第 150–151 页。

30. 同上，第 149–150 页。

31. 同上，第 149 页。

32. 杰奎琳·米顿著，《天文学企鹅词典》第 84–85 页，伦敦企鹅图书出版集团，1993 年出版。另请参阅邓肯·斯蒂尔著，《行迹难料的小行星和会造成世界末日的彗星》第 133 页，约翰·威利父子出版公司，1995 年出版。

33. 维克托·克鲁勃和比尔·纳皮尔合著，《宇宙之蛇》第 151 页，伦敦费伯出版社，1982 年出版。又见贝利、克鲁勃和比尔·纳皮尔合著的《彗星的起源》第 398 页，巴特沃斯海涅曼出版公司，1990 年出版。又见维克托·克鲁勃和比尔·纳皮尔合著，《宇宙冬季》第 150 页，同上。

34. 弗雷德·霍伊尔爵士著，《生活云：宇宙的起源》第 32–33 页，登特出版公司，1978 年出版。

35. 埃米利奥·斯皮蒂卡托著，《阿波罗小行星，亚特兰蒂斯等故事》第 12 页，贝加莫大学出版社，1997 年出版。

36. 同上，第 12–13 页